通透肋式隧道修建技术

陈善雄　陈修和　房　涛　余　飞　王　飞　著

科学出版社

北　京

内容简介

通透肋式隧道是一种新型傍山隧道，在工程安全、环保、节能和景观协调统一方面具有独有的优势，已在实际工程中成功实践。本书总结黄塔桃高速公路龙瀑隧道（肋式单洞）、望东高速南山隧道（肋式连拱）的相关研究成果和建设经验，系统介绍通透肋式隧道结构与技术特点、受力与变形规律、结构荷载计算理论与方法、施工力学行为时空演化规律、结构设计与施工工法、监控量测技术，形成通透肋式隧道修建技术，为推广应用这一新型环保型隧道提供科学的参考。

本书可供隧道工程设计、施工、管理、规划、研究的科技人员和大专院校有关师生参阅。

图书在版编目(CIP)数据

通透肋式隧道修建技术/陈善雄等著. —北京：科学出版社，2019.9

ISBN 978-7-03-061944-0

I. ①通… II. ①陈… III. ①隧道施工 IV. ①U455

中国版本图书馆 CIP 数据核字（2019）第 154626 号

责任编辑：孙寓明/责任校对：高　嵘　刘　畅

责任印制：彭　超/封面设计：苏　波

科学出版社 出版

北京东黄城根北街 16 号

邮政编码：100717

http://www.sciencep.com

武汉精一佳印刷有限公司印刷

科学出版社发行　各地新华书店经销

*

开本：787×1092　1/16

2019 年 9 月第　一　版　　印张：10 1/4

2019 年 9 月第一次印刷　　字数：244 000

定价：108.00 元

（如有印装质量问题，我社负责调换）

前　言

随着我国高速公路、高速铁路交通网逐渐向山区、西部高原等环境地质条件复杂的区域延伸，沿河谷、山谷修建的傍山道路占有相当大的比重。受到山区陡峭地形条件的限制，传统深挖路堑和傍山隧道方案一直没有能很好地解决工程安全和环境保护相互协调的问题。在对传统傍山隧道进行优化的基础上，提出一种新型隧道结构——通透肋式隧道，该隧道为嵌入式非对称结构，最大限度地避免山体的切削和植被破坏，节能环保，为我国山区傍山道路的建设提供了新的途径，具有广阔的推广应用前景。

本书以黄塔桃高速公路龙瀑隧道（肋式单洞）、望东高速南山隧道（肋式连拱）工程建设为依托，对通透肋式隧道的关键技术问题开展系统研究，给出肋式单洞、肋式连拱隧道的设计理念、技术特征与适用范围，全面揭示两种新型肋式隧道结构的受力与变形演变规律，弄清肋式隧道拱顶围岩的松弛范围与破坏模式，在此基础上，提出通透肋式隧道结构荷载计算模型，建立肋式连拱中隔墙稳定性验算方法，为浅埋偏压隧道结构荷载设计计算提供了有效的工具；针对通透肋式隧道的异型空间结构特点，进一步研究施工力学行为的时空演化规律，并以此为基础提出一整套通透肋式隧道施工方法，给出开挖进尺、施工间距、衬砌时机等关键施工参数的控制标准，最后介绍通透肋式隧道施工监控量测技术。上述研究成果全面保障我国第一条通透肋式单洞隧道——黄塔桃高速公路龙瀑隧道、第一条通透肋式连拱隧道——望东高速南山隧道的顺利建成，由此将通透肋式傍山隧道的研究成果及修建技术汇编成书，希望对我国傍山道路建设、规划、设计、施工有所裨益。

本书以安徽省交通科技进步计划项目、安徽省交通控股集团科技项目的相关研究成果为基础进行撰写，同时得到了安徽省交通规划设计研究总院股份有限公司、中交第二公路勘察设计研究院有限公司、中国科学院武汉岩土力学研究所、中国中铁十局集团有限公司、中交第二公路工程局有限公司等单位的大力支持，也包含了他们大量的劳动和心血，作者谨表深切谢意。

由于作者水平有限，书中存在不足之处在所难免，敬请各位专家、学者批评指正。

作　者

2018 年 12 月 28 日于武汉小洪山

目　录

第 1 章　绪论……1
1.1　通透肋式隧道的提出……1
1.2　研究现状……1
1.3　通透肋式隧道的关键技术问题……3
第 2 章　通透肋式隧道结构与技术特点……4
2.1　肋式隧道设计理念与适用环境条件……4
2.1.1　浅埋傍山隧道的主要工程特征……4
2.1.2　浅埋傍山隧道传统设计方案及其优缺点……4
2.1.3　通透肋式傍山隧道结构设计理念……5
2.1.4　通透肋式隧道结构的适用条件……6
2.2　通透肋式单洞隧道结构及其特征……6
2.3　通透肋式连拱隧道结构及其特征……8
第 3 章　通透肋式隧道结构受力与变形规律……12
3.1　通透肋式隧道结构受力与变形分析思路……12
3.1.1　通透肋式单洞隧道分析思路……12
3.1.2　通透肋式连拱隧道分析思路……12
3.2　通透肋式隧道数值分析模型与分析方案……13
3.2.1　通透肋式单洞隧道数值分析模型与分析方案……13
3.2.2　肋式连拱隧道数值分析模型与分析方案……15
3.3　通透肋式单洞隧道结构受力与变形规律……16
3.3.1　拱顶山坡受力变形特征与稳定性分析……16
3.3.2　肋拱式单洞隧道受力变形特征与稳定性分析……21
3.3.3　基于受力变形规律的开挖方案比选与稳定性评价……25
3.3.4　基于受力变形规律的设计与施工优化……28
3.4　通透肋式连拱隧道结构受力与变形规律……29
3.4.1　不同开挖工况下的隧道受力变形对比分析……29
3.4.2　基于受力变形规律的通透肋式连拱隧道设计施工优化……38
第 4 章　通透肋式隧道围岩破坏模式与结构荷载计算方法……40
4.1　通透肋式单洞隧道围岩破坏模式……40
4.1.1　均质围岩条件下通透肋式傍山隧道破坏模式……41
4.1.2　非均质围岩条件下通透肋式傍山隧道破坏模式……43
4.2　通透肋式隧道围岩破裂角确定方法……45
4.3　通透肋式单洞隧道结构荷载计算模型……48

4.3.1 结构荷载计算模型 …… 48
4.3.2 破裂角的对比分析 …… 50
4.4 通透肋式连拱隧道围岩破坏模式 …… 51
4.4.1 围岩破坏类型及影响因素 …… 51
4.4.2 不同围岩条件下围岩破坏模式分析 …… 52
4.4.3 不同地形相交关系下围岩破坏模式分析 …… 55
4.5 通透肋式连拱隧道结构荷载计算模型 …… 57
4.5.1 浅埋隧道结构荷载计算方法 …… 57
4.5.2 通透肋式连拱隧道结构荷载计算模型 …… 59
4.5.3 破裂角的分析 …… 62
第 5 章 通透肋式隧道施工力学行为时空演化规律 …… 63
5.1 通透肋式隧道施工力学行为演化规律分析思路 …… 63
5.1.1 通透肋式单洞隧道分析思路 …… 63
5.1.2 通透肋式连拱隧道分析思路 …… 64
5.2 施工力学行为三维数值分析模型与分析方案 …… 64
5.2.1 通透肋式单洞隧道三维数值分析模型与分析方案 …… 64
5.2.2 通透肋式连拱隧道三维数值分析模型与分析方案 …… 66
5.3 通透肋式单洞隧道施工力学行为演化规律 …… 69
5.3.1 衬砌时机对结构受力变形的影响 …… 69
5.3.2 开挖进尺对隧道结构受力与变形的影响分析 …… 77
5.3.3 通透肋式单洞隧道掘进施工控制参数 …… 85
5.4 通透肋式连拱隧道施工力学行为时空演化规律 …… 86
5.4.1 开挖进尺对结构受力变形的影响 …… 86
5.4.2 左右洞室开挖间距对结构受力变形的影响 …… 99
5.4.3 衬砌时机对结构受力变形的影响 …… 110
5.4.4 通透肋式连拱隧道掘进施工控制参数 …… 119
第 6 章 通透肋式隧道结构设计与施工工法 …… 121
6.1 通透肋式单洞隧道结构设计 …… 121
6.1.1 隧道平面线形设计 …… 121
6.1.2 隧道纵断面设计 …… 121
6.1.3 隧道横断面设计 …… 121
6.1.4 隧道洞门设计 …… 122
6.1.5 隧道结构设计 …… 123
6.1.6 隧道防排水工程设计 …… 124
6.1.7 隧道监控量测 …… 125
6.1.8 爆破方案预设计 …… 125
6.2 通透肋式连拱隧道结构设计 …… 126
6.2.1 隧道平面及纵断面方案设计 …… 126

6.2.2 隧道横断面设计 …… 127
6.2.3 隧道洞门设计 …… 127
6.2.4 隧道衬砌结构设计 …… 127
6.2.5 隧道防排水工程设计 …… 129
6.2.6 隧道路面及洞内装饰 …… 130
6.2.7 隧道检修道设计 …… 131
6.2.8 抗震措施设计 …… 131
6.3 通透肋式单洞隧道施工工法 …… 131
6.3.1 通透肋式单洞隧道施工工序与操作要点 …… 131
6.3.2 通透肋式单洞隧道施工工法主要特征与优点 …… 135
6.4 通透肋式连拱隧道施工工法 …… 136
6.4.1 通透肋式连拱隧道施工工法原理与特点 …… 136
6.4.2 通透肋式连拱隧道施工工艺流程及操作要点 …… 137
6.4.3 通透肋式连拱隧道施工工法主要特征与优点 …… 144
第7章 通透肋式隧道施工监控量测技术 …… 145
7.1 通透肋式隧道施工监控量测意义、目标和总体原则 …… 145
7.1.1 施工监控量测意义与目标 …… 145
7.1.2 监控量测工作原则 …… 145
7.2 通透肋式隧道施工监控量测方案 …… 146
7.2.1 监控量测工作内容 …… 146
7.2.2 通透肋式单洞隧道监测方案 …… 146
7.2.3 通透肋式连拱隧道监测方案 …… 147
7.2.4 监测频率 …… 149
7.3 通透肋式单洞隧道施工监控量测与反馈分析 …… 149
7.4 肋式连拱隧道施工监控量测与反馈分析 …… 152
参考文献 …… 154

第1章 绪 论

1.1 通透肋式隧道的提出

中国山脉纵横，地形地势陡峻险要，地质条件复杂。随着我国交通道路基础设施建设力度的加大，高等级道路交通网逐渐向山区、西部高原等环境地质条件复杂的区域延伸，其中沿河谷、山谷修建的傍山道路占有相当大的比重。

傍山道路线路走向与山坡面平行或斜交，主要采用深挖路堑、明洞和傍山隧道方案。受到山区陡峭地形条件的限制，深挖路堑、明洞往往需要开挖山体，这不仅会对山坡植被造成严重破坏，同时也带来了高切坡稳定性问题。另外，傍山隧道围岩级别低，单边覆盖层薄，偏压效应显著，以往设计上多采用挡土墙、护拱或套拱支挡后回填暗挖方案，以平衡偏压荷载。由于这是一种被动受力的支护方法，对支挡结构的强度和自身稳定性要求较高，在地形条件受限的山区，往往需要采用高大的墙身和宽大的基础，工程造价高，且开挖面大，对生态环境和自然景观造成较大的破坏。因此，传统的傍山隧道修建方案一直没能很好地解决工程安全和环境保护相互协调的问题，亟须探索新的傍山道路修筑技术。

在对传统傍山隧道进行优化的基础上，出现了一种新型隧道结构——通透肋式隧道，该隧道为嵌入式非对称结构，隧道外侧采用通透的肋梁代替传统的封闭式衬砌结构，同时对拱顶山坡进行强支护后直接开挖形成洞室。与传统的傍山隧道和明洞相比，该方案采用主动变形控制措施来减小偏压应力水平，在减小开挖面的同时为结构优化提供了空间，最大限度地避免山体的切削和植被破坏，整体结构简洁美观，无须通风、采光系统，节能环保，具有很好的推广应用前景。但作为一种全新的洞室结构形式，其设计计算理论、变形控制技术及施工方法还远未成熟，还需要不断研究完善。

1.2 研究现状

浅埋傍山隧道逐渐取代传统的深挖路堑方案，成为傍山道路的一种主要结构形式。浅埋傍山隧道修建主要存在两个方面的技术难题：一方面是工程安全问题，由于浅埋傍山隧道围岩类别低，洞顶覆盖层薄，洞身承受显著的偏压荷载，洞室开挖影响范围波及地表，很容易造成隧道塌方、边坡失稳甚至山体滑坡，大量隧道洞口段的塌方事故以血的教训说明，浅埋隧道及深埋隧道洞口段是隧道建设工程中的高风险区域；另一方面是环境保护问题，傍山隧道多与山坡斜交，隧道开挖和支护造成地表植被破坏，对生态环境和自然景观带来较大的影响。

浅埋傍山隧道开挖破坏了山坡自然平衡状态，形成坡脚被切削的高陡边坡，存在自身稳定性问题。另外，由山坡开挖引起的岩体松弛压力直接作用于隧道结构上，且具有显著的偏压效应，对隧道结构物的稳定十分不利。由此可见，浅埋傍山隧道的稳定性问题包含高边坡稳定和隧道结构稳定两个方面。由于山坡岩体松弛变形的大小决定了隧道结构偏压应力的水平，控制坡体变形、稳定边坡是保证隧道结构稳定的关键，即高边坡的稳定性是决定浅埋傍山隧道整体稳定的主控因素。

以往傍山隧道多采用棚洞结构及反压护拱式伴山隧道结构[1-4]，且主要应用于洞口段[5]。对于半明半暗隧道结构而言，通过增设反压护拱、套拱、盖板、挡土墙来平衡偏压荷载[6-8]，对隧道结构受力十分不利，且不经济；而对于拱形明洞或棚洞结构来说，通过刷坡来阻隔岩土体与隧道结构的相互作用，对生态环境影响较大。这几种方案都存在工程安全和环境保护相互协调的问题，限制了它们的发展与应用。

傍山隧道实际包含边坡稳定和隧道结构稳定两个问题[9]，因地形、地质和结构形式的差异，其受力机理与破坏模式异常复杂，前人采用解析法、数值模拟法、直接量测法和模型试验法进行了大量研究[10-13]。

陆文超等[14]、房营光等[15]分别采用复变函数、拉普拉斯变换对浅埋隧道围岩应力的解析解进行了研究，傅鹤林等[16]对破碎围岩中隧道荷载计算力学模型进行研究，并得到了对应的理论解。杨小礼等[17]基于浅埋隧道的太沙基破坏模式，利用极限分析法中的上限定理，推导非线性破坏准则下浅埋隧道围岩压力的计算公式。王汉鹏等[18]根据不可逆热力学理论建立了弹塑性损伤耦合模型，并对浅埋分岔隧道不同施工阶段的应力、位移和损伤屈服区分布特征进行了研究。杨峰等[19]应用极限分析上限法计算浅埋隧道围岩压力，构造了浅埋隧道围岩两种刚体平动破坏模式，并推导了理论公式。这对认识围岩应力分布的普遍规律有着直观的作用，但对于地质条件复杂、边界效应显著的傍山隧道而言，得到其解析解还存在相当大的难度。

蒋树屏等[20-21]采用数值模拟方法分析了围岩和支护结构体非线性力学行为的应力场；伍毅敏等[22]采用有限元方法研究了不同地形条件下半明半暗洞口段的位移和应力分布规律；毕继红等[23]就埋深对浅埋洞室围岩压力的影响及浅埋山坡处洞室围岩压力进行了分析，得出了一些有益的结论；王祥秋等[24]对比研究了隧道进口段施工过程现场监测数据与有限元分析结果，得出了在偏压作用下隧道施工过程中围岩位移的变化规律；张敏等[25]采用 FLAC 3D 数值模拟，结合工程地质条件分析，对浅埋偏压隧道出口段高边坡变形破坏机制进行了深入研究。但这些研究所涉及的隧道与本书所研究的嵌入式非对称傍山隧道，在结构形式和承载模式上存在明显的差异。余飞等[26]、张胜等[27]曾采用数值模拟方法对通透肋式傍山隧道的变形受力特征、围岩破坏模式进行了研究，初步揭示了嵌入式非对称傍山隧道结构受力时空演变规律。

韩桂武等[28]通过现场测试，研究了浅埋黄土隧道应力和应变随时间的变化规律及分布特征；苟德明等[29]根据现场测试结果分析了浅埋暗挖隧道中管棚在隧道开挖过程中的受力特性，讨论管棚的作用机制；段海澎等[30]通过分析监测数据，对偏压连拱隧道围岩变形与支护结构受力特征进行了研究；孔恒等[31]基于深圳地铁实测资料，系统分析了隧道工作面开挖的地层应力分布特征，揭示了城市地铁隧道工作面围岩应力重分布的规律，提出了浅埋隧道围岩应力的分区概念。

由于实测检验费用高昂，测试周期较长，不能预先探讨相关规律性问题，模型试验法在研究复杂隧道结构时被大量应用。浙江大学王成平[32]通过试验模拟，获得破碎围岩下普通双车道和连拱隧道的围岩压力分布规律，揭示了洞周径向压力的松弛范围与洞径、围岩特性、裸露时间的关系。谢锦昌等[33]、王兵等[34]结合模型试验，对偏压隧道开挖产生松动荷载的坍落范围、地表裂缝、松动土体的力学行为进行了研究，阐述了土质偏压隧道变形发展过程及受力特征。李丹等[35]采用大型真三轴岩土工程模型试验机，对缓倾角层理岩体中隧道的二次应力分布特征及破坏机制进行模型试验研究。以上模型试验研究成果、试验方法和技术手段[36-38]，为本书的研究起到了很好的借鉴作用。

1.3 通透肋式隧道的关键技术问题

通透肋式隧道作为一种全新的洞室结构形式，无成熟的设计和施工经验可供借鉴，面临的主要技术难题有以下四方面。

（1）通透肋式隧道结构为半明半暗空间受力体系，其结构受力与变形规律复杂，时空效应显著，需要进行系统的研究[3-10]。

（2）通透肋式隧道为全新的异型结构，《公路隧道设计规范》（JTG D70/2—2014）给出的浅埋隧道结构荷载计算方法已不适用于这种异型结构，需要对其围岩破坏模式进行系统研究，探求相应的结构荷载设计计算方法[11-12]。

（3）通透肋式隧道埋深浅，斜交角度大，偏压严重，存在拱顶山坡稳定和隧道结构稳定两个问题，两者相互作用、相互影响的规律需进行系统的研究[13-17]。

（4）针对通透肋式隧道的异型结构特征，需要对其施工方法与工艺、支护和变形控制技术进行系统的研究。

第 2 章　通透肋式隧道结构与技术特点

2.1　肋式隧道设计理念与适用环境条件

2.1.1　浅埋傍山隧道的主要工程特征

浅埋傍山隧道隧址区地表倾斜，隧道傍山开挖形成洞室，埋深较浅，基本为半明半暗洞室结构，其主要工程特性可总结为：①洞顶覆盖层较薄，地面横坡较陡，洞身承受显著不对称荷载；②围岩类别较低，不能形成“自然拱”；③洞室开挖影响范围波及地表，容易造成岩质高边坡变形、山体滑动；④傍山隧道开挖造成地表植被破坏，对生态环境存在较大的影响。

因此，浅埋傍山隧道稳定性与变形控制技术及环境保护方案是该类隧道工程建设中面临的稳定性（即安全问题）技术难题之一[1-2]。

2.1.2　浅埋傍山隧道传统设计方案及其优缺点

以往傍山隧道多采用棚洞结构及反压护拱式傍山隧道结构[1-4]，且主要应用于洞口段[5]。

1．棚洞结构

棚洞是明挖路堑后，构筑简支的顶棚架，并回填而成的洞身，属于明洞范畴的隧道（图 2.1）。采用棚洞的条件与明洞大致相似，其结构整体性比明洞差，但由于顶棚与内外墙简支，其对地基的要求较低。

棚洞结构方案先开挖山坡岩体后修筑棚洞，通过山坡开挖来阻隔岩土体与隧道结构的相互作用，对生态环境影响较大，其实质与深挖路堑方案类似，存在植被破坏和高边坡稳定性问题。

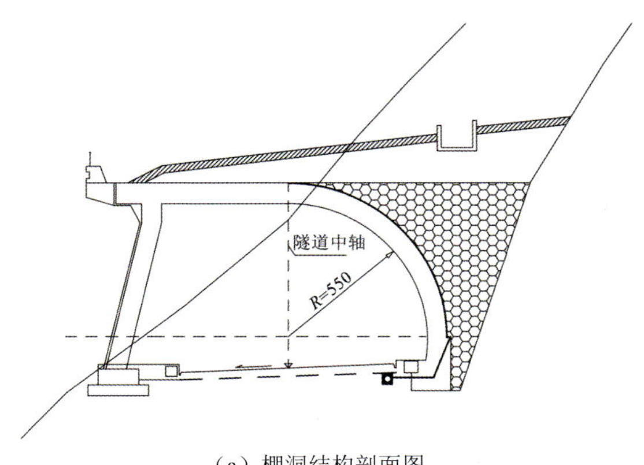

（a）棚洞结构剖面图

（b）棚洞结构全景效果图

图 2.1　棚洞结构

2．反压护拱式傍山隧道结构

反压护拱式傍山隧道应用得比较广泛，该隧道结构通过增设反压护拱、套拱、盖板、挡土墙来平衡偏压荷载[6-8]，然后在拱顶回填反压，最后进行半明半暗开挖形成洞室，典型设计断面如图 2.2 所示。其设计理念在于通过外侧挡土墙和拱顶回填反压，减小洞室开挖过程中山体的偏压效应。但由于主洞开挖过程中，围岩松弛压力直接作用于外侧护拱及挡土墙，对结构强度和抗滑抗倾覆稳定性要求较高，设计上需要采用高大的重力式挡土墙以保证结构的稳定性，同时为了保证陡坡上挡土墙自身稳定性，设计上多采用台阶式片石混凝土和锁脚锚杆作为基础。从图 2.2 可以看到，外侧挡土墙高大，墙底片石混凝土基础笨重，造价高，开挖面大，其经济性和安全性较差。因此，有必要针对浅埋傍山隧道的受力特点进行结构优化。

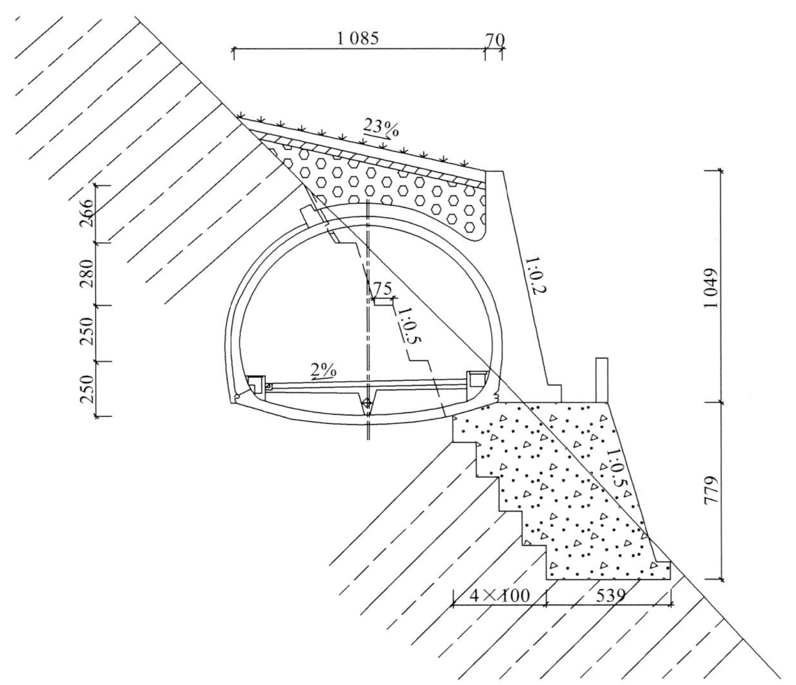

图 2.2　反压护拱式傍山隧道结构

由于这是一种被动受力的隧道结构，对支挡结构的强度和自身稳定性要求较高，且开挖面大，对生态环境和自然景观造成较大的破坏。因此，传统的傍山隧道修建方案一直没能很好地解决工程安全和环境保护相互协调的问题，亟须探索新的傍山道路修筑技术。

2.1.3　通透肋式傍山隧道结构设计理念

以往多通过调整线位来回避傍山地段的工程安全和环境破坏问题，这样一方面限制了线路选择的余地，另一方面受山区复杂地形条件的限制，仍然避免不了隧道进出口、浅埋偏压等傍山路段的出现。若能采用嵌入式的傍山隧道结构，将能较好地适应地形，解决工程安全和环保协调这一问题，在我国建设生态道路的大背景下，无疑是一种最具前景的通过方案，同时也大大减小了山区选线工作的难度。

要解决傍山隧道工程安全和环境协调统一的问题，需对传统修建方案予以优化，一方面要尽量避免对隧址区山坡进行切削，将隧道结构部分嵌入山坡围岩中，即尽量不开挖隧道轮廓以外的岩体，另一方面是采用主动变形控制措施，对拱顶山坡围岩进行预加固，减小围岩变形，有效降低隧道偏压应力水平。在此基础上，充分利用围岩与隧道结构所形成的空间支撑体系，对隧道外侧拱圈进行优化。

基于上述分析，浅埋傍山隧道的设计应以拱顶山坡支护方案为前提，在保证拱顶边坡稳定的条件下，对隧道结构形式进行优化。在确保隧道整体稳定的同时，尽量减少开挖面，最大限度地保护山坡原生态植被。

根据以上设计理念，采用强支护措施（如管棚注浆）对拱顶山坡进行加强支护，并采用抗滑措施加固外侧拱脚山坡，稳定隧道开挖面内外侧岩体，减小坡体变形，降低隧道结构荷载水平；在此条件下仅开挖隧道轮廓内岩体，最大限度地保留山坡原生态植被；同时对隧道结构进行优化，山坡外侧采用通透的肋梁结构代替高大的挡土墙，改善隧道内的通风、采光和行车视觉效果；肋梁顶端和底端与沿线路通长布置的钢筋混凝土结构相连，以协调各片肋梁受力平衡。隧道内侧采用复合式衬砌，且二次衬砌层与拱顶地梁、肋梁、防撞墙统一浇筑成整体结构，并与仰拱和抗滑桩（或台阶基础）连接形成环型承力体系，以平衡隧道围岩的偏压应力，保证隧道结构的长期稳定性。

2.1.4　通透肋式隧道结构的适用条件

通透肋式隧道作为傍山道路建设中一种新型结构，其应用区域的地质条件一般较差，围岩多为IV～V级围岩，但不适用于自然状态下不稳定、存在滑动体和断裂带的区域。

通透肋式傍山隧道应用区域的地质环境特征主要表现为：①基岩为强度较高的硬质岩石（如花岗岩）；②浅表层全-强风化岩层厚度较小，不宜超过4 m；③隧道主体围岩为弱风化岩层，节理裂隙多呈闭合形态；④部分区域节理裂隙密集发育形成岩体破碎带，总体规模较小；⑤隧址区地下水主要为基岩裂隙水，隧道设计标高高于侵蚀基准面；⑥隧址区无明显断裂构造；⑦区域地震基本烈度小于VI度。

2.2　通透肋式单洞隧道结构及其特征

对传统隧道结构进行系统优化后，提出了一种全新的隧道结构——通透肋式单洞隧道（图2.3）。通透肋式单洞隧道为半明半暗异型结构，由拱顶管棚、初期衬砌、支护锚杆、内侧拱圈二次衬砌、拱顶地梁、防落石挡块、肋梁、防撞墙、桩基承台、抗滑桩、仰拱等结构部件组成，如图2.4所示。

图 2.3　龙瀑隧道——通透肋式单洞隧道

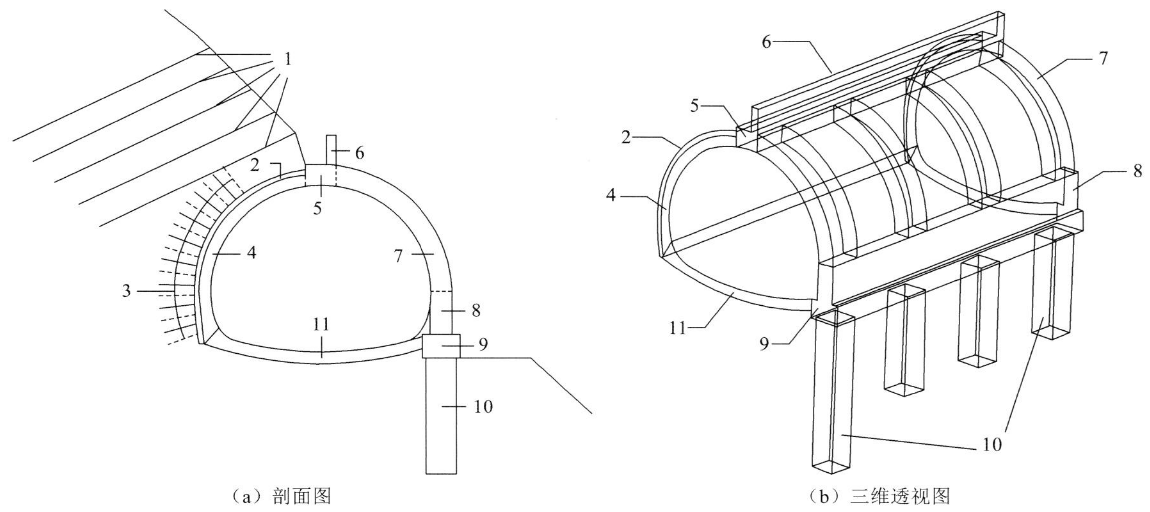

图 2.4　通透肋式单洞隧道结构组成图

1—拱顶管棚；2—初期衬砌；3—支护锚杆；4—内侧拱圈二次衬砌；5—拱顶地梁；6—防落石挡块；7—肋梁；8—防撞墙；9—桩基承台；10—抗滑桩；11—仰拱

拱顶管棚采用预钻孔埋设的热扎无缝钢管，外径为 108 mm，壁厚为 6～8 mm，布置范围根据计算的岩体松弛范围予以确定；隧道内侧初期衬砌层采用 25 cm 厚的混凝土，并布设直径为 8 mm 的钢筋网；支护锚杆为直径 22 mm 的中空注浆锚杆，长度为 6 m，环向间距为 60 cm，纵向间距为 100 cm；内侧拱圈二次衬砌为 60 cm 厚的钢筋混凝土结构，顶端与拱顶地梁相连，底部与仰拱相连；拱顶地梁尺寸为 2.0 m×1.2 m（宽×高），靠山坡外侧设置的钢筋混凝土挡块尺寸为 0.5 m×1.5 m（宽×高）；肋梁为 1/4 圆弧形钢筋混凝土结构，梁体截面为长方形，其尺寸为 1.0 m×1.2 m（宽×高），相邻肋梁中心间距为 6.0 m，形成宽度为 4.8 m 通透式开间；防撞墙为条形钢筋混凝土结构，尺寸为 1.0 m×1.5 m（宽×高）；桩基承台尺寸为 2.2 m×1.2 m（宽×高）；抗滑桩为边长 1.5～1.8 m 的钢筋混凝土桩，其桩长为 8～12 m，相邻桩基之间的中心间距与肋梁保持一致；仰拱采用 60 cm 厚的钢筋混凝土结构，一端与内侧拱圈二次衬砌相连，另一端与桩基承台相连，形成封闭的结构。

通透肋式傍山隧道结构为国内首创，凸显环保和景观协调的设计理念，其主要经济技术优势在于：①能很好地适应山区复杂地形；②隧道结构受力与山坡变形协调性较好；③最大限度地避免了山体的切削和植被破坏；④通透的肋梁结构简洁轻盈，具有很强的视觉冲击力和建筑美感；⑤无须通风、采光系统，节能环保，行车视觉效果好。

2.3　通透肋式连拱隧道结构及其特征

为适应大跨度高速公路建设需求，需将通透肋式单洞隧道结构向双洞、宽体方向扩展，构建适应范围更广的新型隧道结构。因此，在通透肋式单洞隧道设计方案的基础上，充分利用其技术优势，提出了一种全新的隧道结构——通透肋式连拱隧道。

通透肋式连拱隧道为嵌入式非对称结构，其设计理念在于利用拱顶和拱脚地层锚固系统，加固开挖影响区域内的山坡坡体，减小高边坡的变形，从而降低隧道结构物的应力水平。开挖过程分多步进行，先开挖中导洞后，然后施做中隔墙结构，它既连接了两侧洞室结构，又承受了山体开挖引起的偏压荷载。两侧洞室分别采用横向管棚对拱顶山坡进行强支护后再开挖形成洞室。其中，在开挖外洞的过程中，仅开挖隧道轮廓内岩体，最大限度地保留山坡原生态植被；同时外洞采用通透的肋梁结构代替高大的挡土墙，改善隧道内的通风、采光和行车视觉效果。隧道内侧采用复合式衬砌，且外侧洞室的二次衬砌层与拱顶地梁、肋梁、防撞墙浇筑成整体结构，并与先期施做的中隔墙、仰拱和拱脚基础连接形成环形承力体系，以平衡隧道围岩的偏压应力，保证隧道结构的长期稳定性。通透肋式连拱隧道三维效果见图 2.5，实景图见图 2.6。

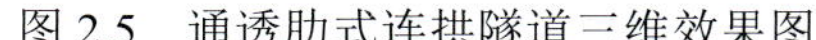

图 2.5　通透肋式连拱隧道三维效果图

图 2.6　通透肋式连拱隧道实景图（南山隧道）

通透肋式连拱隧道涵盖了通透肋式隧道的主要技术经济特征，此外，由于通透肋式连拱隧道结构形式更复杂，且为非对称的宽体隧道，其技术特征有以下三点。

（1）结构异型。与传统隧道相比，它新增了外洞肋梁结构、中隔墙、内洞衬砌结构，结构形式的变化必然导致隧道结构受力变形规律更为复杂，而中隔墙、肋梁等结构的受力规律缺乏成熟的理论依据，亟待研究。

（2）开挖扰动区域大，对拱顶山坡稳定性影响大。通透肋式连拱隧道是双洞、宽体结构，与通透肋式单洞隧道相比，开挖范围更大，围岩扰动的区域更广，对拱顶山坡的变形破坏影响也更大。

（3）开挖步骤多，隧道结构应力调整历程复杂。通透肋式连拱隧道结构形式的复杂性使其开挖过程更复杂，为了确保工程的安全性，其内外洞室的开挖必须分步进行，伴随开挖过程的应力释放，洞室结构应力状态的变化必然更复杂。

通透肋式连拱隧道的结构组成如图 2.7 所示，图 2.8 为通透肋式连拱隧道的结构组成的三

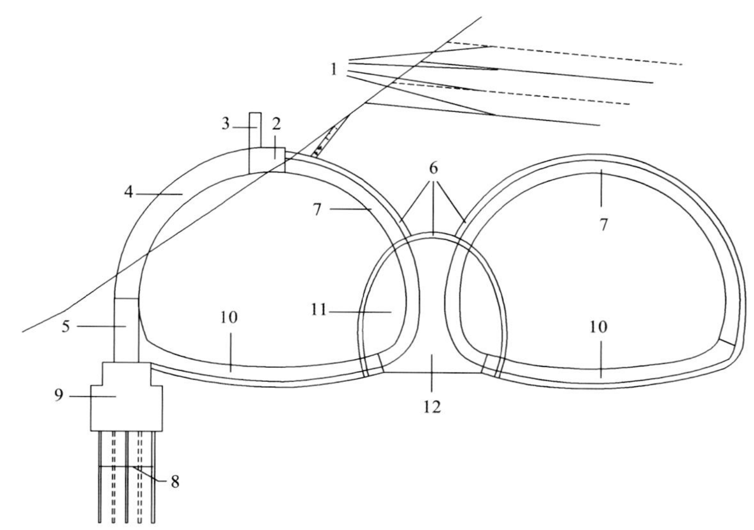

图 2.7　通透肋式连拱隧道的结构组成图

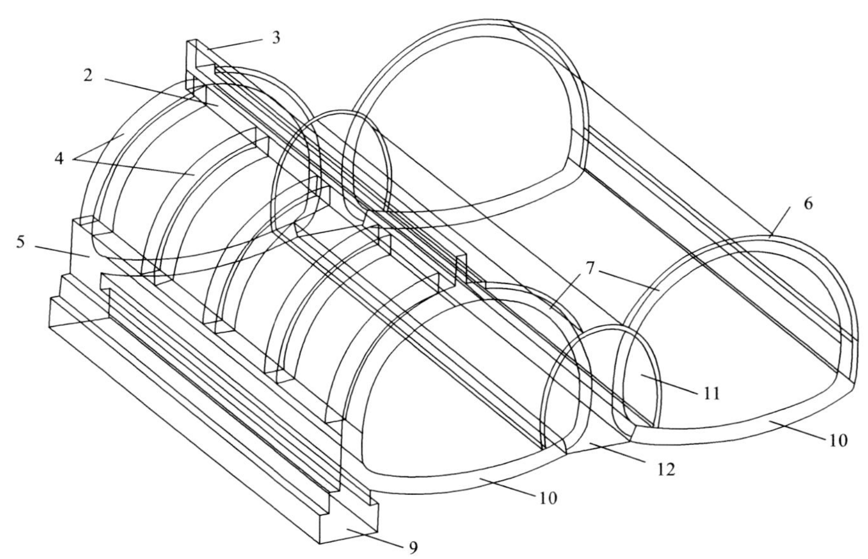

图 2.8　通透肋式连拱隧道的结构组成的三维透视图

1—拱顶锚固系统；2—拱顶纵梁；3—防落石挡块；4—肋梁；5—防撞墙；6—初期衬砌；7—二次衬砌；8—拱脚锚固系统；9—拱脚扩大基础；10—仰拱；11—中导洞；12—中隔墙

维透视图。通透肋式连拱隧道结构由拱顶锚固系统、拱顶纵梁、防落石挡块、肋梁、防撞墙、初期衬砌、二次衬砌、拱脚锚固系统、拱脚扩大基础、仰拱、中导洞和中隔墙组成。

其中，拱顶锚固系统采用注浆钢管和小导管，注浆钢管为 ϕ108 mm×6 mm 预钻孔埋设的热扎无缝钢管；小导管为 ϕ50 mm×5 mm 注浆小导管，埋入长度为 6 m。注浆管以向下倾斜25°的角度钻入，钻孔轴线与线路走向正交，并采用梅花形布置，管心间距为 2 m。

拱顶纵梁为宽 1.5 m、高 1.05 m 的条形钢筋混凝土结构，沿线路纵向通长布置，主要作为隧道外洞拱圈衬砌层与肋梁的连接结构。拱顶纵梁上靠山坡外侧设置有宽 0.5 m、高 1.5 m 的钢筋混凝土防落石挡块，防止山坡碎石落入隧道内。

肋梁为 1/4 圆弧形钢筋混凝土结构，梁体截面为宽 1.2 m、高 1.05 m 的长方形，相邻肋梁中心间距为 6.0 m，形成宽 4.8 m、高 6.2 m 的通透式开间，各片肋梁顶端与拱顶纵梁相连，底部与防撞墙相连。

防撞墙为宽 1.05 m、高 2.5 m 的条形钢筋混凝土结构，沿线路纵向通长布置，主要起到防止车辆冲撞隧道结构物的作用，并作为肋梁与拱脚扩大基础的连接结构。拱脚扩大基础为宽3.0 m、高 2.5 m 的台阶形钢筋混凝土结构，沿线路纵向通长布置。拱脚扩大基础底部的拱脚锚固系统采用 5 m 长 ϕ50 mm×5 mm 注浆小导管，以垂直水平面方向向下钻入，并采用梅花形布置，管心间距为 1 m。

隧道内外洞室初期衬砌层采用 26 cm 厚的 C25 早强混凝土，并布设 ϕ 8 mm@20 mm×20 cm 钢筋网。隧道开挖面布置支护锚杆，锚杆采用 ϕ 25 mm 的中空注浆锚杆，锚杆长度为3.5 m，沿拱形开挖岩面径向布置，环向间距为 100 cm，纵向间距为 60 cm，支护锚杆露头端与初期衬砌层相连，共同形成开挖阶段的初期支护。

隧道内洞拱圈二次衬砌为 60 cm 厚的 C30 钢筋混凝土结构，两端分别与中隔墙、仰拱相连，形成环形封闭承载结构。隧道外洞拱圈二次衬砌为 60 cm 厚的 C30 钢筋混凝土壳体结构，其顶端与拱顶纵梁相连，底部与中隔墙相连，形成环形封闭承载结构。

仰拱采用 60 cm 厚的弧形钢筋混凝土结构，内洞仰拱两端分别与二次衬砌和中隔墙相连，形成封闭结构；外洞仰拱一端与二次衬砌相连，另一端与防撞墙相连，形成封闭结构。

中隔墙为 C30 钢筋混凝土结构，采用复合式曲中墙形式，心墙厚 1.1 m，底宽 3.3 m，顶宽2.3 m，高 6.1 m，中隔墙两侧衬砌分别为左右洞 60 cm 厚的 C30 钢筋混凝土二次衬砌。中隔墙顶部与中导洞顶紧密接触，墙底锚固锚杆采用 ϕ25 mm@100 mm×100 cm 中空注浆锚杆，锚杆长度为 3.5 m，以垂直水平面方向向下钻入。中隔墙将左右洞分开，并承受由偏压地形条件或内外洞室的非对称开挖带来的不平衡荷载。

中导洞是为了施做中隔墙而首先开挖的洞室，宽 6.3 m，高 6.75 m，中导洞的洞顶与中隔墙的顶部紧密接触，并在中隔墙浇筑完毕之后采用 M7.5 浆砌片石进行回填。中导洞初期衬砌层采用 20 cm 厚的 C25 早强混凝土，并布设 ϕ8 mm@20 mm×20 cm 钢筋网。其开挖面布置支护锚杆，锚杆采用 ϕ22 mm@60 mm×100 cm 的早强砂浆锚杆，锚杆长度为 3.0 m，支护锚杆露头端与初期衬砌层相连，共同形成中导洞的初期支护。

通透肋式连拱隧道的主要技术优点有以下 6 方面。

（1）通透肋式连拱隧道在通透肋式单洞隧道的基础上，采用中隔墙结构替代围岩来支撑拱顶山坡悬臂岩体，避免了拱脚及边墙部位岩体（应力集中区）破坏引起的围岩失稳，同时为拱顶山坡岩体提供了更有效的支撑，降低了施工开挖的安全风险，提高了该类型隧道环境地质的适用性。

（2）通透肋式连拱隧道采用双连拱结构，外洞为肋梁结构，具有良好的通风、采光性能，有效地减小了对山坡植被的破坏面；外洞通过中隔墙与内洞连为整体，形成跨度更大的双线隧道结构，有效提升了通透肋式隧道的通行能力。

（3）通透肋式连拱隧道的高跨比较通透肋式单洞隧道明显减小，在浅埋偏压地段，具有更高的抗滑、抗倾覆安全系数。

（4）拱顶山坡注浆钢管加固范围覆盖隧道洞室围岩松动区域，有效保障了拱顶山坡岩体及隧道围岩的开挖稳定。

（5）中隔墙与内外洞相邻的二次衬砌段先期整体浇筑，较传统分三阶段浇筑的“夹心饼”式中隔墙，具有更大的抗弯刚度，尤其在偏压地段，具有更好的抗滑、抗倾覆性能，有效提高了施工期间中隔墙的稳定性。

（6）中隔墙的墙底设置有锚固锚杆，进一步提高中隔墙的抗滑、抗倾覆安全系数。

第 3 章　通透肋式隧道结构受力与变形规律

3.1　通透肋式隧道结构受力与变形分析思路

3.1.1　通透肋式单洞隧道分析思路

通透肋式隧道属于浅埋偏压隧道，稳定性问题包含拱顶山坡稳定和隧道结构稳定两个方面，另外，由于结构异型，为典型的空间结构，其受力变形特征较一般偏压隧道复杂得多。针对上述问题，宜采用以下分析步骤进行研究。

1．拱顶山坡稳定性分析

由于拱顶山坡岩体松弛变形的大小决定了隧道结构偏压应力的水平，控制坡体变形、稳定边坡是保证隧道结构稳定的关键，即拱顶山坡稳定性是决定浅埋傍山隧道整体稳定的主控因素。

首先考虑在最不利工况——主洞开挖且无支护措施的极端情况下，确定拱顶山坡的松弛范围，为合理制定拱顶山坡加固方案和加固范围提供依据；然后对拟采取的加固方案进行稳定性模拟计算，确定最优的加固方案和范围。

2．不同开挖方案下隧道结构受力变形分析

在对拱顶山坡采用有效的加固措施，保证拱顶山坡稳定的条件下，需要解决该异型隧道断面开挖工序的问题。因此，采用平面模型对不同的开挖施工方案进行数值模拟，对比分析隧道结构受力变形特征，确定稳定安全的开挖方案，对比分析方案如下。

（1）方案一：先暗后明，即先开挖洞室，后施做肋梁。

（2）方案二：先明后暗，即先施做肋梁，后开挖洞室。

在平面应变分析中，要考虑肋梁沿纵向按一定的间距（中心间距为 6 m）布置，在模型中需对肋梁的刚度按结构尺寸的比例进行等效，即按肋梁的纵向宽度与间距的比例关系进行等效。

3.1.2　通透肋式连拱隧道分析思路

通透肋式连拱隧道与通透肋式单洞隧道存在显著的差异，集中体现在结构形式更复杂，隧道开挖面更大，扰动区域更广，对拱顶山坡稳定性影响更显著；隧道开挖工序多，隧道结构及围岩应力调整历程更复杂。

针对上述问题，通透肋式连拱隧道的整体分析思路可参照通透肋式单洞隧道，但具体分析需针对通透肋式连拱隧道的结构特点进行，具体如下。

1．拱顶山坡稳定性分析

通透肋式连拱隧道的开挖面更大，对拱顶山坡岩体的扰动范围更广，需要分阶段予以分析。

（1）首先分析最不利工况——内外洞室完全开挖且中隔墙不能提供有效支撑，确定拱顶山坡的松弛范围，制定合理拱顶山坡加固方案和加固范围，保证拱顶山坡具有足够的安全储备。

（2）然后分析左右洞室完全开挖，中隔墙能提供有效支撑的工况，确定拱顶山坡的松弛区域，为中隔墙稳定性分析提供依据。

（3）最后对拟采取的加固方案进行稳定性模拟计算，确定最优的加固方案和范围。

2．不同开挖方案下隧道结构受力变形分析

首先同样采用平面模型，对不同的开挖施工方案进行模拟，对比分析隧道结构受力变形特征，确定稳定安全的开挖方案，对比分析方案如下。

（1）方案一：先内后外，即先开挖内洞，后开挖外洞。

（2）方案二：先外后内，即先开挖外洞，后开挖内洞。

两者的主要区别在于：方案一在通过支护保证围岩变形稳定的前提下容许围岩施工过程中具有一定的应力释放，从而降低后期施做的结构物的应力水平。因此，弄清两种方案中隧道结构受力变形的差异性，可为施工方案的选择和控制提供实际可操作的指导。

在平面应变分析中，同样需要考虑肋梁的空间分布特征，在模型中对肋梁按结构尺寸的比例进行刚度等效。同时，考虑到连拱隧道的特点，需要重点分析中隔墙、肋梁受力变形特征，以及强度、抗滑、抗倾覆稳定性。

3.2　通透肋式隧道数值分析模型与分析方案

3.2.1　通透肋式单洞隧道数值分析模型与分析方案

通透肋式单洞隧道的研究都是以黄塔桃高速公路龙瀑隧道为依托工程展开的，解决通透肋式单洞隧道修建方案面临的两个主要问题：首先对拱顶山坡的稳定性进行分析，确定隧道围岩的松弛范围，进而制定合理有效的加固方案[12]；然后对山坡锚固后，不同开挖方案的隧道围岩及结构变形受力特征进行对比分析，确定稳定安全的开挖方案。

以黄塔桃高速公路龙瀑隧道为原型，采用通用有限元程序 ANSYS 进行数值建模，并以隧道开挖面积最大、最小和居中的 ZSK23+320、ZSK23+365 与 ZSK23+380 三个典型断面为分析对象，根据实际地层条件和隧道结构尺寸建立地质概化模型，模型上边界取至山坡顶，与设计路面高差约为 41 m，下边界取至坡底沟谷，与设计路面高差约为 21 m，左边界与隧道内侧拱脚水平距离约为 45 m，右边界与隧道外侧拱脚水平距离约为 28 m，左右边界为水平约束，下边界为竖直约束。

数值模型包含了整个山坡面，左右边界为隧道跨度的 3～5 倍，避免了数值计算的边界效应。岩体采用 Drucker-Prager 弹塑性模型，隧道结构物采用线弹性材料模型，管棚简化为锚杆单元进行模拟，其弹性模量为 200 GPa，直径为 108 mm，长度为 15～18 m。ZSK23+320 断面有限元网格划分如图 3.1 所示。

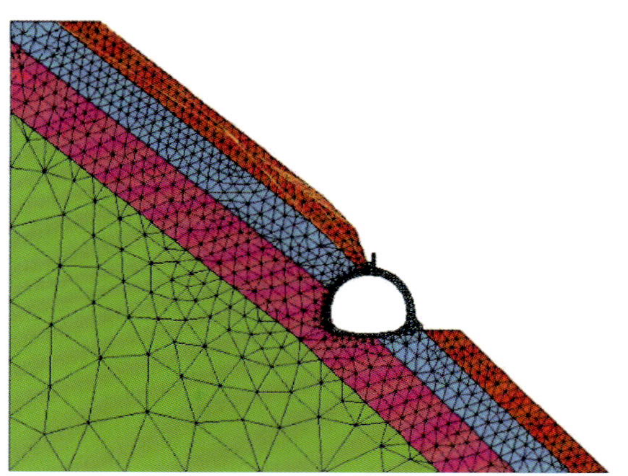

图 3.1　ZSK23+320 断面有限元网格划分

根据依托工程龙瀑隧道地质勘查资料、现场波速测试数据及岩石力学室内试验结果，参考国内外重大岩土工程中同类岩体物理力学参数的试验成果，确定围岩及结构物的物理力学参数，如表 3.1 所示。

表 3.1　围岩及结构物的物理力学参数

介质	弹性模量/GPa	泊松比	密度/（kg/m^3）	抗拉强度/MPa	抗压强度/MPa	黏聚力/MPa	内摩擦角/（°）
全风化花岗岩	0.2	0.40	2 100	0.1	5.0	0.04	23
强风化花岗岩	0.8	0.35	2 300	0.2	10.0	0.10	25
弱风化花岗岩	4.2	0.28	2 500	0.7	40.0	0.20	30
微风化花岗岩	9.0	0.22	2 600	0.9	90.0	0.40	43
C25 混凝土	25.5	0.20	2 620	1.1	9.6	—	—
管棚	200.0	—	—	—	—	—	—

针对两种开挖设计方案，系统研究通透肋式单洞隧道变形与受力特征。方案一为先暗后明，即先开挖主洞室，然后整体施做肋梁、二次衬砌等隧道主体结构；方案二为先明后暗，即先施做隧道外侧肋梁，形成支撑，然后开挖主洞室，最后形成内侧衬砌体。

二维有限元分析可揭示通透肋式单洞隧道变形与受力的基本特征，探讨不同开挖方案对隧道稳定性的影响规律，但未考虑隧道开挖推进过程对隧道受力和变形的影响，存在一定局限性[14-15]。隧道施工是一个分段开挖、逐步推进的过程，空间效应显著，后续施工段的开挖对已成型的结构物应力和变形会带来明显的影响，影响程度取决于循环开挖进尺、开挖速度、衬砌时机和围岩性质。对于通透肋式隧道而言，开挖段拱顶岩体具有一临空面，主要靠已成型结构物和掌子面岩体的支撑作用来保持空间结构的稳定。当循环施工进尺较小时，近距离的后续开挖施工，会引起隧道结构物的变形和应力的明显增大，随着循环施工进尺的增大，这种空间效应的影响会逐渐减小，一般空间效应的作用距离为 1.5～2.5 倍洞径；当开挖进尺超过这个范围时，空间支撑作用已不显著，开挖段跨中拱顶岩体易出现过大的下沉变形和塑性破坏，影响隧道施工的安全。因此，在实际施工中，需要合理控制循环开挖进尺，减小空间效应对隧道稳定性的不利影响，在这种条件下，二维有限元分析的结果基本可以反映隧道受力和变形的主要特征。

3.2.2　肋式连拱隧道数值分析模型与分析方案

以望东高速南山隧道为原型开展系统研究，为模拟开挖施工过程，分析隧道的受力变形特征，选取开挖面积较大的 DK27+540 作为计算断面，分析各个开挖工况下围岩及结构物的变形、应力和塑性区分布特征，在此基础上，对衬砌层、中隔墙、肋梁等结构内力进行强度稳定性验算。

计算模型中，肋梁高度按 1.05 m，宽度按 1.2 m 考虑，纵向按 6 m 的间距布置，在平面应变有限元分析中，对肋梁的刚度按结构尺寸的比例进行等效，即按肋梁纵向宽度 1.2 m 与间距 6 m 的比例关系进行等效，肋梁的弹性模量取 5.1 GPa，其他参数同 C25 混凝土。

图 3.2、图 3.3 是 DK27+540 断面的有限元分析网格，计算范围取为：左边界离隧道距离为连拱隧道跨度的 3～4 倍，右边界取至坡脚沟谷内。左右边界均采用 X 方向位移约束，底部边界采用 Y 方向位移约束，其余各边为自由边界，无约束。

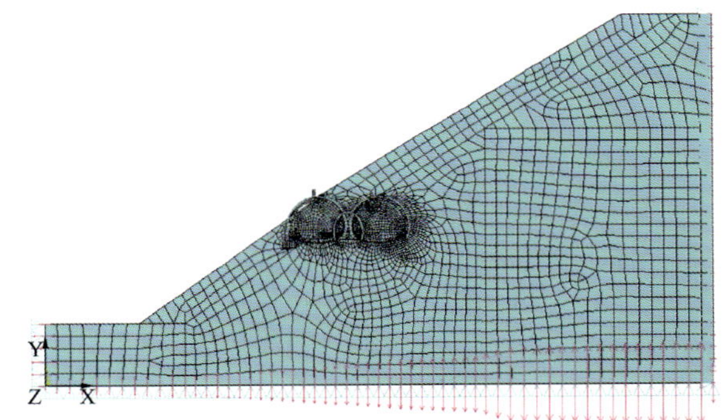

图 3.2　DK27+540 断面的有限元分析网格

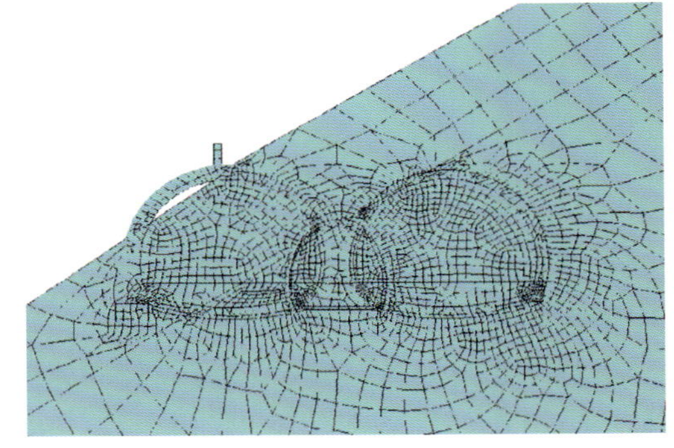
图 3.3　DK27+540 断面隧道结构有限元分析网格

进行施工过程模拟，考虑两种开挖方案，其模拟工况如下。

（1）方案一：先内后外，先开挖内洞，然后再施做外洞。

工况 1：计算边坡自然状态下的自重平衡，采用大管棚进行坡面支护，确保坡面的稳定性。

工况 2：开挖中导洞，并进行中导洞临时支护，计算中导洞拱圈的受力变形特征。

工况 3：浇筑中隔墙后，先开挖内侧洞室，并施做内侧洞室的初期衬砌，计算中隔墙、围岩及衬砌结构受力变形特征。

工况 4：开挖外侧洞室，并施做外侧洞室的初期衬砌，接着浇筑肋梁、衬砌、防撞墙等结构，计算外洞围岩及肋梁拱圈的结构受力变形情况。

（2）方案二：先外后内，先施做外洞衬砌结构，形成支撑，然后开挖内洞。

工况 1：计算边坡自然状态下的自重平衡，采用大管棚进行坡面支护，确保坡面的稳定性。

工况 2：开挖中导洞，并进行中导洞临时支护，计算中导洞拱圈的受力变形特征。

工况 5：浇筑中隔墙后，开挖外侧洞室，并施做外侧洞室的初期衬砌，接着浇筑肋梁、衬砌、防撞墙等结构，计算外洞围岩及肋梁拱圈的结构受力变形情况。

工况 6：开挖内侧洞室，并施做内侧洞室的初期衬砌，计算中隔墙、围岩及衬砌结构受力变形特征。

为了便于对比不同开挖顺序的计算结果，主要考虑以下五种工况下的计算结果，见表 3.2。

表 3.2　五种计算工况汇总

工况	开挖方案	工况描述
2	方案一、方案二	中导洞开挖后，初期衬砌未形成有效支护作用时
3	方案一	先开挖内洞后，内洞二次衬砌未施做前
4	方案一	再开挖外洞后，外洞二次衬砌、肋梁均未施做前
5	方案二	先开挖外洞后，外洞二次衬砌、肋梁均未施做前
6	方案二	再开挖内洞后，内洞二次衬砌未施做前

3.3　通透肋式单洞隧道结构受力与变形规律

3.3.1　拱顶山坡受力变形特征与稳定性分析

拱顶山坡的稳定性是通透肋式单洞隧道结构可行性研究的首要问题，隧道开挖后拱顶山坡的位移和应力状态是决定围岩及结构物稳定性的关键因素。为保证拱顶山坡具有足够的安全储备，计算工况不考虑二次衬砌和外侧肋梁的支挡作用，仅对直接开挖后拱顶山坡锚固前、锚固后的稳定性进行分析计算。

根据龙瀑隧道路线走向和内轮廓的建筑界限要求，洞室开挖切坡深度为 8.76～18.84 m，切坡深度最小的横断面位于出口端，即 ZSK23+380 断面，切坡深度最大的为 ZSK23＋320 断面。选取切坡深度最大、最小和居中（ZSK23+365）的三个断面作为计算断面，采用有限元法进行稳定性计算（以 ZSK23＋320 断面为主要展示面）。

由于肋梁沿纵向按 6 m 的间距布置，在平面应变有限元分析中，对肋梁的刚度按结构尺寸的比例进行等效，即按肋梁纵向宽度 0.8 m 与间距 6 m 的比例关系进行等效，肋梁的弹性模量取 3.4 GPa，其他参数同 C25 混凝土。

1. 未锚固山坡开挖的极限状态分析

在未对拱顶山坡进行锚固的条件下直接开挖洞室，拱顶点的位移最大，总位移达 35.04 mm，图 3.4、图 3.5 分别为未锚固开挖后位移分布云图和位移矢量图。从图 3.4、图 3.5 中可以看出，拱顶山坡的位移很大，整体呈现向洞内塌落的状态。隧道底部岩体和拱顶山坡体的主拉应力较大，为 0.08～0.16 MPa，主压应力的最大值位于拱脚处，为−0.91 MPa（以受拉为正，受压为负），围岩内侧靠拱脚段的主压应力较大，为−0.81～−0.38 MPa。

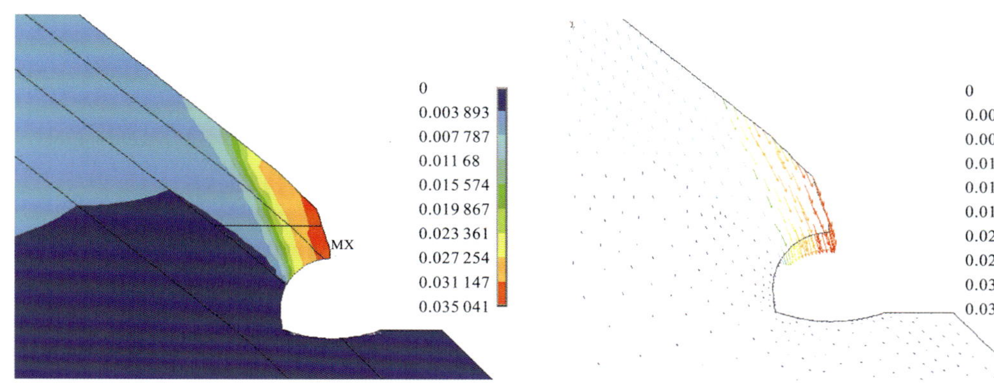

图 3.4　未锚固开挖后位移分布云图（单位：m）　　图 3.5　未锚固开挖后位移矢量图（单位：m）

图 3.6、图 3.7 分别为未锚固开挖后最大主应力、最小主应力分布云图。从图 3.6、图 3.7 中可以看到，拱顶山坡全风化和强风化岩层内的拉应力较大，拱脚处存在较明显的应力集中现象。图 3.8、图 3.9 为未锚固开挖后最大剪应变和塑性破坏区分布云图，等效塑性应变最大值位于拱内侧强风化与弱风化岩层的交界面上，塑性破坏区从该点基本垂直地向上扩展，直至坡面，破坏范围达拱顶以上 15 m 的坡面。

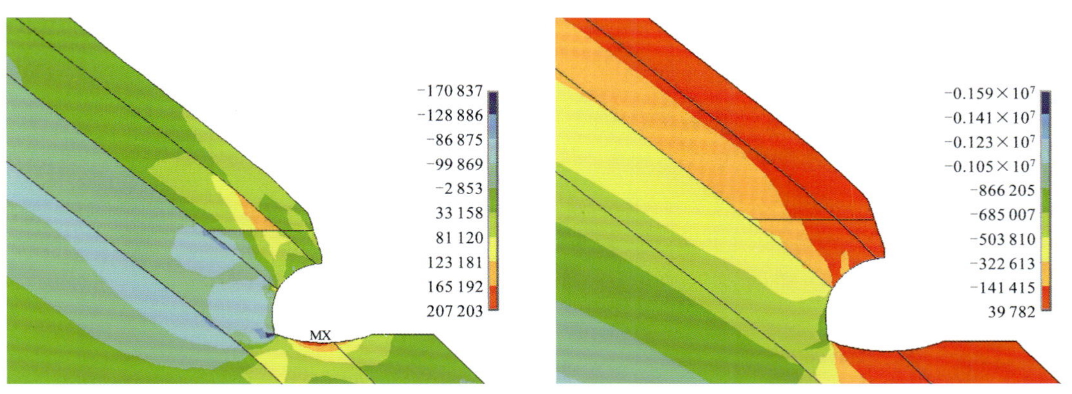

图 3.6　未锚固开挖后最大主应力分布云图（单位：Pa）　图 3.7　未锚固开挖后最小主应力分布云图（单位：Pa）

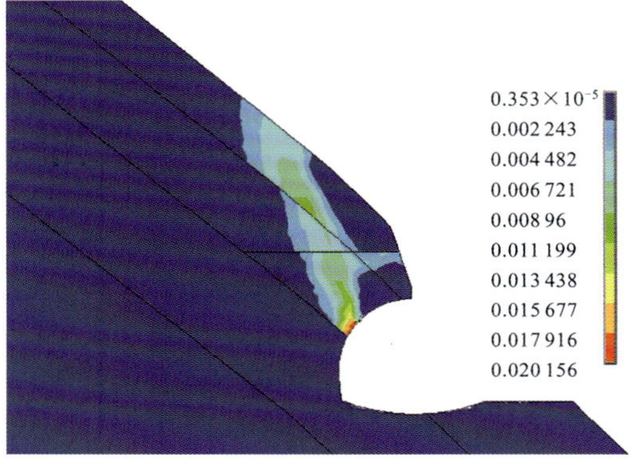

图 3.8　未锚固开挖后最大剪应变分布云图（单位：m）

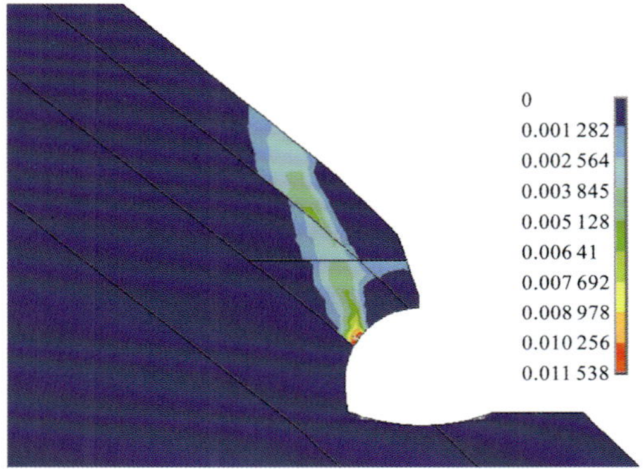

图 3.9　未锚固开挖后塑性破坏区分布云图（单位：m）

2. 锚固后拱顶山坡稳定性分析

1）开挖变形分析

图 3.10、图 3.11 分别是两个断面开挖完成后的洞周位移矢量图。由图 3.10、图 3.11 可见，开挖并支护完成后，隧道围岩体的总体变形趋势表现为顶拱下沉，底部回弹，隧道侧壁收敛变形不明显，开挖的台阶处表现出卸荷回弹。总体来说，开挖、支护后拱顶山坡变形不明显，最大位移在 3.3 mm 左右。

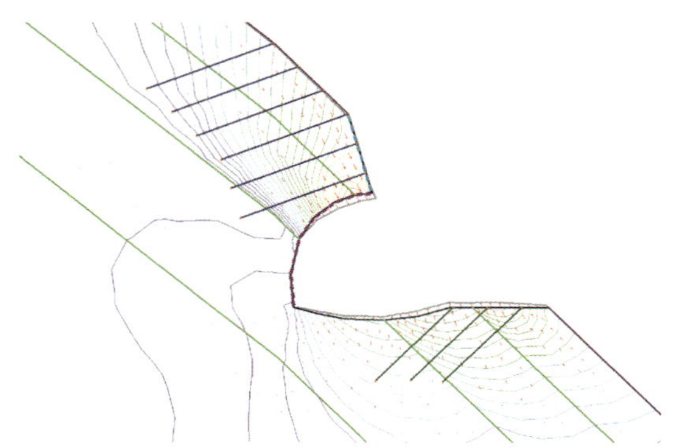

图 3.10　ZSK23+320 断面开挖完成后的洞周位移矢量图

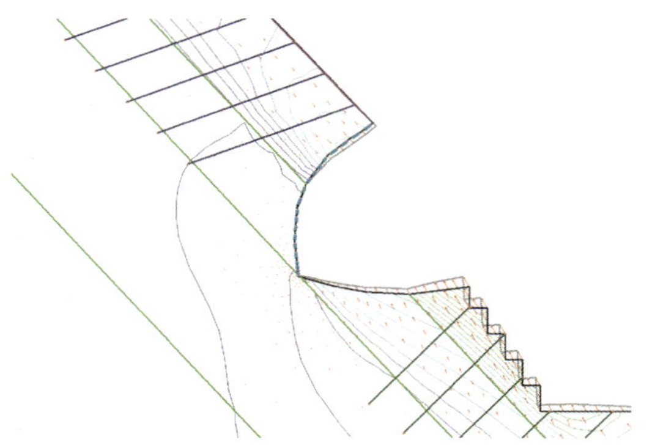

图 3.11　ZSK23+365 断面开挖完成后的洞周位移矢量图

ZSK23+320 断面，隧道开挖后最大的下沉量发生在拱顶点，大小为 3.3 mm，方向为向下向坡外；底板最大的回弹位移为 1.45 mm，向上向坡内；ZSK23+365 断面，隧道开挖后最大的顶拱下沉量发生在拱顶点，大小为 1.2 mm，方向为向下向坡外，底板最大的回弹位移在开挖的第一个台阶处，为 2.7 mm，向上向坡内；ZSK23+380 断面，隧道和边坡开挖后最大位移的位置在第一个开挖台阶上，回弹量为 2.09 mm，向上向坡内，隧道顶拱的位移较小。

2）应力分析

（1）开挖应力场。图 3.12～图 3.14 分别为 ZSK23+320 断面开挖完成后的应力迹线图、最大主应力等色区图和最小主应力等色区图。在开挖过程中，初始应力场不断受到扰动和调

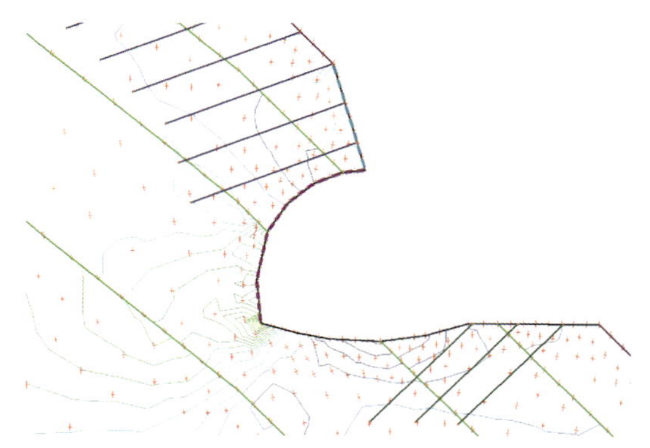

图 3.12　ZSK23+320 断面开挖完成后的应力迹线图（仅表示方向，不表示大小）

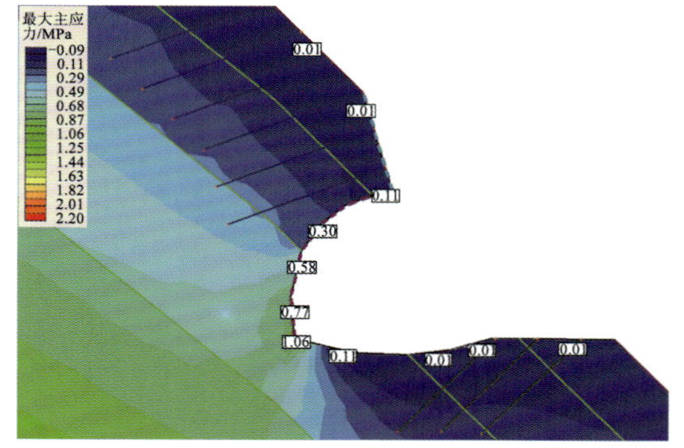

图 3.13　ZSK23+320 断面开挖完成后的最大主应力等色区图

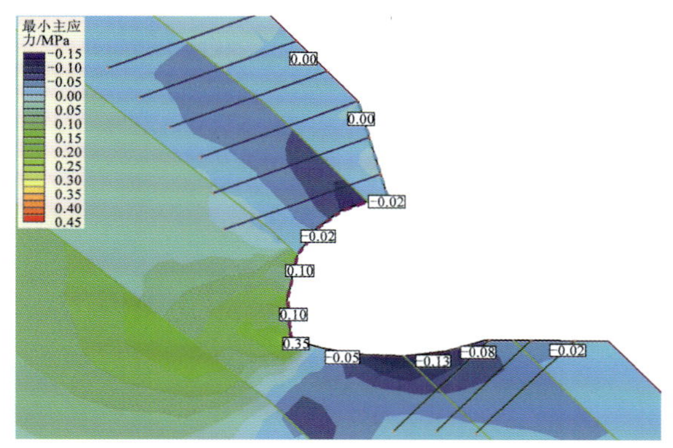

图 3.14　ZSK23+320 断面开挖完成后的最小主应力等色区图

整，开挖面附近大主应力接近垂直开挖面方向，次主应力接近平行开挖面方向。从图 3.12～图 3.14 中可看出，洞室内侧拱脚处出现了应力集中；从开挖顶部到底部拐角处的压应力逐渐增大，在拱脚处达到最大值，ZSK23+320 断面压应力最大值为 1.06 MPa，ZSK23+365 断面压应力最大值为 0.87 MPa，ZSK23+380 断面压应力最大值为 0.43 MPa。各断面的最大压应力均小于相应材料的抗压强度。

（2）拉应力区。ZSK23+320 断面开挖完成后拉应力区分布如图 3.15 所示。ZSK23+320 断面的最大拉应力出现在开挖隧道的底部，大小为 0.13 MPa，ZSK23+365 断面最大拉应力为 0.05 MPa，各断面的最大拉应力均小于相应材料的抗拉强度。

（3）塑性区。ZSK23+320 断面的塑性区主要在开挖区上部的强风化岩层，如图 3.16 所示；ZSK23+365 断面的塑性区主要在全风化岩层和内侧拱脚处；ZSK23+380 断面的塑性区主要存在于全风化岩层和强风化岩层，呈带状分布。

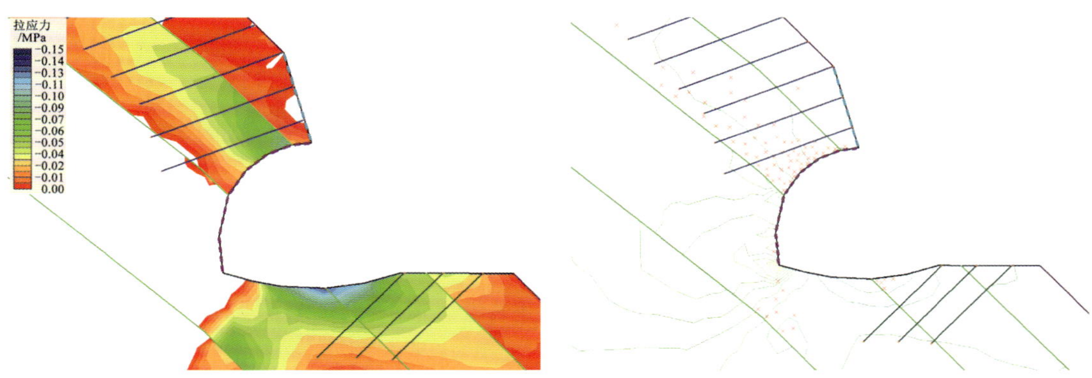

图 3.15　ZSK23+320 断面开挖完成后拉应力区分布图　图 3.16　ZSK23+320 断面开挖完成后塑性区分布图

（4）锚固结构受力状态分析。锚固结构的受力状态多表现为拉应力状态，局部表现为压应力状态，如图 3.17 所示。ZSK23+320 断面中锚固结构的最大拉应力为 19.2 MPa；ZSK23+365 断面中锚固结构的最大拉应力为 34.3 MPa；ZSK23+380 断面中锚固结构的最大拉应力为 20.9 MPa。

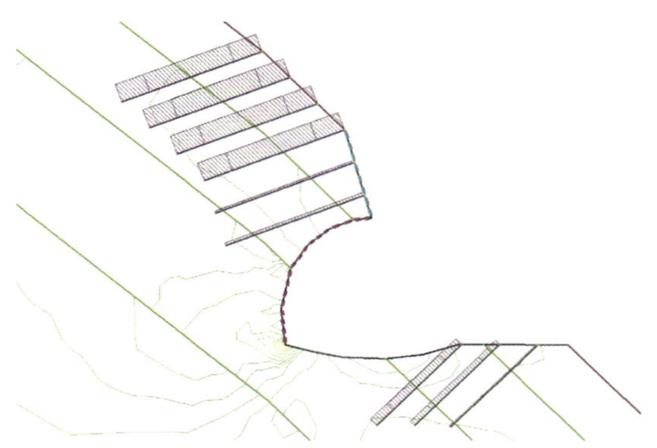

图 3.17　ZSK23+320 断面锚固结构轴向应力分布图

综合上述有限元数值计算成果，拱顶山坡在未锚固状态开挖的安全系数较小，稳定性较差。三个典型计算断面在未锚固状态下的最危险滑动面均位于表面全风化岩层内，而潜在滑动区域以 ZSK23+320 断面最大，其起滑点与拱顶高差达到 13.2 m，切坡深度是影响滑动范围的主要因素。

拱顶山坡锚固后开挖洞室，隧道围岩的总体变形趋势表现为拱顶下沉，底部回弹，隧道侧面变形不明显。总体来说，拱顶山坡变形不明显，最大位移在 3.3 mm 左右。三个计算断面的拱顶山坡均存在拉应力区，最大拉应力值小于 0.13 MPa，山坡体未出现受拉破坏。

三个典型计算断面拱顶山坡岩层界面上存在局部塑性区，这主要是由地质概化模型中岩层界面处的材料参数在设置时存在一定差异造成的，实际岩体结构中，不同风化程度岩层的界面并没有地质概化模型这么明显。所以，岩层界面上的局部塑性区对拱顶山坡的稳定性影响不大。

三个断面锚固结构的受力状态多表现为拉应力状态，局部表现为压应力状态。锚固结构最大拉应力为 34.3 MPa，未超过锚固结构应力许可值。

综上所述，拱顶山坡锚固后开挖洞室，坡体变形较小，围岩应力水平满足材料强度要求，锚固系统具有较高的安全储备，拱顶山坡依靠锚固系统可保证其稳定性。

隧道开挖打破了山坡的自然平衡状态，全−强风化岩层向下向山坡外侧变形，拱顶出现较大的受拉塑性破坏区。表 3.3 为三个典型控制断面的拱顶山坡围岩松弛范围，对比分析表明，隧道切入山坡的深度是影响拱顶山坡岩体松弛范围的主要因素，切坡深度达 18.84 m 的 ZSK23+320 断面岩体松弛范围最大，即拱顶以上 13.2 m 范围内的全−强风化岩层。

表 3.3　拱顶山坡围岩松弛范围

断面	切坡深度/m	工况	塑性破坏区域	拱顶山坡岩体松弛范围
ZSK23+320	18.84	未锚固	全−强风化岩层	拱顶以上 13.2 m
ZSK23+365	12.79	未锚固	全−强风化岩层	拱顶以上 11.3 m
ZSK23+380	8.76	未锚固	全−强风化岩层	拱顶以上 8.3 m

根据以上分析成果，为了减小对山坡植被的破坏，提出并采用了横向管棚注浆的加固方案：隧道开挖前，在沿线路走向的拱顶山坡面上布置 5～6 排横向管棚，间距为 2 m×2 m，呈梅花形布置，每根管棚以水平向下倾斜 20°～25°的角度钻入，钻孔轴线与线路走向正交。管棚

采用外径 108 mm、壁厚 6 mm 的热扎无缝钢管，长度为 15～20 m，管壁四周钻 2 排直径 20 mm 的压浆孔，钢管打入围岩后，插入钢筋笼再灌注水泥砂浆，水泥砂浆通过注浆孔充填钢管与岩层之间的缝隙及围岩内部裂隙，共同起到加固拱顶边坡岩层的作用。

3.3.2　肋拱式单洞隧道受力变形特征与稳定性分析

1．先暗后明开挖方案的分析成果

二次衬砌与拱顶地梁、肋梁整体浇筑完成后，水平位移最大值为 1.94 mm，垂向位移最大值为 4.15 mm，总位移最大值为 4.61 mm，均位于拱顶坡面上。可见，位移较衬砌前有所增大，但增长的幅度小于 1 mm。

衬砌后围岩及肋梁最大主应力分布云图如图 3.18、图 3.19 所示，主拉应力最大值为 0.27 MPa，位于拱顶围岩与衬砌结构接触界面上，仰拱部位围岩拉应力仍然较大。从肋梁最大主应力分布云图可以看出，主拉应力最大值位于拱顶端截面的下缘，为 0.18 MPa。衬砌后围岩及肋梁最小主应力分布云图如图 3.20、图 3.21 所示，主压应力最大值位于拱脚处，为

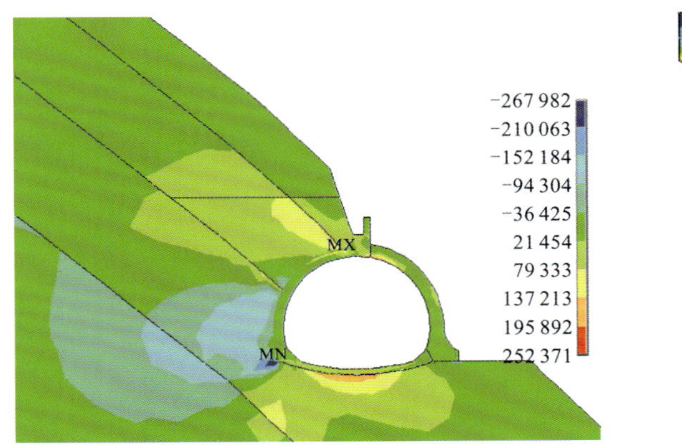

图 3.18　衬砌后围岩最大主应力分布云图（单位：Pa）

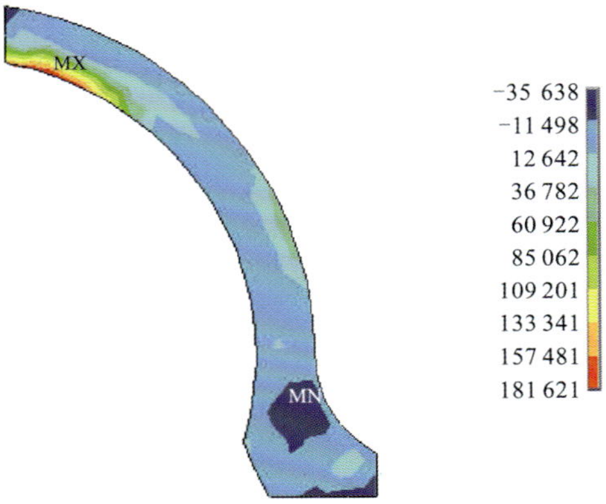

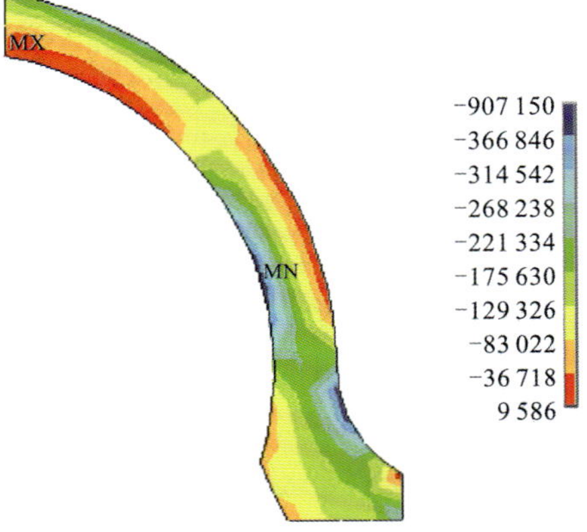

图 3.19　衬砌后肋梁最大主应力分布云图（单位：Pa）

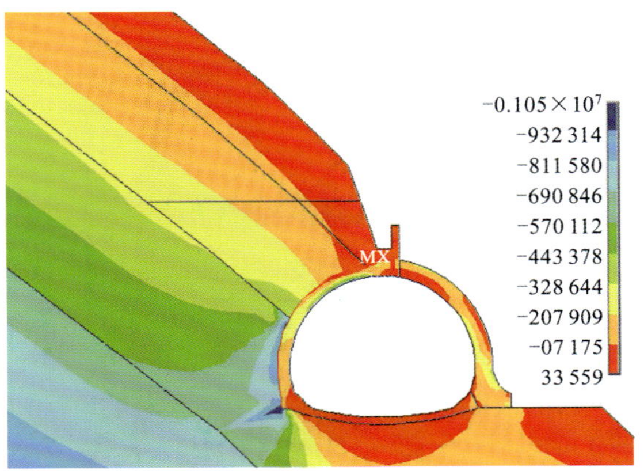

图 3.20　衬砌后围岩最小主应力分布云图（单位：Pa）

图 3.21　衬砌后肋梁最小主应力分布云图（单位：Pa）

−1.05 MPa。肋梁上主压应力最大值位于肋梁中下端截面下缘，为−0.41 MPa。从图 3.20、图 3.21 中可以看到，拱顶山坡全风化和强风化岩层内仍然存在拉应力区，主拉应力为 0.05～0.12 MPa。图 3.22 为衬砌后结构物主应力矢量图，从图 3.22 中可以看出，内侧衬脚点及拱顶地梁与拱顶山坡接触部位存在应力集中现象，内侧衬砌结构的应力水平较肋梁的应力水平要高。

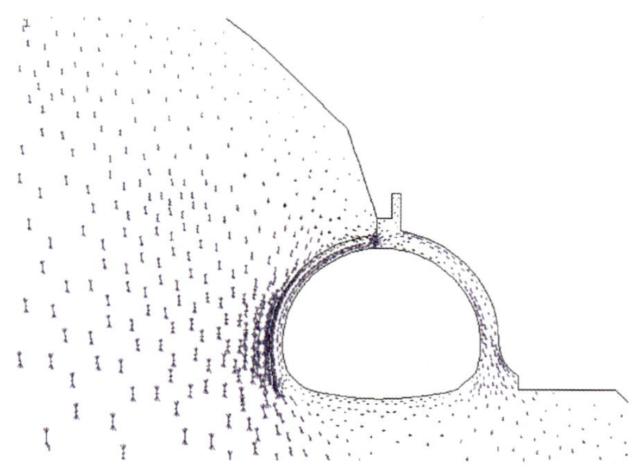

图 3.22　衬砌后结构物主应力矢量图

图 3.23、图 3.24 分别为衬砌后剪应变和塑性破坏区分布云图。可以看到，拱顶山坡体及内侧围岩上段的剪应变较大；塑性破坏区主要集中出现在拱脚点，但扩展范围仍较小，拱顶山坡未出现塑性破坏区域。

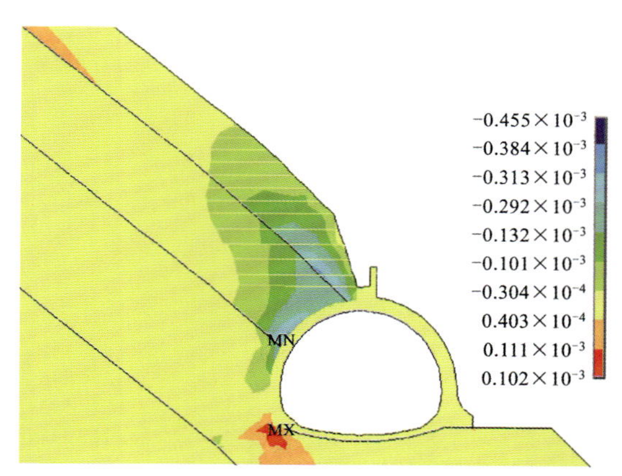

图 3.23　衬砌后剪应变分布云图（单位：m）

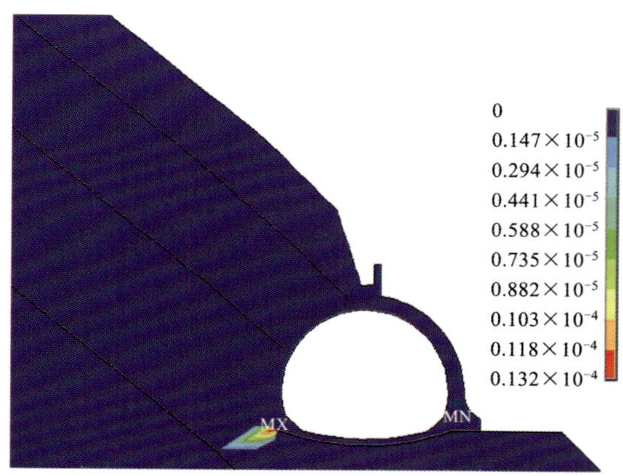

图 3.24　衬砌后塑性破坏区分布云图（单位：m）

拱顶山坡锚固应力为 26.55～31.05 MPa，较二次衬砌施做前有所增大，但增长幅度很小。

对比衬砌前工况下的变形和应力状态，可以看到，二次衬砌施做后拱顶山坡的位移有所增大，但相对于总变形量来说，增长幅度较小。围岩最大最小主应力发生了较大的调整，外侧肋梁承担了部分压应力，局部出现拉应力区。围岩剪应变和塑性破坏区域的分布状态变化较小，塑性区主要集中在拱脚点，且破坏区域未继续扩展。

2．先明后暗开挖方案的模拟结果分析

1）肋梁施做后开挖的计算结果分析

对拱顶山坡进行锚固的条件下，首先施做拱顶地梁和肋梁，并采用小导管进行超前支护后开挖主洞室，考虑初期衬砌未形成的工况下，水平位移最大值为 1.75 mm，位于肋梁中段；垂向位移最大值为 3.33 mm，总位移最大值为 3.83 mm，位于拱顶山坡坡面上。

主拉应力最大值为 0.60 MPa，位于肋梁顶端界面下缘，中段截面上缘主拉应力较大，为 0.32～0.42 MPa。主压应力最大值位于肋梁中段截面下缘，为−1.00 MPa，图 3.25、图 3.26 分别为最大主应力、最小主应力分布云图，图 3.27 为主应力矢量图。从图 3.25～图3.27中可以看到，外侧拱梁成为主要的承压构件，局部存在较大的拉应力，而围岩的应力水平仅拱脚点较大。

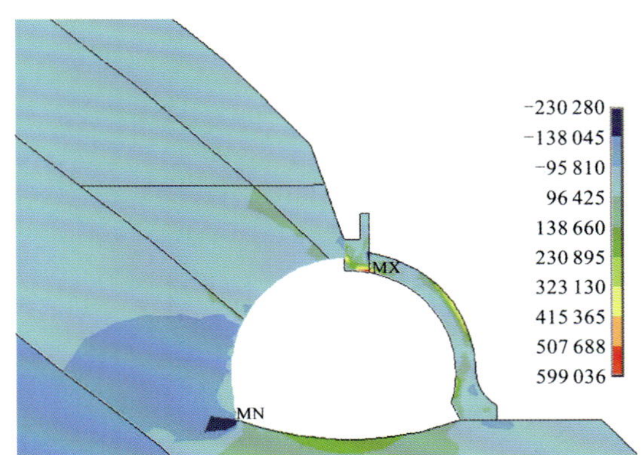

图 3.25　先期施做肋梁后开挖洞室的最大主应力分布云图（单位：Pa）

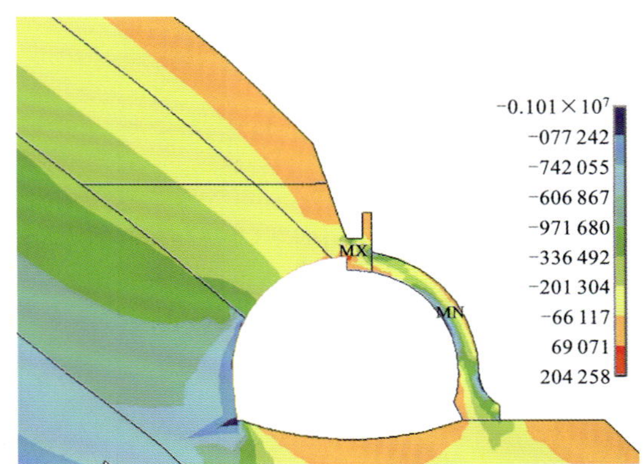

图 3.26　先期施做肋梁后开挖洞室的最小主应力分布云图（单位：Pa）

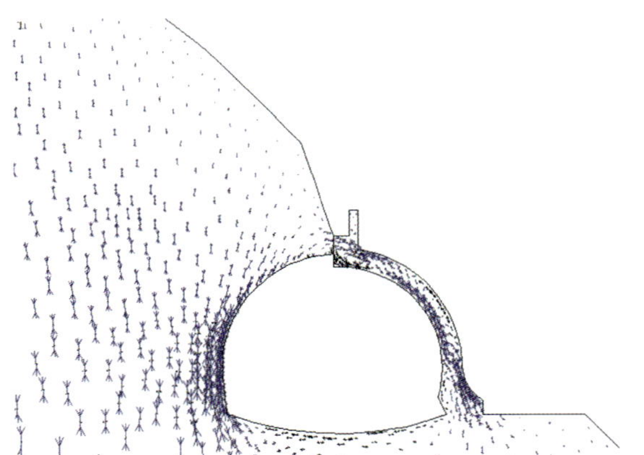

图 3.27　先期施做肋梁后开挖洞室的主应力矢量图

图 3.28、图 3.29 分别为剪应变和塑性破坏区分布云图。可以看到，拱顶地梁与山坡体接触部位的剪应变较大，塑性破坏区也主要出现在该区域及拱脚点，但扩展范围较小。

拱顶山坡锚杆应力为 21.15～28.13 MPa，施加于拱顶点的锚杆应力较小，锚杆应力最大处为拱顶山坡变坡率点处。

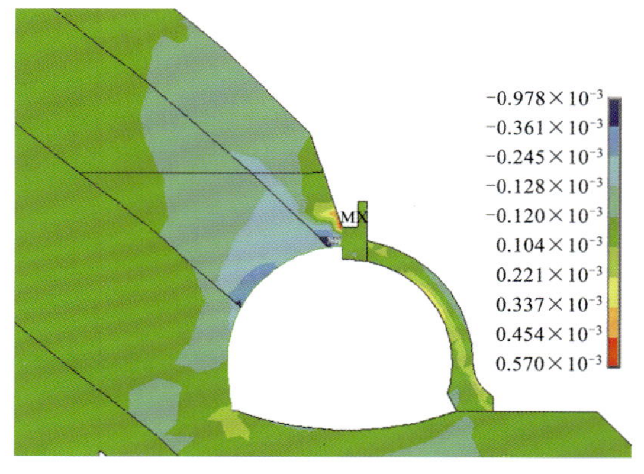

图 3.28　先期施做肋梁后开挖洞室的剪应变分布云图（单位：m）

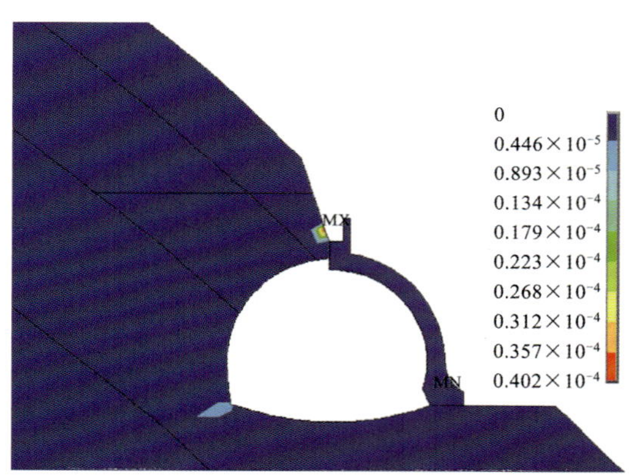

图 3.29　先期施做肋梁后开挖洞室的塑性破坏区分布云图（单位：m）

2）衬砌结构施做后计算结果分析

初期衬砌、二次衬砌及仰拱施做完成后，水平位移最大值为 1.86 mm，位于肋梁中段；垂向位移最大值为 3.53 mm，总位移最大值为 4.08 mm，均位于拱顶坡面上。

主拉应力最大值为 0.63 MPa，位于肋梁顶端截面下缘，主压应力最大值位于肋梁中段截面下缘，为−1.05 MPa，图 3.30、图 3.31 分别为衬砌支护后最大主应力、最小主应力分布云图。

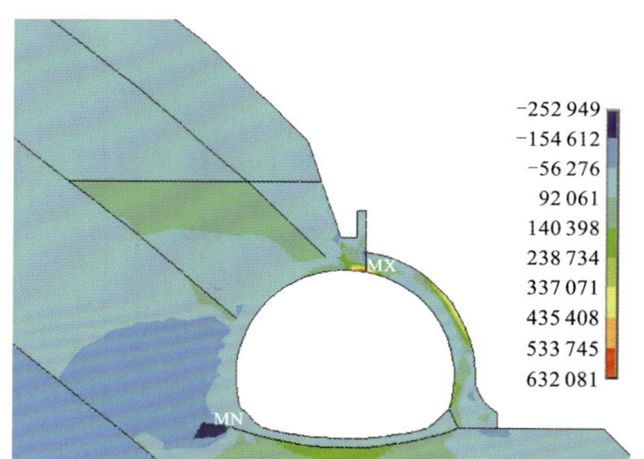

图 3.30　衬砌支护后最大主应力分布云图（单位：Pa）

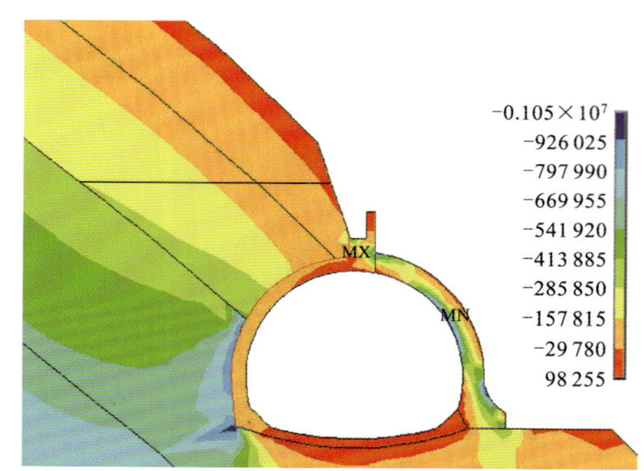

图 3.31　衬砌支护后最小主应力分布云图（单位：Pa）

图 3.32 为衬砌支护后主应力矢量图。从图 3.32 中可以看到，外侧拱梁成为主要的承压构件，局部存在较大的拉应力；而衬砌结构上的应力水平相对于外侧拱梁而言较小。

图 3.33、图 3.34 为衬砌支护后剪应变和塑性破坏区分布云图。

可以看到，拱顶地梁与山坡体接触部位的剪应变较大，塑性破坏区也主要出现在该区域，等效塑性应变较衬砌前有所增长，拱脚点的等效塑性应变较小。拱顶山坡锚固应力为 21.51～28.58 MPa，较衬砌施做前有所增大，但增长幅度很小。

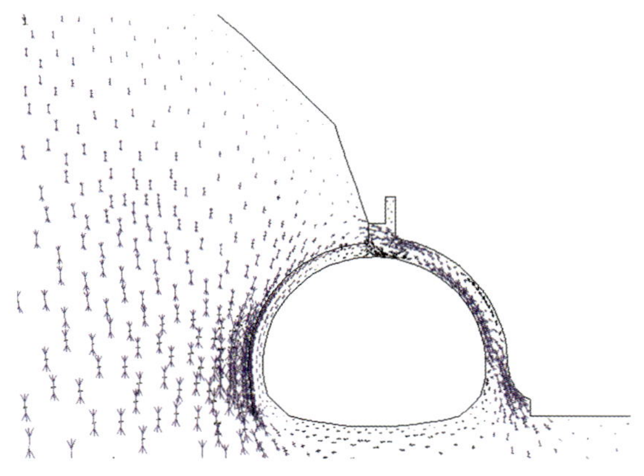

图 3.32　衬砌支护后主应力矢量图

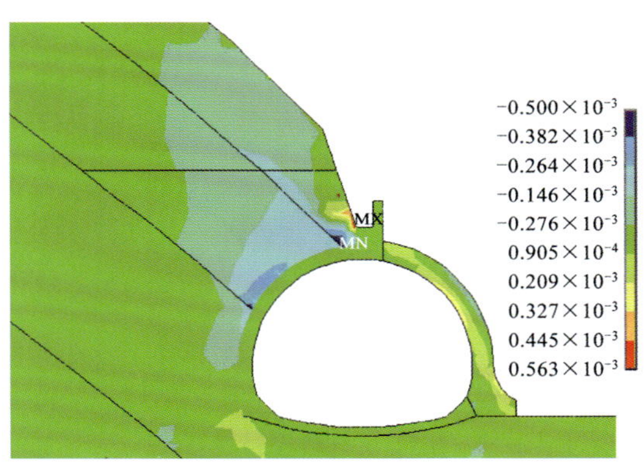

图 3.33　衬砌支护后剪应变分布云图（单位：m）

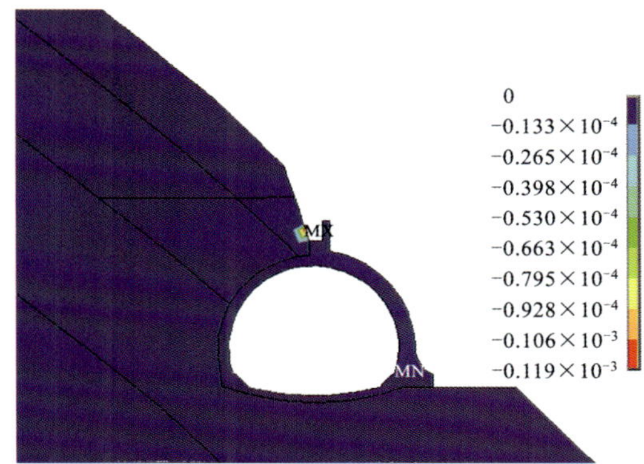

图 3.34　衬砌支护后塑性破坏区分布云图（单位：m）

3.3.3　基于受力变形规律的开挖方案比选与稳定性评价

综合以上分析结果，从施工过程中围岩和隧道结构的稳定性角度，对两种施工方案进行对比分析。

1. 位移分布特征

两种方案的隧道位移矢量图如图 3.35 所示。

隧道开挖过程中，拱顶风化岩层向下向坡外变形显著，仰拱部位围岩出现回弹变形，方案二中先期施做的肋梁结构以水平位移为主。比较而言，先暗后明开挖方案较先明后暗开挖方案的围岩变形要大，但两种方案围岩变形的整体差异不大，整体变形较小，最大变形值为 4.6 mm，反映了横向管棚注浆对拱顶山坡加固的有效性。

计算结果均表明，拱顶点的位移最大，总位移最大值为 4.6 mm 左右。比较而言，方案二的位移在洞室开挖阶段较方案一小，整体结构形成后，两种施工方案的位移差异较小。这主要是因为方案二首先施做肋梁，对开挖阶段的拱顶山坡起到了一定的支挡作用，围岩松弛和拱顶下沉的速度较方案一要小，待整体结构施做完成后，两种方案的位移趋于一致。但总的看来，位移最大值仅为 4.6 mm，从位移的角度讲，围岩及结构物是稳定的。

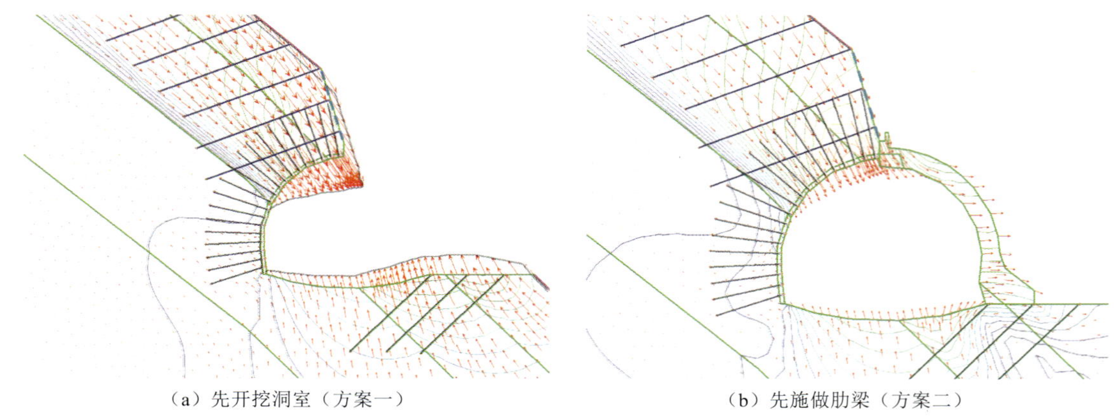

（a）先开挖洞室（方案一）　　（b）先施做肋梁（方案二）

图 3.35　两种方案的隧道位移矢量图

2. 应力分布特征

两种方案的隧道主应力矢量图如图 3.36 所示。

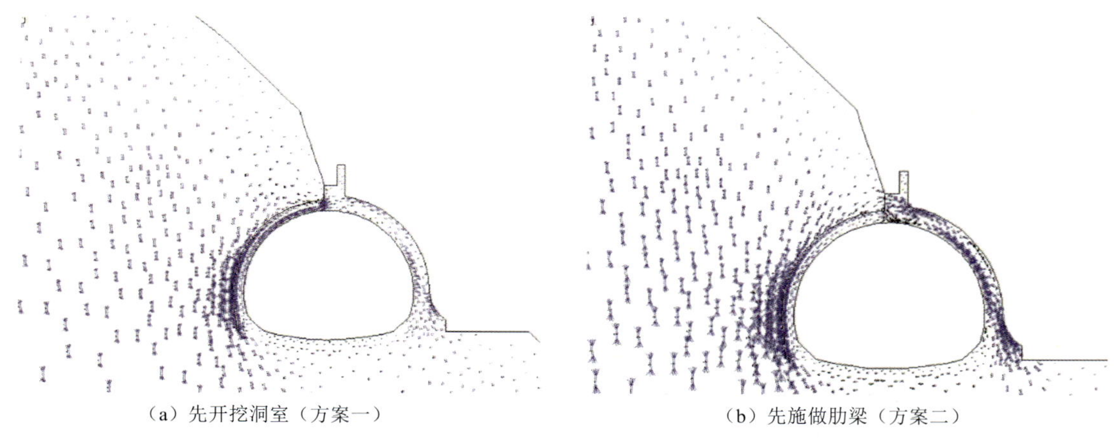

（a）先开挖洞室（方案一）　　（b）先施做肋梁（方案二）

图 3.36　两种方案的隧道主应力矢量图

隧道内侧拱脚围岩出现应力集中，压应力水平较高，拱顶山坡围岩无明显的拉应力分布，比较而言，先开挖洞室较先施做肋梁的围岩应力水平要高，但差异不大。

围岩压应力最大处均位于拱脚点，方案一拱脚围岩的压应力水平要高于方案二；但围岩压应力最大值为 1.05 MPa，小于相应围岩的抗压强度设计值，两种方案的围岩不会出现受压破坏。

两种施工方案围岩拉应力水平相当，最大拉应力均位于仰拱部位围岩，最大值为 0.27 MPa，小于相应围岩的抗拉强度设计值，出现受拉破坏的可能性较小。

两种方案的隧道结构物主压应力分布如图 3.37 所示。

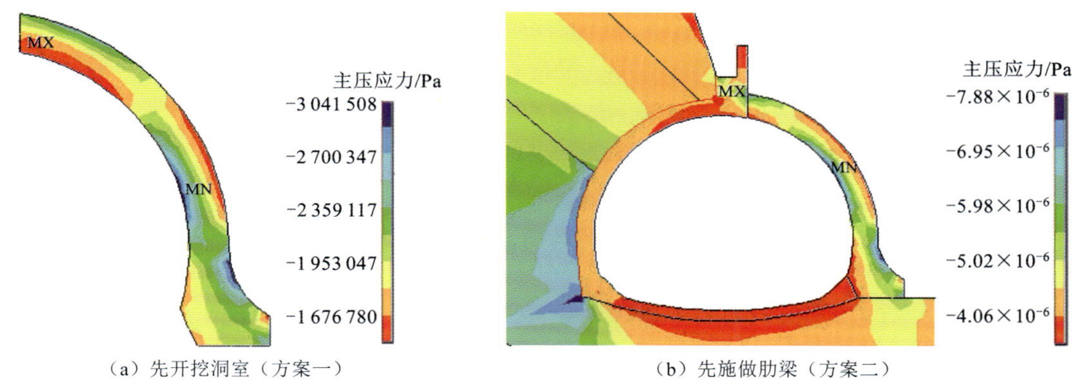

(a) 先开挖洞室（方案一）　　(b) 先施做肋梁（方案二）

图 3.37　两种方案的隧道结构物主压应力分布图

可以看到，其应力分布和应力水平存在明显的差异，方案一先期开挖洞室释放一部分围岩松弛应力，隧道结构物应力水平不高，最大压应力为 3.08 MPa，最大拉应力为 1.35 MPa，分布较均匀；而方案二先期施做外侧肋梁作为支撑结构，在一定程度上限制了围岩变形，使肋梁同时出现明显的压应力集中和拉应力集中，应力水平明显较方案一要高，最大压应力为 7.88 MPa，最大拉应力达到 4.72 MPa，已接近和超过了混凝土的强度设计值。因此，从隧道结构物的受力上讲，先开挖洞室方案要优于先施做肋梁方案。

计算结果均表明，方案二结构物上的应力分布与方案一存在较大的差别。对于肋梁，方案二的应力水平明显较方案一高；而对于隧道内侧衬砌结构，方案一的应力水平比方案二要高。

采用方案一进行施工，肋梁上的最大压应力为 0.41 MPa，最大拉应力为 0.18 MPa；而方案二中肋梁上的最大压应力为 1.05 MPa，最大拉应力达到 0.63 MPa。上述应力值均为平面应变有限元计算的结果，而对于肋梁来讲，其是沿纵向间隔 6 m 布置的，实际结构应力要远大于上述计算值。将肋梁上的计算应力值按结构尺寸（纵向宽 0.8 m）与间距的比例进行等效放大，比例系数为 7.5，则方案二肋梁上的最大压应力为 7.88 MPa，接近混凝土的抗压强度设计值，最大拉应力达到 4.72 MPa，已超过素混凝土的抗拉强度。所以，采用方案二进行施工，肋梁存在受拉破坏区域；采用方案一进行施工，肋梁上的应力进行等效后，最大压应力为 3.08 MPa，最大拉应力为 1.35 MPa，基本能满足材料的强度要求，但需对截面配制钢筋，以保证截面的抗拉强度。

从肋梁受力角度讲，在对截面进行合理配筋的条件下，两种施工方案均能保证结构材料的稳定性。比较而言，采用方案一，肋梁的应力水平较低，结构稳定性要好于方案二。

3. 塑性区分布特征

方案一围岩塑性区主要集中出现在隧道内侧拱脚点，且塑性区扩展范围较小，并未连通，对围岩及结构的稳定性影响较小。方案二围岩塑性区除拱脚以外，更为集中地出现在先期施做的肋梁与拱顶地梁接触部位，反映在两者刚度差异较大的情况下，拱顶部位围岩更容易出现塑性破坏，有可能造成坡体继续下挫，影响拱顶山坡的稳定性。而方案一仅拱脚点出现小范围塑性区，并未连通，对围岩及结构的稳定性影响较小。因此，从围岩塑性区的分布来看，方案一优于方案二。

综合比较两种设计方案的隧道受力与变形特征，在对拱顶山坡予以有效加固的条件下，先期开挖洞室，容许隧道围岩的变形释放，可以有效降低隧道结构物的应力水平，改善隧道结构应力分布形态，减小围岩塑性破坏范围。因此，采用先暗后明方案进行设计和施工，其最大拉应力、压应力水平满足材料的强度设计要求，应力分布较均匀，隧道结构整体稳定性较好。

3.3.4 基于受力变形规律的设计与施工优化

采用弹塑性有限元分析程序，对通透肋式单洞隧道的围岩、结构物及拱顶山坡的稳定性进行了系统分析，给出设计与施工优化建议如下。

（1）拱顶山坡在未锚固状态开挖的安全系数较小，稳定性差，拱顶坡体呈倾倒破坏的模式。潜在破坏区域在切坡最深的断面 ZSK23+320 处最大，其起滑点与拱顶高差达到 13.2 m，即该区域山坡体需要设置锚固系统，其他断面拱顶山坡的锚固区域可视具体开挖切坡深度进行适当调整。

（2）拱顶山坡锚固后开挖洞室，隧道围岩的总体变形趋势表现为顶拱下沉，底部回弹，隧道侧面变形不明显。总体来说，拱顶山坡变形不明显，最大位移在 3.3 mm 左右。拱顶山坡最大拉应力值小于 0.13 MPa，山坡体未出现塑性破坏区域。锚杆应力较小，并具有较大的安全储备，说明拱顶山坡依靠锚固系统可以解决其稳定性问题。拱顶地梁上无须另外设置锚杆，方案设计中可将拱顶地梁布置于同一条轴线上，对拱顶地梁与坡面的密贴性可不作要求。

（3）隧道开挖过程的数值模拟结果表明，采用施工方案一（即先开挖洞室，然后整体施做拱顶地梁和肋梁），围岩及结构物的变形和应力水平较小，仅内侧拱脚处围岩存在小范围塑性破坏区域，对结构受力影响有限，隧道围岩及结构物在开挖过程的稳定性较好。采用施工方案二（即先期施做拱顶地梁和肋梁，然后开挖主洞室），肋梁上的应力水平较高，拱顶山坡底部的塑性区对坡体稳定性存在一定的影响。比较而言，方案一优于方案二。

（4）对于施工方案一，衬砌结构的应力水平较高，尤其在内侧拱脚端出现应力集中现象，邻近围岩出现小范围塑性区，在设计施工中应注意拱脚区域围岩的加固和防护。洞周初期支护锚杆的应力水平较低，说明通过超前小导管加固区域围岩，其承载能力有较大提高，超前支护的效果较为明显。

（5）计算表明，拱顶山坡锚杆系统中，局部存在受压锚杆，这与拱顶山坡在隧道开挖后的变形趋势有关。鉴于拱顶山坡在未锚固状态下呈现倾倒破坏的模式，锚杆系统采用小倾角（＜20°）布置，可充分发挥锚杆系统的锚固作用，提高安全储备。

（6）上述分析主要采用二维有限元对通透肋式傍山隧道施工过程中拱顶山坡、隧道围岩及结构物的变形和受力状态进行了模拟，并对其稳定性做出了初步评价[39]，为龙瀑隧道的初步设计优化提供依据。通透肋式傍山隧道实际上为空间结构，二维有限元分析中对肋梁结构进行了刚度和应力等效，但未能反映隧道纵向推进过程中围岩及结构物上位移和应力分布沿轴向的差异性。所以，仍需进行隧道开挖推进过程的三维数值仿真模拟，研究通透式拱梁隧道推进过程中的变形和受力规律，并结合原位监测数据，确定合理的推进方式、推进深度和推进速度，充分保证围岩和结构物的稳定性。

3.4　通透肋式连拱隧道结构受力与变形规律

3.4.1　不同开挖工况下的隧道受力变形对比分析

1. 围岩受力变形对比分析

对肋式连拱隧道按表 3.2 所示的工况进行了数值模拟,对比分析方案一和方案二各工况下的围岩应力情况，其相应工况下的主拉应力、主压应力图见图 3.38～图 3.49，具体的最大拉应力、压应力值及相应的部位见表 3.4。

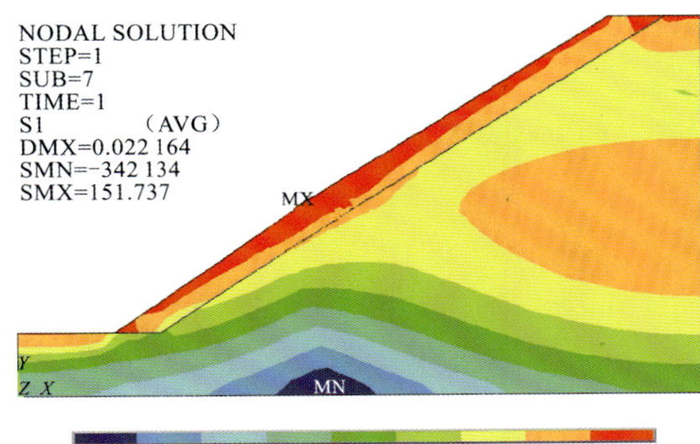

图 3.38　围岩主拉应力分布云图（单位：Pa）（方案一初始应力平衡）

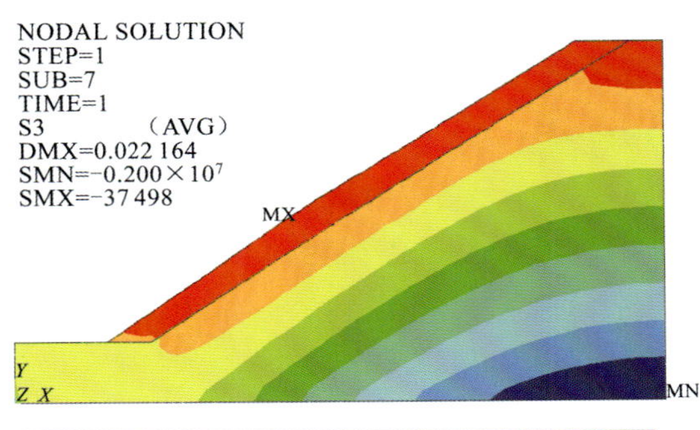

图 3.39　围岩主压应力分布云图（单位：Pa）（方案一初始应力平衡）

表 3.4　围岩应力对比分析表

工况	最大拉应力/MPa	最大拉应力部位	最大压应力/MPa	最大压应力部位
2	0.169	中导洞底板围岩处	1.11	中导洞内侧弧线段
3	0.360	内侧洞室拱顶处围岩	2.88	内侧洞室与中导洞交接处围岩
4	0.430	内侧洞室拱顶处	4.03	中隔墙与内洞交接拱顶围岩处
5	0.172	中导洞内侧弧线段	2.72	中导洞内侧弧线段
6	0.410	内洞拱顶	3.65	中隔墙与内洞交接拱顶围岩处

图 3.38、图 3.39 为工况 1，即初始应力平衡条件下的围岩拉压应力分布情况。从图 3.38 可见，除了围岩坡面上存在应力水平极低的拉应力区外，围岩的其他部位均受压。从图 3.39 可见，围岩压应力水平顺着边坡倾向从上至下依次增大，与实际情况相吻合。

图 3.40、图 3.41 为工况 2，即中导洞开挖后未施做衬砌层时围岩拉压应力分布情况。

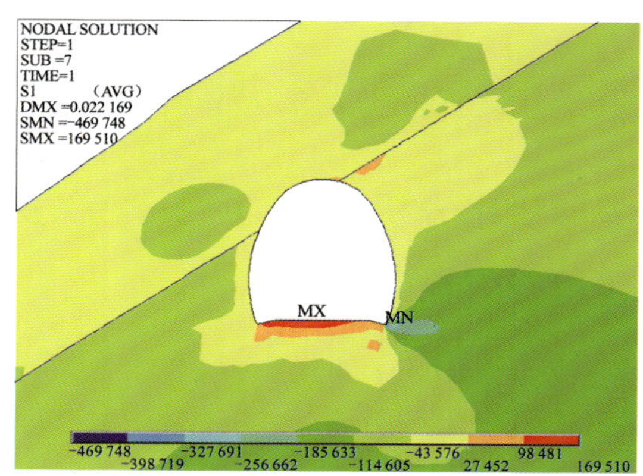

图 3.40　围岩主拉应力分布云图（单位：Pa）
（方案一开挖中洞后）

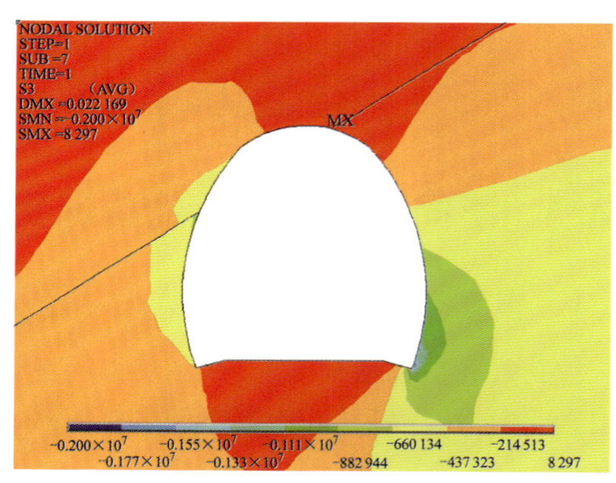

图 3.41　围岩主压应力分布云图（单位：Pa）
（方案一开挖中洞后）

中导洞底板与围岩的交接处存在拉应力集中，围岩的其他部位均为受压，最大拉应力值为 0.169 MPa，最大压应力值在中导洞内侧拱脚处围岩，为 1.11 MPa。围岩整体压应力水平较高，这与 4.1 节中分析的结果相吻合。

图 3.42、图 3.43 为工况 3，即方案一开挖顺序下，先开挖内洞且未施做内侧洞室衬砌层的围岩拉压应力分布情况。

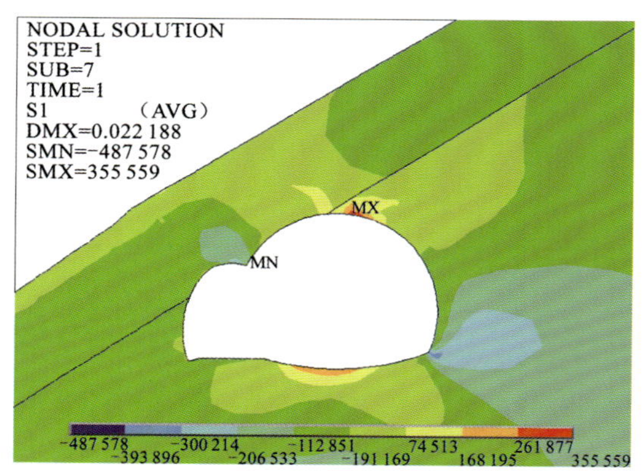

图 3.42　围岩主拉应力分布云图（单位：Pa）
（方案一开挖内洞后）

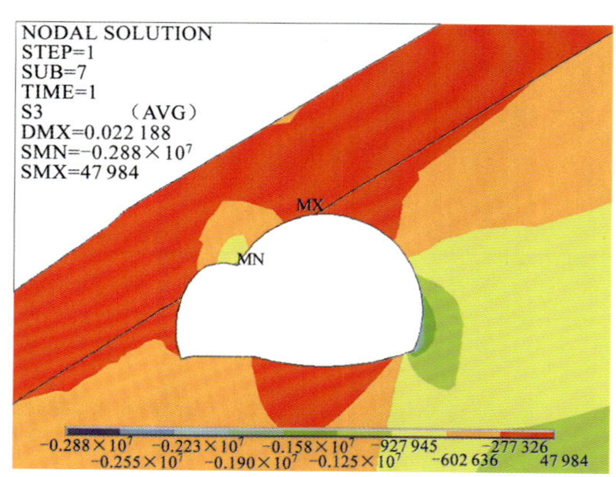

图 3.43　围岩主压应力分布云图（单位：Pa）
（方案一开挖内洞后）

拉应力区主要分布在内侧洞室开挖边界弧线段，其余部位均为压应力区，其中拉应力最大值出现在内侧洞室拱顶处围岩，最大拉应力值为 0.36 MPa，压应力最大值出现在内侧洞室与中导洞相交接的围岩处，最大压应力值为 2.88 MPa，较未开挖前的应力值有明显的增加，需要对内侧洞室施做衬砌层。

图 3.44、图 3.45 为工况 4，即方案一开挖顺序下，先开挖内洞，再开挖外洞，未施做外洞衬砌层及肋梁时的围岩拉压应力分布情况。

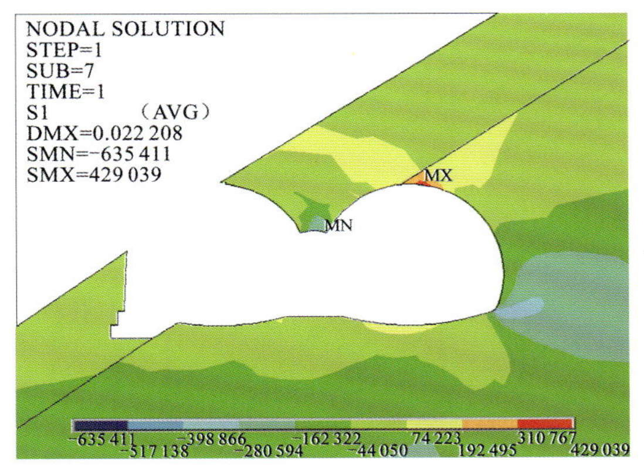

图 3.44　围岩主拉应力分布云图（单位：Pa）（方案一开挖外洞后）

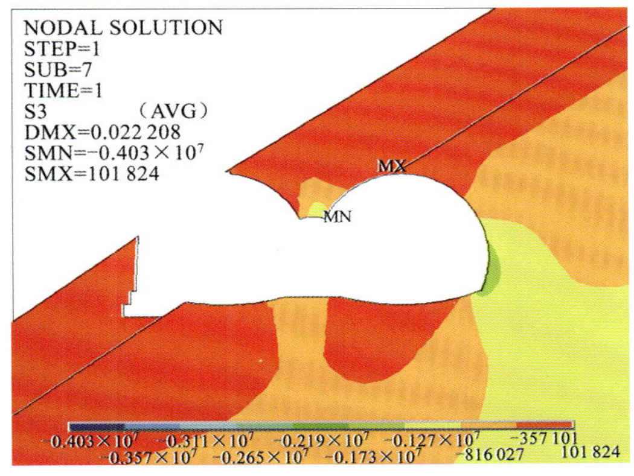

图 3.45　围岩主压应力分布云图（单位：Pa）（方案一开挖外洞后）

内侧洞室拱圈弧线段围岩及中隔墙与围岩交接处为拉应力区，最大拉应力位于内侧洞室拱顶处围岩，值为 0.43 MPa。整个围岩均为受压区，最大压应力值仍位于中隔墙与内洞交接拱顶围岩处，值为 4.03 MPa。

图 3.46、图 3.47 为工况 5，即方案二开挖顺序下，开挖中导洞后先开挖外洞，且未施做外洞衬砌层及肋梁时的围岩拉压应力分布情况。

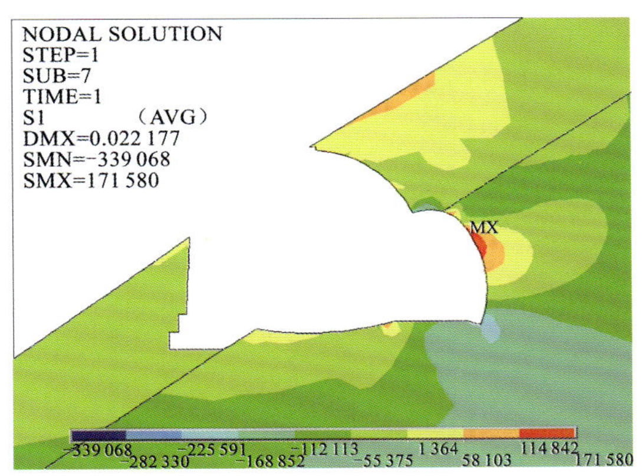

图 3.46　围岩主拉应力分布云图（单位：Pa）（方案二开挖外洞后）

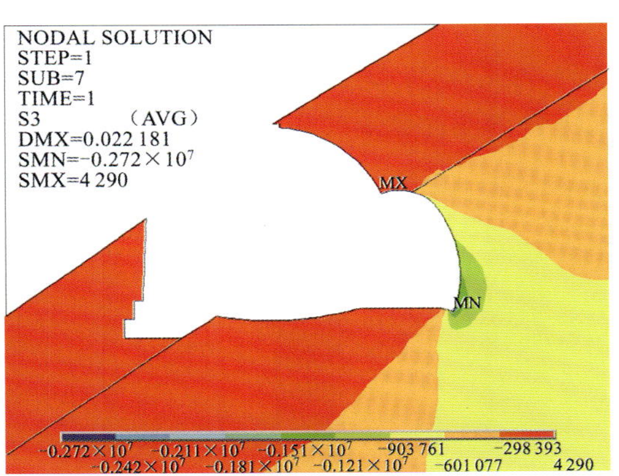

图 3.47　围岩主压应力分布云图（单位：Pa）（方案二开挖外洞后）

拉应力区位于外侧洞室拱圈弧线段围岩、中导洞内侧拱圈弧线段围岩及上覆岩层，最大拉应力出现在中导洞内侧弧线段围岩，值为 0.172 MPa。整个围岩均为受压区，最大压应力值仍位于中导洞内侧弧线段围岩，为 2.72 MPa。

图 3.48、图 3.49 为工况 6，即方案二开挖顺序下，先开挖外洞，再开挖内洞，且未施做内洞衬砌层时的围岩拉压应力分布情况。

拉应力区位于内外侧洞室拱圈弧线段及上覆岩层，最大拉应力出现在内洞拱顶，值为 0.41 MPa。除上覆岩层，其余围岩均为受压区，最大压应力值位于中隔墙与内洞交接拱顶围岩处，值为 3.65 MPa。

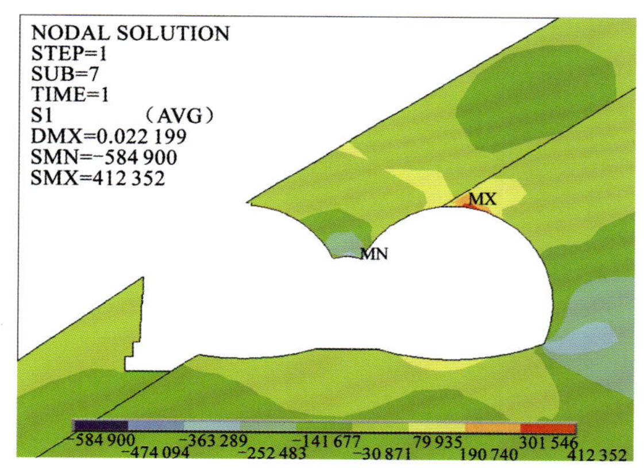

图 3.48　围岩主拉应力分布云图（单位：Pa）（方案二开挖内洞后）

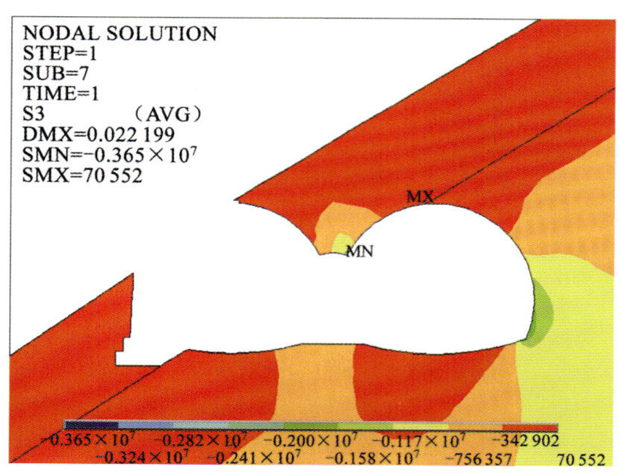

图 3.49　围岩主压应力分布云图（单位：Pa）（方案二开挖内洞后）

综上所述，对比两种工况下围岩拉压应力水平，工况 5 比工况 3 最大拉压应力值略小，工况 6 比工况 4 最大拉压应力值略小，但两种开挖工况下的围岩拉压应力水平相差不大，可见，不同开挖顺序对围岩的受力变形影响不大。

2. 中隔墙受力变形对比分析

分别分析工况 3～6 这四种工况下中隔墙的变形与应力水平，并比较分析结果。图 3.50、图 3.51 为工况 3，即方案一开挖顺序下先开挖中洞，施做衬砌层和中隔墙后，再开挖内侧洞室，且未施做内洞衬砌层时中隔墙主拉应力、主压应力分布云图。

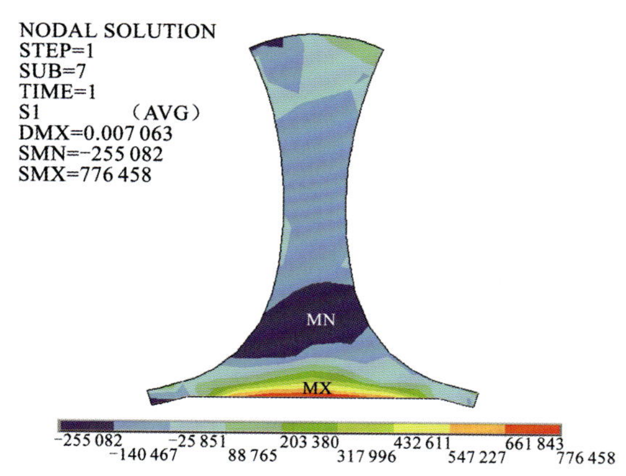

图 3.50　中隔墙主拉应力分布云图（工况 3）（单位：Pa）

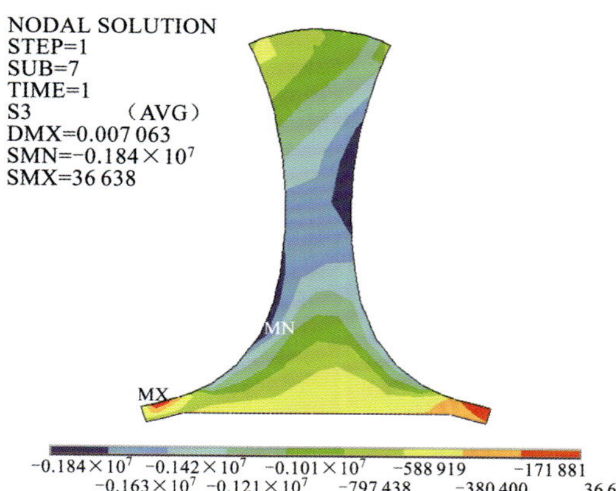

图 3.51　中隔墙主压应力分布云图（工况 3）（单位：Pa）

从图 3.50、图 3.51 可见，拉应力区主要出现在中隔墙底板，最大值为 0.78 MPa，这与前述分析是一致的。墙身主要受压，最大压应力位于墙身外侧弧线段，值为 1.84 MPa。因此，可以判断中隔墙在此工况下主要为弯压构件，应进行强度稳定性验算。

图 3.52 为右洞开挖后中隔墙的位移矢量图。

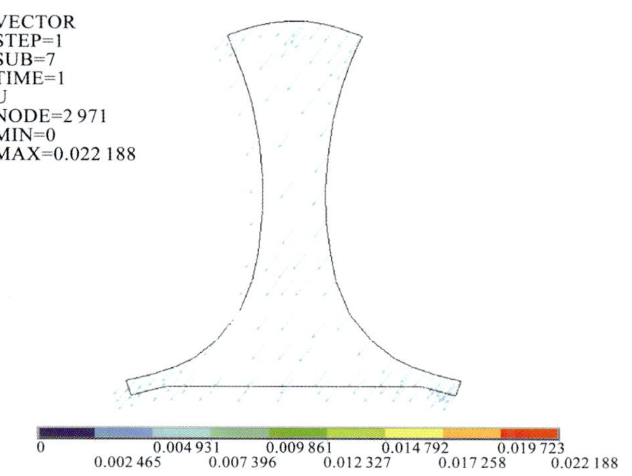

图 3.52　中隔墙位移矢量图（工况 3）（单位：m）

从图 3.52 中可以看出，中隔墙顶段及墙身以水平位移为主，向山坡外侧变形，而中隔墙底端向山坡内侧洞室变形，整体变形并不协调，墙身可能承受较大的弯矩，底板存在较大的拉应力。

图 3.53、图 3.54 为工况 4，即方案一开挖顺序下先开挖内侧洞室，再开挖外侧洞室，且未施做外洞衬砌层及肋梁时中隔墙主拉应力、主压应力分布云图。

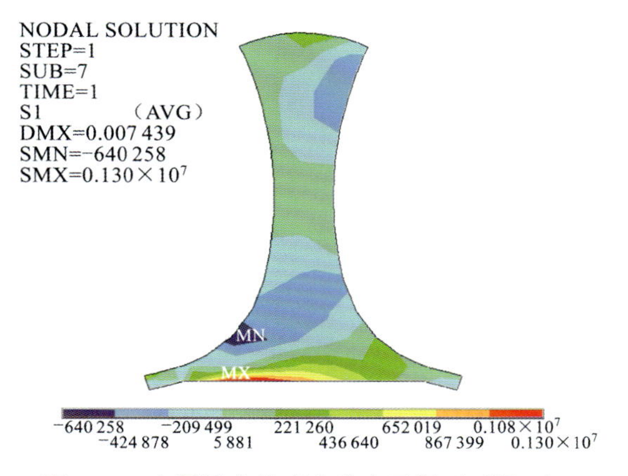

图 3.53　中隔墙主拉应力分布云图（工况 4）（单位：Pa）

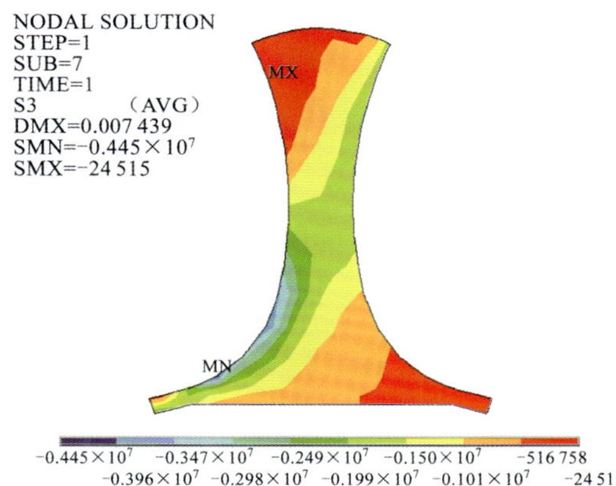

图 3.54　中隔墙主压应力分布云图（工况 4）（单位：Pa）

从图 3.53、图 3.54 可见，拉应力区主要出现在中隔墙底板，最大值为 1.30 MPa，这与前述分析是一致的。整个墙身均受压，最大压应力位于墙身外侧弧线段，值为 4.45 MPa。与工况 3 相比，中隔墙拉压应力水平明显增长了。中隔墙应进行强度稳定性验算。

图 3.55 为左洞开挖后未施做肋梁的中隔墙的位移矢量图。

从图 3.55 中可以看出，中隔墙顶段及墙身以水平位移为主，向山坡外侧变形，而中隔墙底端向山坡内侧洞室变形，整体变形并不协调，墙身可能承受较大的弯矩，底板存在较大的拉应力。

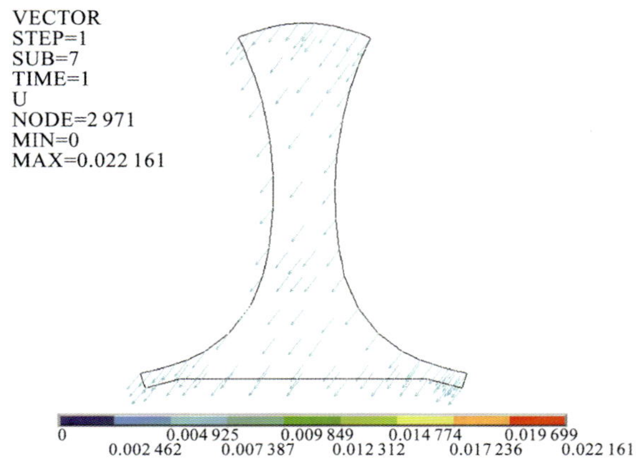

图 3.55 中隔墙位移矢量图（工况 4）（单位：m）

图 3.56、图 3.57 为工况 5，即方案二开挖顺序下先开挖中洞，施做衬砌层和中隔墙后，再开挖外侧洞室，且未施做外洞衬砌层及肋梁时中隔墙主拉应力、主压应力分布云图。

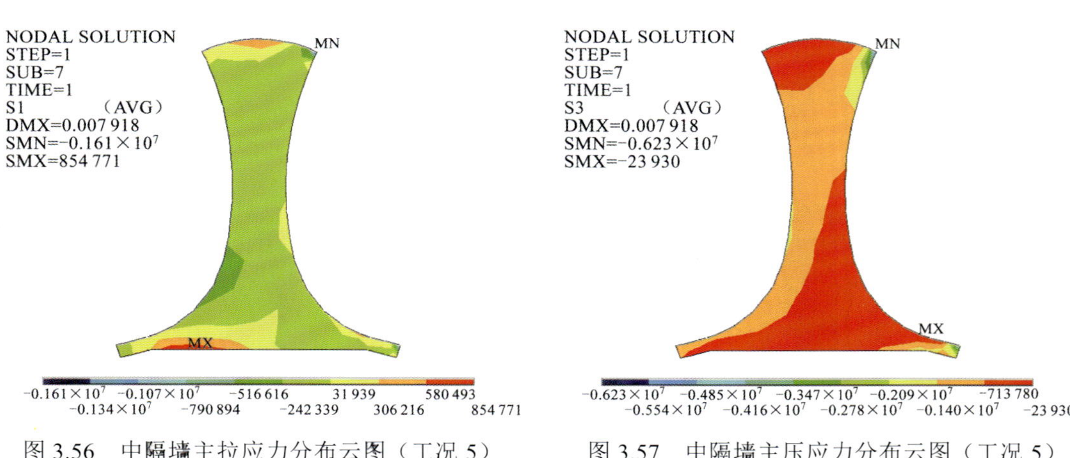

图 3.56 中隔墙主拉应力分布云图（工况 5）（单位：Pa）

图 3.57 中隔墙主压应力分布云图（工况 5）（单位：Pa）

从图 3.56、图 3.57 可见，拉应力区主要出现在中隔墙底板和内侧弧线段，最大值为 0.85 MPa，这与前述分析是一致的。整个墙身均受压，压应力范围为 0.13～3.4 MPa，最大压应力位于中隔墙拱顶内侧，值为 6.12 MPa，但此应力集中区域较小，几乎集中于弧线段拐点处。因此，可以判断中隔墙在此工况下主要为弯压构件，应进行强度稳定性验算。

图 3.58 为右洞开挖后已施做肋梁后中隔墙的位移矢量图。

从图 3.58 中可以看出，中隔墙顶段及墙身以水平位移为主，向山坡外侧变形，而中隔墙底端向山坡内侧洞室变形，整体变形并不协调，墙身可能承受较大的弯矩，底板存在较大的拉应力。

图 3.59、图 3.60 为工况 6，即方案二开挖顺序下先开挖外侧洞室，再开挖内侧洞室，且未施做内洞衬砌层时中隔墙主拉应力、主压应力分布云图。

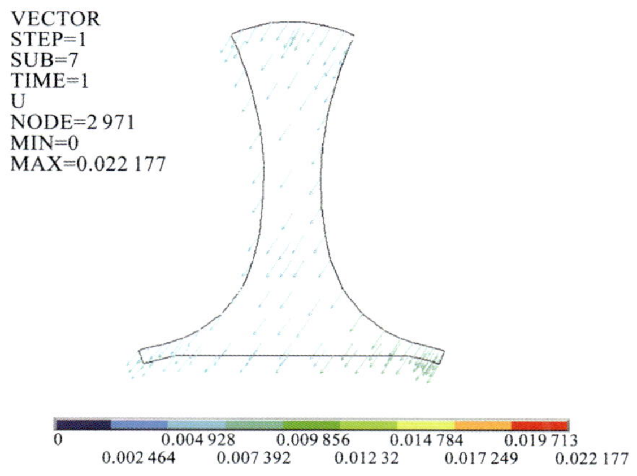

图 3.58　中隔墙位移矢量图（工况 5）（单位：m）

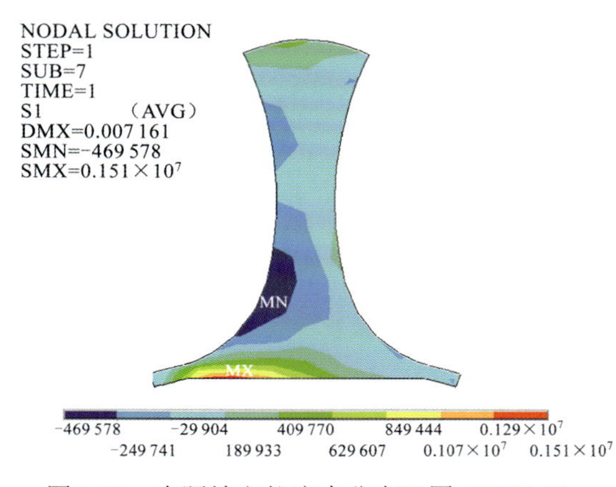

图 3.59　中隔墙主拉应力分布云图（工况 6）（单位：Pa）

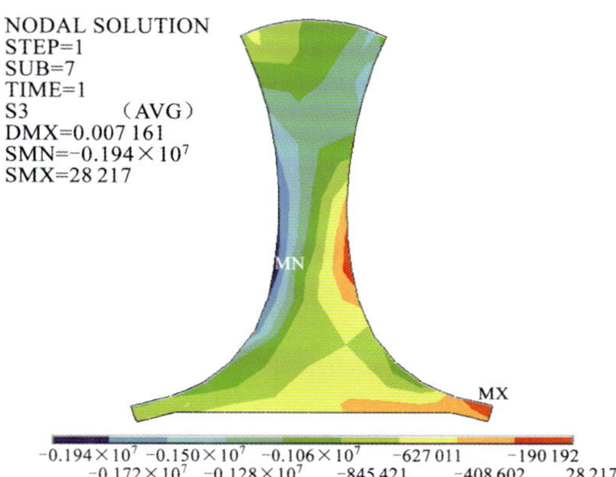

图 3.60　中隔墙主压应力分布云图（工况 6）（单位：Pa）

从图 3.59、图 3.60 可见，拉应力区主要出现在中隔墙底板，最大值为 1.51 MPa，这与前述分析是一致的。整个墙身均受压，最大压应力位于墙身外侧弧线段，值为 1.94 MPa。与工况 5 相比，工况 6 拉应力水平增加，压应力水平减小。这主要是因为开挖内洞后，中隔墙有向围岩内侧移动的趋势，其拉应力值增大；同时，工况 5 时最大压应力值出现在中隔墙顶与内洞交接的部位，内洞开挖后，该部位成为内洞弧线段的一部分，不易出现应力集中。对于墙身部分而言，其压力应水平未发生明显变化。

图 3.61 为左洞开挖后已施做肋梁后中隔墙的位移矢量图。

从图 3.61 中可以看出，中隔墙顶段及墙身以水平位移为主，向山坡外侧变形，而中隔墙底端向山坡内侧洞室变形，整体变形并不协调，墙身可能承受较大的弯矩，底板存在较大的拉应力。

具体对比分析数据见表 3.5。

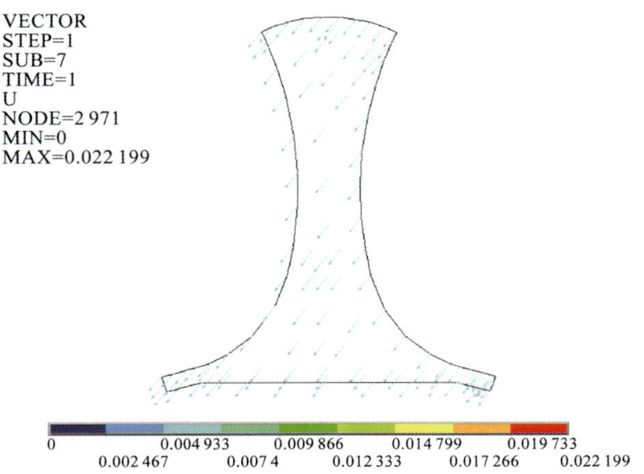

图 3.61　中隔墙位移矢量图（工况 6）（单位：m）

表 3.5　不同工况下中隔墙受力变形分析表

工况	位移情况	最大拉应力/MPa	最大拉应力部位	最大压应力/MPa	最大压应力部位
3	水平位移为主	0.78	中隔墙底板	1.84	墙身外侧弧线段
4	水平位移为主	1.30	中隔墙底板	4.45	墙身外侧弧线段
5	水平位移为主	0.85	中隔墙底板和内侧弧线段	6.12	中隔墙拱顶内侧
6	水平位移为主	1.51	中隔墙底板	1.94	墙身外侧弧线段

3．肋梁受力变形对比分析

对于左洞的肋梁而言，按照两种不同施工顺序，对比其工况 4 和工况 6 下受力与变形情况。对比分析结果见表 3.6。

表 3.6　不同工况下肋梁的受力与变形分析表

工况	位移情况	最大拉应力/MPa	最大拉应力部位	最大压应力/MPa	最大压应力部位
4	水平位移为主	0.572	肋梁弧线段外侧	1.09	肋梁弧线段内侧
6	水平位移为主	0.94	肋梁弧线段外侧	1.64	肋梁弧线段内侧

工况 4 即先开挖右侧洞室，右侧洞室支护后再开挖左侧洞室，最后施做肋梁。图 3.62、图 3.63 为此工况下肋梁主拉应力、主压应力分布云图。

可以看到，肋梁弧线段外侧主要受拉，最大值为 0.572 MPa，肋梁弧线段内侧压应力较大，最大值为 1.09 MPa。

图 3.64 为左洞开挖后肋梁的位移矢量图。

从图 3.64 中可以看出，肋梁整体向山坡外变形，以水平位移为主，变形趋势基本上是协调的。

工况 6 即方案二开挖顺序下开挖左侧洞室后直接施做肋梁。图 3.65、图 3.66 为肋梁主拉应力、主压应力分布云图。

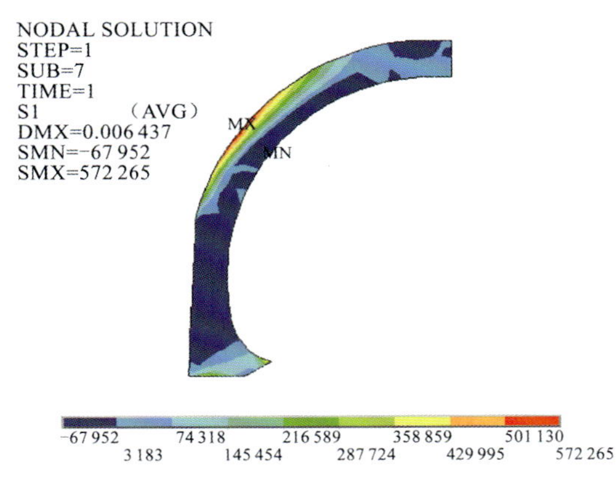

图 3.62　工况 4 肋梁主拉应力分布云图（单位：Pa）

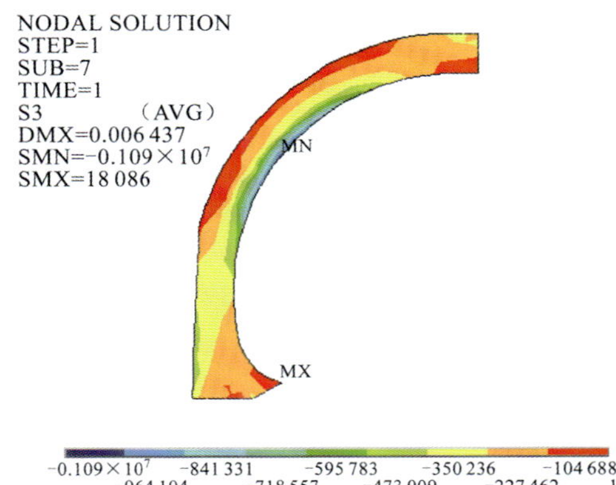

图 3.63　工况 4 肋梁主压应力分布云图（单位：Pa）

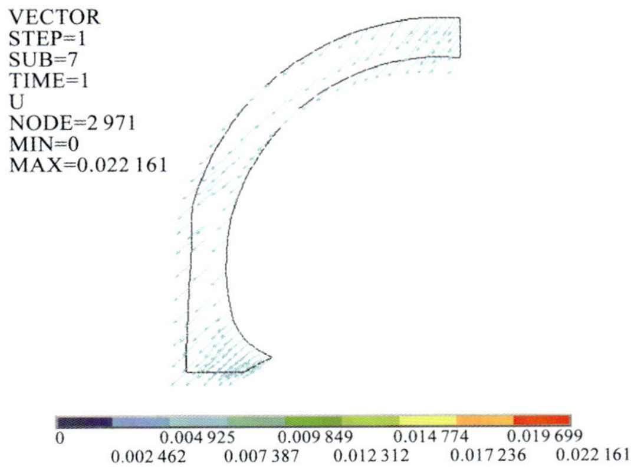

图 3.64　工况 4 肋梁位移矢量图（单位：m）

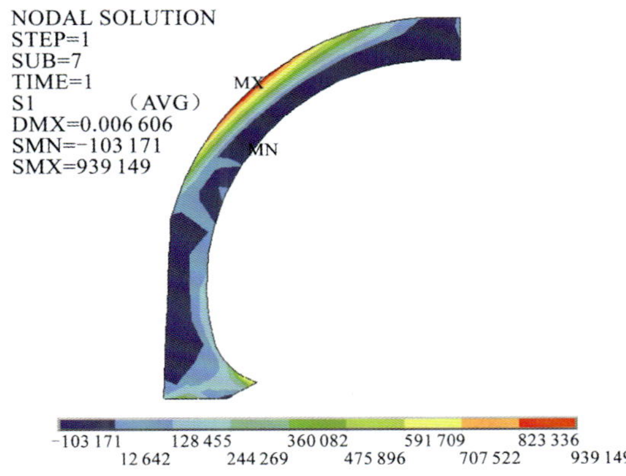

图 3.65　工况 6 肋梁主拉应力分布云图（单位：Pa）

可以看到，肋梁弧线段外侧主要受拉，最大值为 0.94 MPa，肋梁弧线段内侧压应力较大，最大值为 1.64 MPa。

图 3.67 为左洞开挖后肋梁的位移矢量图。

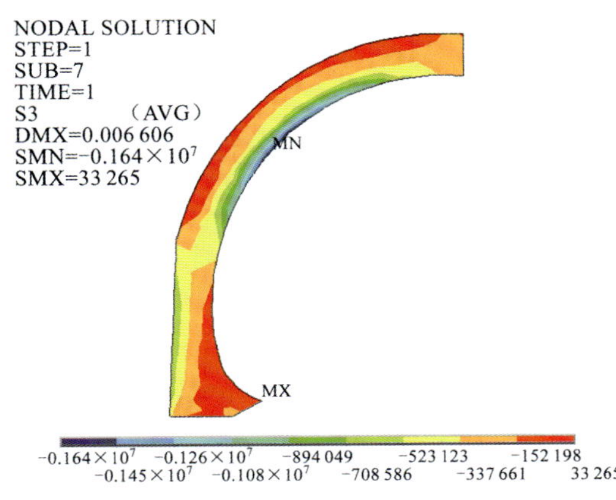

图 3.66　工况 6 肋梁主压应力分布云图（单位：Pa）

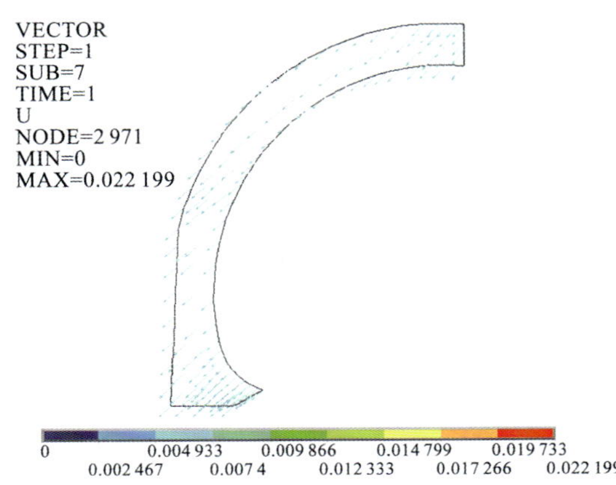

图 3.67　工况 6 肋梁位移矢量图（单位：m）

从图 3.67 中可以看出，肋梁整体向山坡外变形，以水平位移为主，变形趋势基本上是协调的。

对比分析两种开挖顺序完工后肋梁的受力变形情况可知，方案一开挖顺序下肋梁的拉压应力水平明显小于方案二开挖顺序下的值，可见，考虑肋梁结构的安全性，方案一优于方案二。

3.4.2 基于受力变形规律的通透肋式连拱隧道设计施工优化

针对通透肋式连拱隧道的初步设计方案，采用数值分析方法对各个施工阶段隧道围岩的受力变形分布特征进行了分析，给出了设计施工优化方案。

（1）中隔墙施做完成后，可先开挖内侧洞室，再开挖外侧洞室，以降低肋梁的应力水平。考虑到该异型连拱隧道处于偏压地段，先期开挖外侧洞室，形成肋梁后再开挖内侧洞室，会引起肋梁应力的二次调整，对肋梁的受力不利；而先期开挖内侧洞室，释放部分围岩松弛压力，再开挖外侧洞室，施做肋梁，可降低该关键结构部件的应力水平，有利于整体结构的稳定。

（2）中导洞开挖后仅内侧拱脚出现小范围的塑性区，扩展范围有限，围岩整体稳定性较好。

（3）内侧洞室开挖后，中隔墙底板出现较大的拉应力区，在中隔墙底板上布置锁脚锚杆，并于内侧洞室开挖前，在中隔墙另一侧增设横向临时支撑。

（4）内侧洞室开挖后，内侧拱脚弧线段剪应力较大，出现塑性破坏区，但扩展范围限于拱脚弧线段，区域不大，其他区段未出现塑性破坏区域，开挖后围岩整体稳性较好，对内侧拱脚弧线段加强支护。

（5）外侧洞室开挖后，中隔墙顶板围岩出现塑性破坏区，对中隔墙顶板围岩进行局部加固。这主要是因为进一步开挖所释放的荷载被刚度较大的中隔墙所承担，中隔墙的应力水平明显增大，与之衔接部位的围岩应力水平也随之增大，当围岩强度不够时，容易出现塑性破坏区。

（6）外侧洞室开挖后，内侧洞室拱顶出现拉剪破坏区，在外侧洞室开挖前，需对内侧洞室拱顶部位加强支护。这主要是因为外侧洞室开挖后，山坡岩体进一步向下向山坡外变形，在右洞拱顶表现出较大的拉应力，出现拉剪破坏，不同于中隔墙顶板围岩和拱脚围岩的压剪破坏区，需要局部加强支护。

（7）从塑性区分布范围来看，其扩展范围有限，整体稳定性尚好。但需注意中隔墙顶板围岩及右洞拱顶围岩塑性区有向坡面延伸的趋势，在地质条件变化或存在不利的岩体节理面时，上述两处塑性区可能会贯通至山坡面，引起山坡的滑动。因此，在开挖左洞之前，对山坡岩体进行加固是必需的，加固深度和范围要与内侧洞室系统锚固加固区有效衔接。

（8）中隔墙作为主要承载的弯压构件，墙身两侧在不同工况下承受较大的拉压应力，采用 C30 及以上高标号混凝土；经过三种工况下结构内力分析及强度稳定性验算，初步设计采用的中隔墙厚度及配筋设计满足强度稳定性要求。

（9）考虑隧道与地形相交关系的变化，肋梁可能承受较大的正负弯矩，需采用双向对称布筋。

（10）考虑到肋梁与边墙、围岩搭接部位的剪应力较大，边墙顶端预埋锚固钢筋，在肋梁顶端与围岩搭接部位，增设放射状锁脚锚杆，以满足搭接部位的抗剪强度稳定性要求。

（11）综合分析表明，对于连拱隧道而言，刚度较大的中隔墙分担了主要的松弛压力，相较于肋式单洞隧道，适当调节肋梁的应力水平，对肋梁的受力是有利的。按上述方案进行局部加强支护后，隧道围岩及结构的稳定性能够得到充分保证。

第 4 章　通透肋式隧道围岩破坏模式与结构荷载计算方法

隧道结构所承受的主要荷载是岩体受扰动产生应力重分配过程中，围岩变形受到支护结构的阻挡而产生的压力，即围岩压力。针对不同地质条件下隧道自身承载能力的大小，围岩压力可分为松弛压力和形变压力两种。松弛压力是由岩体内材料的破裂而形成的一定范围之内的松弛岩石荷载，具有自重的性质；而形变压力是由于围岩的变形受到支护的约束，在支护和围岩的变形协调中所产生的压力，一般不引起围岩的材料破裂，围岩仍保持其完整性。

通透肋式傍山隧道为半明半暗异型隧道，该异型隧道主要应用于地势险峻的傍山地段，偏压效应显著，地质条件较差，受环境影响大，岩石易风化，围岩长期稳定性需要做慎重考虑。因此，对于通透肋式傍山隧道，隧道荷载应考虑以围岩破坏所引起的松弛压力为设计荷载标准[16]。由此可以看到，要分析该异型隧道的结构荷载，必须首先明确围岩的破坏模式。

在荷载结构法中，围岩压力的确定至关重要，目前的确定方法主要有太沙基法、普氏理论、围岩分类确定法等。运用这些方法，已建立了一些计算模型，主要有岩柱体结构模型、基于太沙基法的楔体结构模型、基于普氏理论的平衡拱模型等，这些模型多适用于深埋隧道的结构荷载计算。对于浅埋偏压隧道而言，比较有代表性的是《铁路隧道设计规范》（TB 10003—2016）中的偏压隧道围岩压力计算模型，该模型是基于 1 025 个隧道塌方资料，将极限状态下浅表层围岩作为松散体考虑，建立的围岩压力计算公式。这种计算方法对于实际工程设计是偏于安全的，同时它能反映地形（坡率）、地质条件（围岩类别）及外侧围岩的覆盖厚度（t）三个因素的影响，因此应用相当广泛，《公路隧道设计规范》（JTG D70/2—2014）偏压隧道衬砌荷载计算也是沿用的上述计算模型。

对于通透肋式傍山异型隧道而言，仅暗洞侧有围岩压力，明洞侧为自由面，偏压比更大，偏压效应更为显著。目前，对于类似的半明半暗隧道结构，规范及文献中还未给出相应的围岩压力计算方法。但《铁路隧道设计规范》（TB 10003—2016）建立偏压隧道围岩压力计算模型的分析思路是值得借鉴的，即对于浅埋偏压隧道而言，围岩等级一般较低，将极限状态下围岩作为松散体考虑，确定围岩破坏形式和范围，并以此确定围岩压力的分布形态，建立相应的计算公式。参照以上分析思路，结合围岩塑性破坏区的数值分析成果，推导通透肋式隧道围岩压力计算公式。

4.1　通透肋式单洞隧道围岩破坏模式

为了建立通透肋式傍山隧道结构荷载计算模型，首先需要明确隧道围岩松弛范围和破坏模式。为了反映其基本规律，分析模型暂不考虑岩体节理面的影响，即将围岩作为均质体考虑。

分析工况为最不利工况（即洞室开挖后，未施做二次衬砌的状态），采用强度折减法确定围岩的塑性区开展范围。

隧道开挖之前的地形是经过漫长的地质历史时期形成的，岩体内的应力处于一种自然的平衡状态，岩体处于稳定状态。在隧道开挖后，这种平衡状态被打破，应力重新调整。岩体内的地应力释放，使岩体向临空方向发生变形。肋拱式傍山隧道边坡岩体呈碎裂结构，隧道开挖临空后，隧道围岩发生沉降变形，从而使边坡碎裂岩体发生向下、向坡外剪切蠕动变形。根据多点位移计对边坡整体变形的监测，边坡变形主要发生在全–强风化岩体内，并且变形范围内位移量值由坡表向坡内逐渐减小。边坡变形特征说明变形发展过程中，坡内存在可能发展为破坏面的潜在滑移面，而此滑移面的位置是决定隧道松动区域的关键因素，因此滑移面的确定在该类隧道中显得尤为重要。

在影响隧道边坡破坏的因素中，地质条件是边坡变形或失稳的物质基础，而在地质条件中岩体的结构特性和强度特性对边坡的稳定起着决定性的作用。岩体的结构特性主要包括结构面特征、结构体特征、岩体结构单元类型三个方面。岩体强度特性是指考虑岩性、风化程度等影响的岩体坚硬程度，可以通过相关的试验进行分类。

通透肋式傍山隧道属于浅埋隧道，拱顶边坡的破坏主要为有限范围内围岩拉裂塌落、块体滑移及重力坍塌等形式，因此在本书中不考虑岩体结构特性对隧道破坏模式的影响，仅对通透肋式傍山隧道拱顶边坡在不同围岩条件下的破坏模式进行研究。

4.1.1　均质围岩条件下通透肋式傍山隧道破坏模式

为了分析在均质围岩条件下，通透肋式傍山隧道的围岩破坏模式，假定隧道开挖引起的可能岩体扰动区内的拱顶围岩为均质围岩。为了模拟开挖后围岩松弛的极限破坏状态，开挖前对拱顶边坡不采用任何加固措施，开挖后也不采用任何支护措施。分三个工况分析不同均质围岩下边坡破坏模式的变化。

工况 1：拱顶全风化岩层，如图 4.1 所示。

工况 2：拱顶强风化岩层，如图 4.2 所示。

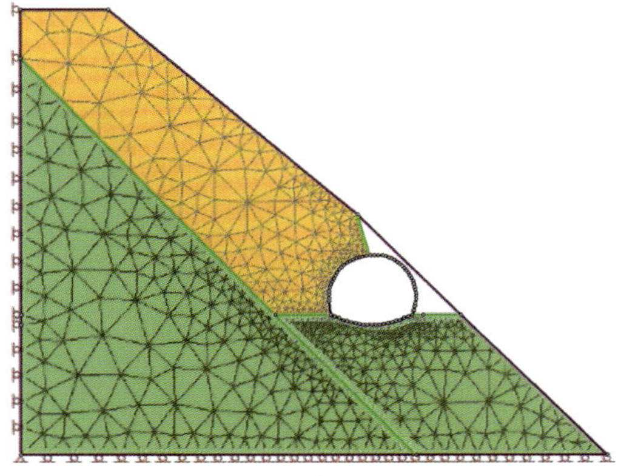

图 4.1　工况 1

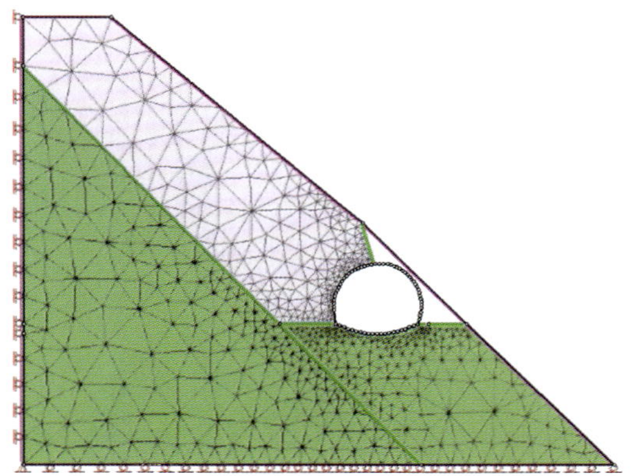

图 4.2　工况 2

工况 3：拱顶弱风化岩层，如图 4.3 所示。

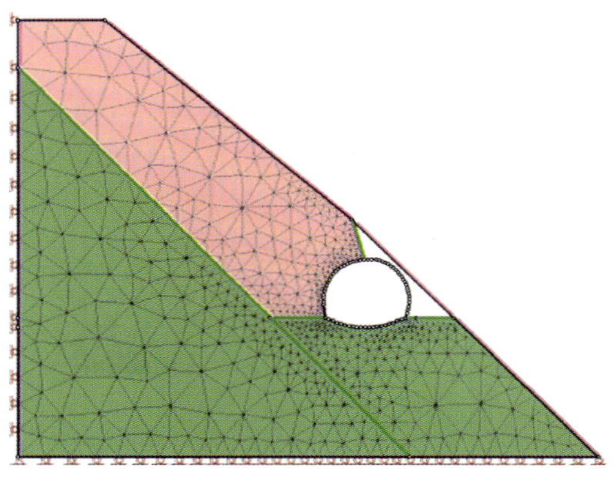

图 4.3　工况 3

图 4.4～图 4.6 为三种工况下边坡位移云图和屈服单元图，从图 4.4～图 4.6 中可见，对于

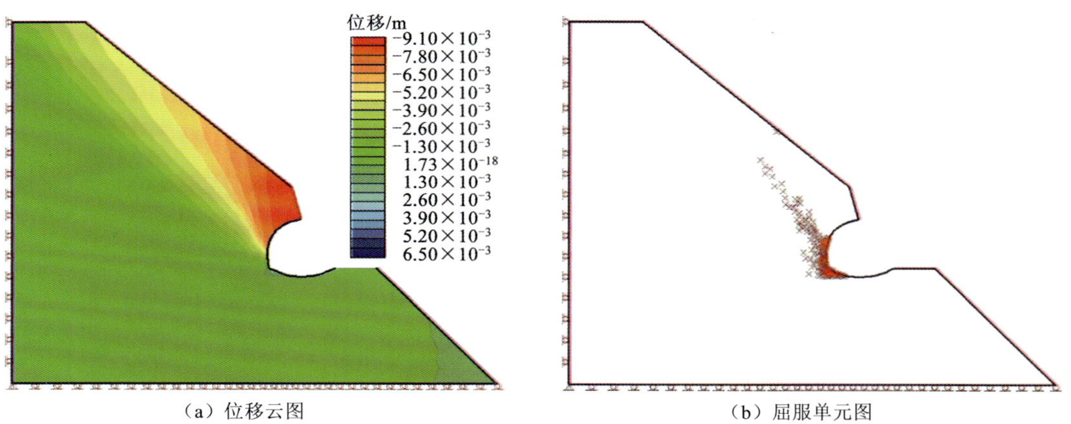

（a）位移云图　　（b）屈服单元图

图 4.4　工况 1 计算结果

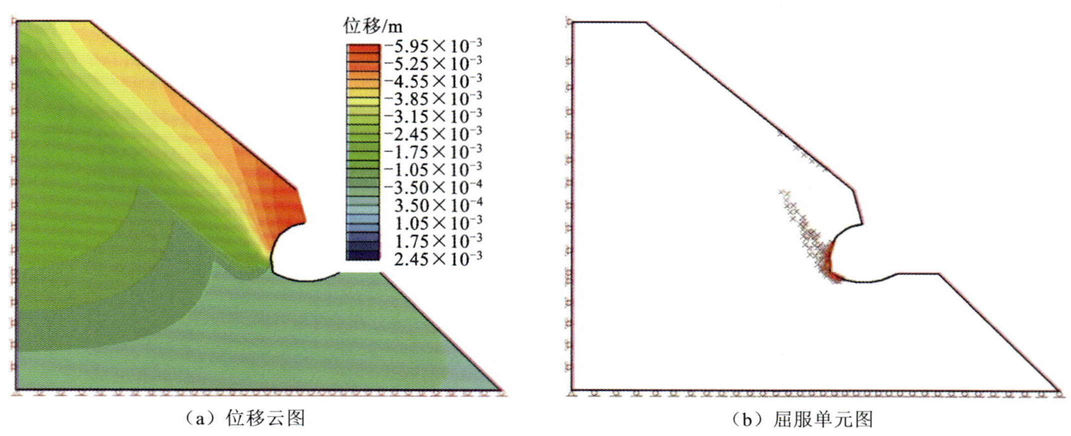

（a）位移云图　　（b）屈服单元图

图 4.5　工况 2 计算结果

全风化和强风化围岩，隧道边坡围岩的破坏都是由内侧拱脚或接近拱脚处开始，沿着与水平线成某一角度的斜直线屈服的，从位移云图中还可以看出，隧道拱顶围岩位移由坡面向坡内逐渐递减，拱顶处围岩变形量最大，且在拱顶形成有明显滑移趋势的楔体，该楔体即为潜在的滑动区域。位移云图和屈服单元图都反映出该隧道边坡的破坏趋势是沿着某一斜面的楔体滑移。

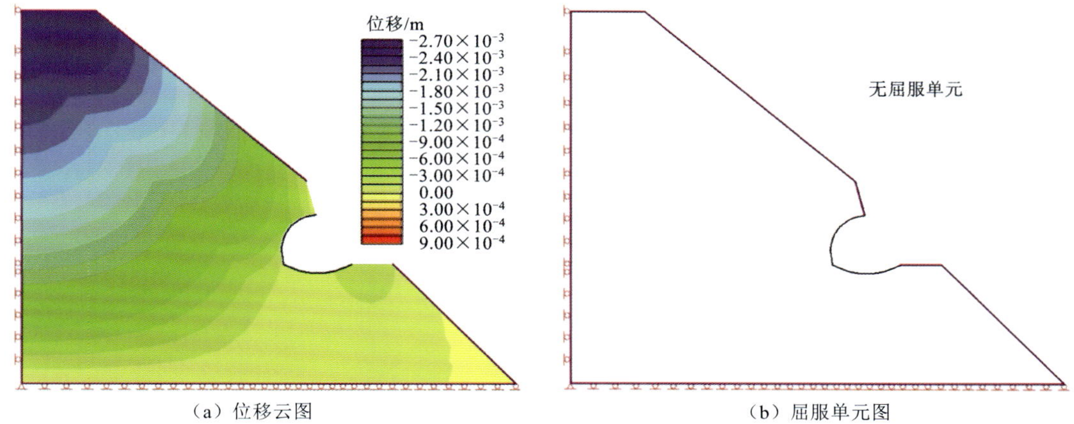

（a）位移云图　　（b）屈服单元图

图 4.6　工况 3 计算结果

对于弱风化围岩，隧道的破坏呈现出不同的规律，从位移图中看，是因为隧道的开挖拱顶处临空，拱顶变形较大，从屈服单元图上看，是因为未形成沿某一斜直线的屈服单元。这说明对于强度较高的岩体，即使在不加固、不支护的情况下，围岩本身的自承能力就能够承担由开挖引起的应力，不会因岩体内材料的破裂而形成一定范围的松弛区域。

对比分析表明：

（1）通透肋式傍山隧道围岩的破坏模式与《公路隧道设计规范》（JTG D70/2—2014）中假定的浅埋偏压隧道破坏模式基本吻合。因此，可以借鉴《公路隧道设计规范》（JTG D70/2—2014）中浅埋偏压隧道结构荷载的计算方法，提出适合通透肋式傍山隧道的结构荷载计算模型。

（2）在不同的围岩条件下，隧道的松动破坏区域有所不同，围岩强度较低时，拱顶处围岩下沉塌落破坏趋势明显，由于岩体内材料的破裂形成明显的塑性区，边坡破坏类型为剪切破坏，破坏模式为沿着某一滑面的楔体滑移；围岩强度较高时，隧道自承能力较强，岩体内材料不屈服，虽拱顶处变形稍大，但不产生塑性区域。

4.1.2　非均质围岩条件下通透肋式傍山隧道破坏模式

均质围岩下隧道拱顶边坡数值计算表明，围岩强度不高时，边坡的破坏模式为沿着某一斜面的楔体滑动。在此基础上，进一步对非均质边坡的破坏模式进行分析。

选取两个典型断面建立数值模型，根据实际围岩情况，模型中各层岩性设置如下：第一层岩体为全风化岩；第二层岩体为强风化岩；第三层岩体为弱风化岩；最深层为微风化岩。

图 4.7、图 4.8 为两个不同断面下的位移云图和屈服单元图。

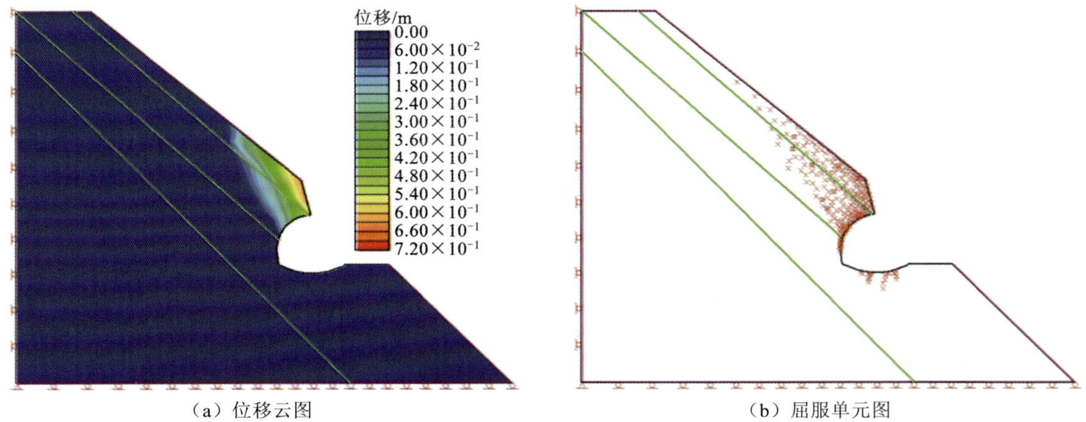

（a）位移云图　　（b）屈服单元图

图 4.7　ZSK23+320 断面计算结果

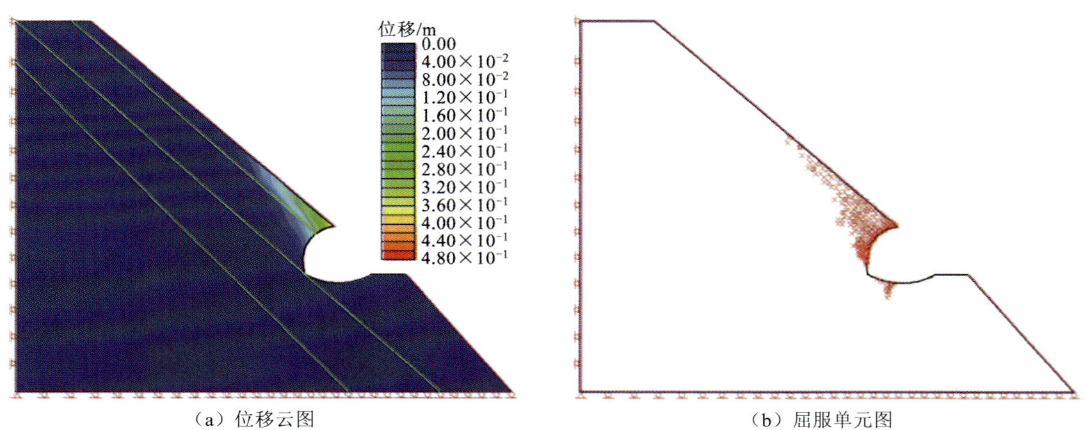

（a）位移云图　　（b）屈服单元图

图 4.8　ZSK23+365 断面计算结果

从图 4.7、图 4.8 中可以看出，实际围岩条件下隧道的变形破坏模式与均质围岩条件下相似，也是沿着某一斜面的楔体滑移；但实际围岩下隧道边坡拱顶处的变形及屈服单元分布更集中。与均质围岩结果对比可以发现，实际围岩下隧道边坡的变形破坏是从拱腰处而不是从拱脚处发展开的。这主要是因为实际围岩中表层岩体强度较低，所以，屈服破坏主要发生在表层岩体内，而拱脚处围岩强度较高，仅局部有屈服。这也与均质围岩条件下，当围岩强度较低时边坡产生变形破坏的结论一致[40-41]。

因此，无论是均质围岩，还是非均质围岩，在围岩强度不够高的条件下，隧道边坡的破坏类型都是剪切破坏，破坏模式均为沿着某一斜面的楔体滑移；而对强度稍高的围岩，不会因开挖而出现塑性屈服区域，此时围岩强度不再是围岩变形破坏的控制因素，应重点考虑结构面对其的影响，并结合实际工况进行专项论证，本书不做讨论。

4.2　通透肋式隧道围岩破裂角确定方法

4.1 节的研究结果表明，隧道拱顶边坡是沿着一定的破裂面破坏的，而破裂面的确定对于研究结构荷载起着决定性的作用。表征破裂面走向的参数为破裂面的倾角——破裂角，因此如何确定破裂角就成为问题的关键。

目前，在边坡工程中主要的破裂角分析方法有理论解法、《工程地质手册》推荐方法；在隧道工程中常用破裂角分析法有理论解法、《公路隧道设计规范》（JTG D70/2—2014）推荐方法（简称规范推荐方法）。

1．理论解法

在宏观分析上，边坡岩体（土体）的三向受力情况可以简化为二向受力，即忽略了中主应力 σ_2 的影响，只取最大主应力 σ_1 和最小主应力 σ_3 进行研究，下面用截面法来研究土体的受力情况。土体中某点有一单元体，最大主应力为 σ_1，最小主应力为 σ_3，CC 截面与主平面的夹角为 α，其简化应力图如图 4.9 所示。

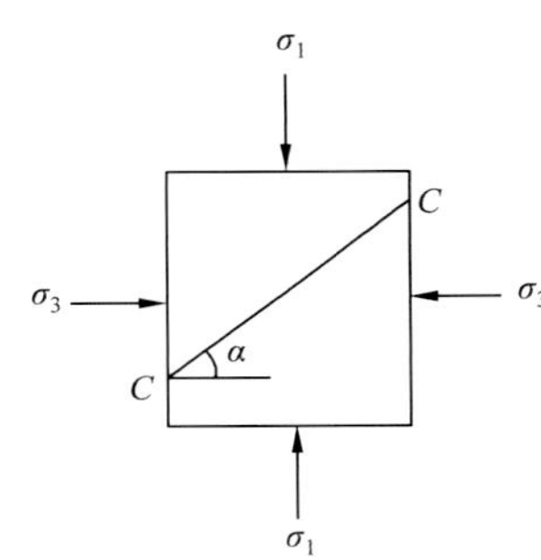

图 4.9　简化应力图

σ_1 在 CC 截面上引起的正应力和剪应力分量分别为

$$\sigma' = \sigma_1 \cos^2\alpha,\quad \tau' = \frac{\sigma_1}{2}\sin 2\alpha \tag{4.1}$$

σ_3 在 CC 截面上引起的正应力和剪应力分量分别为

$$\sigma'' = \sigma_3 \sin^2\alpha,\quad \tau'' = \frac{\sigma_3}{2}\sin 2\alpha \tag{4.2}$$

由力的迭加原理可得在 σ_1、σ_3 同时作用下，CC 截面上的正应力和剪应力为

$$\sigma_\alpha = \sigma' + \sigma'' = \sigma_1\cos^2\alpha + \sigma_3\sin^2\alpha = \frac{\sigma_1+\sigma_3}{2} + \frac{\sigma_1-\sigma_3}{2}\cos 2\alpha \tag{4.3}$$

$$\tau_\alpha = \tau' + \tau'' = \frac{\sigma_1}{2}\sin 2\alpha - \frac{\sigma_3}{2}\sin 2\alpha = \frac{\sigma_1-\sigma_3}{2}\sin 2\alpha \tag{4.4}$$

将式（4.3）和式（4.4）两边分别平方再相加得

$$\left(\sigma_\alpha - \frac{\sigma_1+\sigma_3}{2}\right)^2 + \tau_\alpha^2 = \left(\frac{\sigma_1-\sigma_3}{2}\right)^2 \tag{4.5}$$

这是一个以 $\left(\dfrac{\sigma_1+\sigma_3}{2},0\right)$ 为圆心，以 $r=\dfrac{\sigma_1-\sigma_3}{2}$ 为半径的莫尔应力圆，如图 4.10 所示，欲求与主平面成 α 角的某截面 CC 上的应力，将 CA 逆时针旋转 2α 与莫尔应力圆交于 B 点，B 点对应的横、纵坐标即为截面 CC 上的正应力 σ_α 和剪应力 τ_α，这就是莫尔应力圆的几何意义。

一般情况下，岩体的破坏绝非颗粒的破坏，而是连续岩体中一定方向面上两边颗粒发生相对移动的结果，即剪断。土体强度必须满足库仑公式

$$\tau = \sigma\tan\varphi + c \tag{4.6}$$

式中：τ为土体抗剪强度；σ为剪切破坏面上法向应力；φ为内摩擦角；c为土体的黏聚力。

土体达到极限平衡时，极限莫尔应力圆的切线就是土体强度线，如图 4.11 所示，因为 B 点是莫尔应力圆与土体强度线的切点，所以 B 点的应力使土体处于极限平衡状态，由莫尔应力圆的几何意义可知：B 点所对应的应力就是与主平面成$45°+\dfrac{\varphi}{2}$角的截面 CC 上的应力，即岩体沿$45°+\dfrac{\varphi}{2}$的滑裂面滑移破坏。

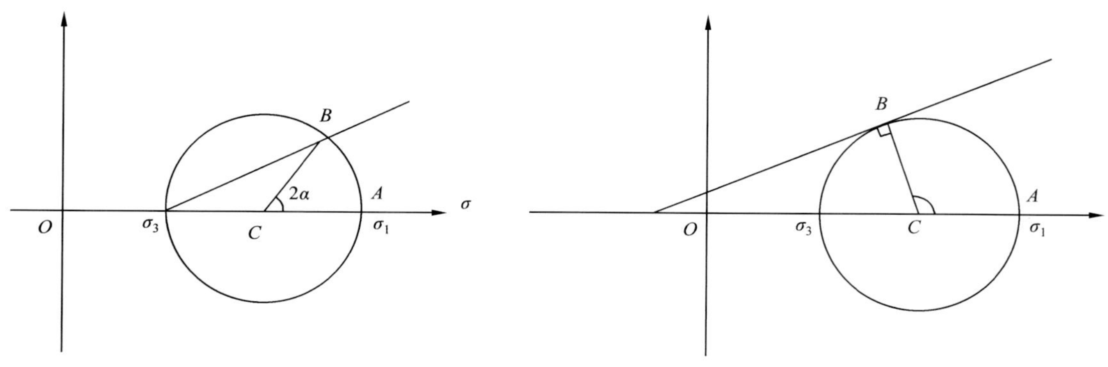

图 4.10　与主平面成α角的莫尔应力圆　　图 4.11　与主平面成$45°+\dfrac{\varphi}{2}$角的莫尔应力圆

但需要注意的是，理论解法仅适用于无外倾结构面的均质边坡，因此本书也仅讨论在均质岩质边坡中的情况。

2.《工程地质手册》推荐方法

如图 4.12 所示，边坡的坡角为ϕ，坡高为h，岩土体重度为γ，黏聚力为c，内摩擦角为φ，滑动面夹角为θ，滑体重量为W，滑体在滑动面上产生的压力为N，滑动力$K=W\sin\theta$，抗滑力$F=cl+N\tan\varphi$。

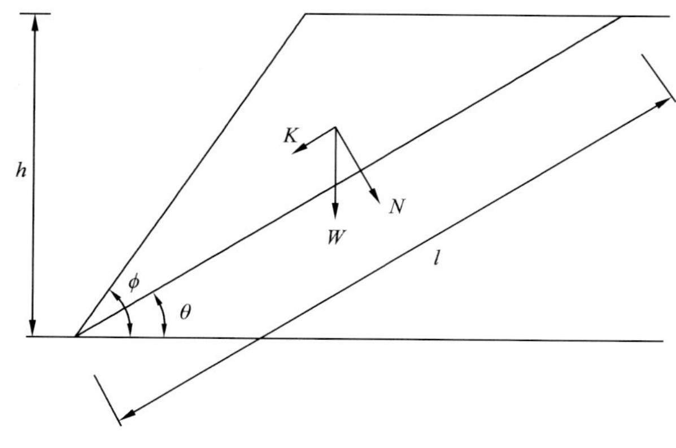

图 4.12　边坡简化受力图

假设滑体处于极限平衡状态，由平衡条件$K=cl+N\tan\varphi$及三角函数关系建立

$$\begin{cases}\dfrac{1}{l}W\sin\theta=c+\dfrac{1}{l}\cos\theta\tan\varphi\\ l=\dfrac{h}{\sin\theta}\\ W=\dfrac{\gamma h^2}{2}\cdot\dfrac{\sin(\phi-\theta)}{\sin\phi\sin\theta}\end{cases}\tag{4.7}$$

求解得

$$c=\frac{\gamma h}{2}\cdot\frac{\sin(\phi-\theta)\sin(\theta-\varphi)}{\sin\phi\sin\varphi}\tag{4.8}$$

将式（4.8）求导得

$$\frac{\mathrm{d}c}{\mathrm{d}\theta}=\frac{\gamma h}{2\sin\phi\cos\varphi}\sin(\phi+\varphi-2\theta)$$

令 $\dfrac{\mathrm{d}c}{\mathrm{d}\theta}=0$，则有

$$\phi+\varphi-2\theta=0,\quad \theta=\frac{\phi+\varphi}{2}\tag{4.9}$$

即岩土体沿 $\dfrac{\phi+\varphi}{2}$ 的滑裂面滑移破坏。

3. 规范推荐方法

《公路隧道设计规范》（JTG D70/2—2014）中，假定土体中形成的破裂面是一条与水平成 β 角的斜直线，如图 4.13 所示，并考虑了滑面阻力的影响，其中 F 为未扰动岩体对整个滑动土体的摩阻力；T 为 EFHG 下沉时两侧受到的摩阻力；θ、φ_c 分别为两个滑面上的摩擦角；W_1 为三棱岩体 FDB 的重量。滑动土楔三棱岩体力之间的关系，如图 4.13 所示。

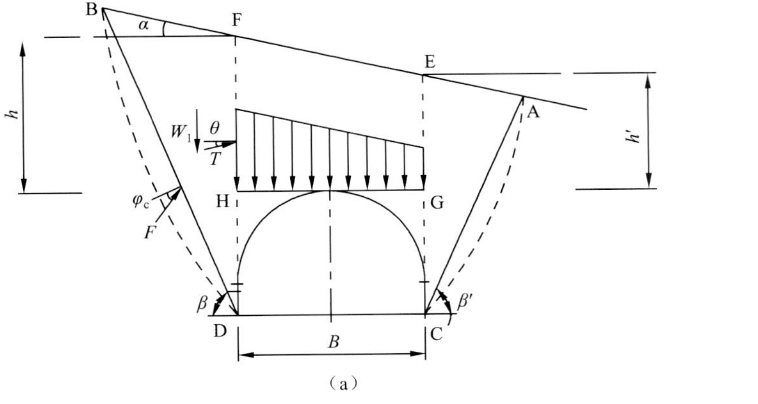

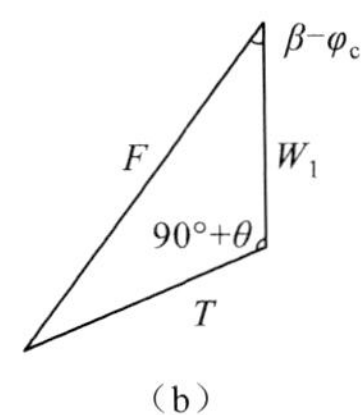

图 4.13　结构荷载简化图及三棱岩体受力图

借助正弦定律，得

$$\frac{T}{\sin(\beta-\varphi_c)}=\frac{W_1}{\sin[90^\circ-(\beta-\varphi_c+\theta)]}\tag{4.10}$$

将 $W_1=\dfrac{1}{2}\gamma h\dfrac{h}{\tan\beta}$ 代入式（4.10）得

$$\begin{aligned}T&=\frac{\sin(\beta-\phi_c)}{\sin[90^\circ-(\beta-\phi_c+\theta)]}\frac{1}{2}\gamma h^2\frac{1}{\tan\beta}\\&=\frac{1}{2}\gamma h^2\frac{1}{\cos\theta}\frac{\tan\beta-\tan\varphi_c}{\tan\beta[1+\tan\beta(\tan\varphi_c-\tan\theta)+\tan\varphi_c\tan\theta]}\end{aligned}\tag{4.11}$$

式中：β 是未知的，也就是说 T 值随着 β 值大小的变化而变化。在达到极限平衡状态的破裂面位置时，即摩阻力 T 达到最大值滑面位置时

$$\frac{\mathrm{d}T}{\mathrm{d}\beta}=0$$

由此可求得

$$\tan\beta=\tan\varphi_c+\sqrt{\frac{(\tan^2\varphi_c+1)(\tan\varphi_c-\tan\alpha)}{\tan\varphi_c-\tan\theta}}\tag{4.12}$$

此时求得的 β 即为隧道围岩的破裂角。

4．破裂角确定方法比较

（1）用《工程地质手册》推荐方法确定的边坡破裂面为坡体的一个潜在滑面，其滑动范围较大，一般为从坡脚到坡顶的平面或弧面，其本质是边坡的稳定性问题，与本书中由隧道开挖引起的坡体局部破坏有较大区别，故其计算结果与实际情况差异较大。

（2）理论解法是利用莫尔应力圆推导而来的，在室内试验条件下，理论解法与试验结果吻合度较好。对无外倾结构面的均质岩质边坡而言，可以把其计算结果作为破裂角计算的一个参考值。

（3）《公路隧道设计规范》（JTG D70/2—2014）中给定的破裂角计算方法，是在极限平衡基础上利用拱顶楔体的力平衡得到的，其也仅适用于无外倾结构面的均质边坡，主要考虑隧道开挖引起拱顶下沉，造成的隧道围岩的松动破坏。与理论解法相比，其考虑了坡角变化的影响，更符合拱顶围岩屈服破坏的机理。

4.3　通透肋式单洞隧道结构荷载计算模型

4.3.1　结构荷载计算模型

数值分析结果表明，围岩的破坏范围取决于围岩的破裂角，这与《铁路隧道设计规范》（TB 10003—2016）偏压隧道荷载计算模型中破裂角的概念是一致的，这也说明按其思路来建立通透肋式傍山隧道结构荷载计算模型是合理可行的。

基于围岩破坏模式的分析成果，参照《铁路隧道设计规范》（TB 10003—2016）中关于偏压隧道围岩压力计算中的基本假定，通透肋式单洞隧道围岩破坏状态下受力形态可假定为（图 4.14）：隧道开挖引起上覆岩体 AHC 下沉，它的下沉必然要带动内侧围岩 ADE 的下沉，形成一潜在滑移楔体，沿着与水平线成 β 角的近似直线滑移，使滑移楔体以自重的形式加载于结

构物上，同时整个土体 DEH 下沉时，又要受到未扰动岩土体的阻力。图 4.14 中隧道上覆岩体 AHC 的自重为 W；内侧岩体 ADE 的自重为 W_1；未扰动岩体对整个滑动岩体的阻力为 F；AHC 下沉作用在 AC 面上的摩阻力为 $T\sin\theta$；α 为山坡坡角，θ 为拱顶楔体侧面的内摩擦角，φ_c 为围岩计算摩擦角，β 为围岩破裂角，h 为破裂面顶点至拱顶的高度。

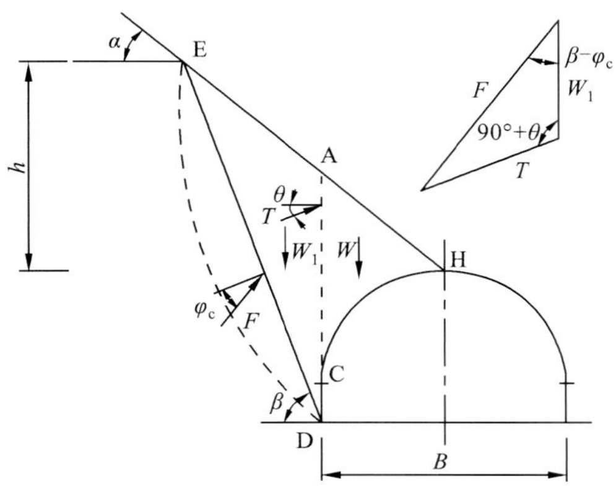

图 4.14　通透肋式隧道结构荷载计算模型

通过滑动土楔三棱体力之间的平衡关系，借助正弦定律，得

$$\frac{T}{\sin(\beta-\varphi_c)}=\frac{W_1}{\sin[90°-(\beta-\varphi_c+\theta)]} \tag{4.13}$$

将 $W_1=\dfrac{1}{2}\gamma h\dfrac{h}{\tan\beta}$ 代入式（4.13）得

$$T=\frac{\sin(\beta-\varphi_c)}{\sin[90°-(\beta-\varphi_c+\theta)]}\frac{1}{2}\gamma h^2\frac{1}{\tan\beta} \tag{4.14}$$

可见，推力 T 是随 β 大小的变化而变化的，当达到极限平衡状态所对应的破裂面位置时，推力 T 达到最大值，即

$$\frac{\mathrm{d}T}{\mathrm{d}\beta}=0 \tag{4.15}$$

由此可得

$$\tan\beta=\tan\varphi_c+\sqrt{\frac{(\tan^2\varphi_c+1)(\tan\varphi_c-\tan\alpha)}{\tan\varphi_c-\tan\theta}} \tag{4.16}$$

可见，破裂角 β 是山坡坡角 α 和内摩擦角 θ、φ_c 的函数，反映出围岩破坏范围主要取决于山坡坡率和围岩性质。

计算得到最大的 T 值后，考虑 AHC 的力平衡，可以得到隧道衬砌结构上总垂直压力 Q 为

$$Q=W-T\sin\theta \tag{4.17}$$

将式（4.14）代入式（4.17），得

$$Q=\frac{\gamma}{2}\left(\frac{hB}{2}-h^2\lambda\tan\theta\right) \tag{4.18}$$

其中

$$\lambda=\frac{1}{\tan\beta-\tan\alpha}\frac{\tan\beta-\tan\varphi_c}{1+\tan\beta(\tan\varphi_c-\tan\theta)+\tan\varphi_c\tan\theta} \tag{4.19}$$

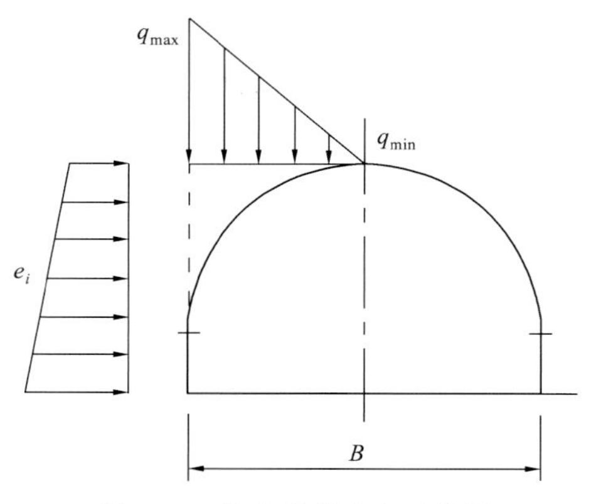

图 4.15 结构荷载分布示意图

将总垂直压力 Q 换算为作用在衬砌结构上的垂直分布荷载（图 4.15），得

$$\begin{cases} q_{min}=0 \\ q_{max}=\gamma h-\dfrac{2h^2\lambda\tan\theta}{B} \end{cases} \tag{4.20}$$

隧道衬砌结构上的水平侧压力分布 e_i 为

$$e_i=\lambda\gamma h_i \tag{4.21}$$

式中：h_i 为内侧衬砌拱圈任意一点至地面的距离。

利用上述衬砌荷载，即可按结构荷载法计算拱圈上弯矩、轴力和剪力的分布，对衬砌结构进行强度稳定性验算；在此基础上，将上述水平侧压力作为滑动力，将垂直压力产生的基底摩阻力和外侧拱脚基础顶面的水平抗力作为抗滑力，进行抗滑稳定性验算。

通透肋式单洞隧道为半明半暗结构，偏压效应显著，隧道结构在满足抗滑稳定性的同时，还应满足抗倾覆稳定性。抗倾覆稳定性以整体结构绕外侧拱脚为转动中心进行力矩验算，以水平侧压力对外侧拱脚产生的力矩为倾覆力矩，总垂直压力 Q 产生的力矩为抗倾覆力矩，进行抗倾覆稳定性验算。该计算模型和分析方法适用于同类型的半明半暗隧道。

4.3.2 破裂角的对比分析

前述破裂角确定方法的对比分析说明理论解法和规范推荐法较适用于隧道边坡的破裂角确定。以下分别通过理论解法、规范推荐法、数值计算法计算不同工况下均质边坡的破裂角，确定通透肋式单洞隧道边坡破裂角计算方法。

1. 不同均质围岩下破裂角对比

为了分析围岩改变引起的边坡破裂角的变化情况，分别对 4.1.1 小节中三个工况计算边坡破裂角，计算结果见表 4.1。

表 4.1 不同均质围岩下破裂角对比表

围岩性状	理论解/（°）	规范推荐解/（°）	数值计算解/（°）
全风化	60.0	59	58
强风化	61.5	66	67
弱风化	62.5	70	—

由表 4.1 可知，在不同的围岩下破裂角的变化趋势是一致的，随着围岩风化程度的减弱，破裂角逐渐增大，即随着围岩强度的提高潜在滑动区域逐渐变小，作用在结构物上的荷载也相

应减小；对比计算结果可知，规范推荐解与数值计算解较接近，理论解与两者的差异较大；从解的变化规律来看，理论解随着围岩的改变变化较小；规范推荐解由于考虑了围岩内摩擦角、边坡坡角、滑移面摩阻力等因素的影响，故其对围岩的改变较敏感。通过三者计算结果的对比可知规范推荐法可靠性高，易于计算。

2．均质围岩不同坡角下的破裂角对比

为了分析山坡坡角改变引起的破裂角的变化情况，在 4.1.1 小节中工况 2 的基础上，改变边坡的坡角，分别计算了四个不同坡角下的破裂角，计算结果见表 4.2。

表 4.2　均质围岩不同坡角下破裂角对比表

坡角/（°）	理论解/（°）	规范推荐解/（°）	数值计算解/（°）
37	61.5	67	69
40	61.5	66	67
43	61.5	64	60
46	61.5	62	60

从表 4.2 可知，坡角的改变引起的规范推荐解和数值计算解变化规律基本一致，随着坡角的逐渐增大，破裂角逐渐减小，即随着坡度的变陡潜在滑动区域逐渐变大，作用在结构物上的荷载也相应变大；理论解法由于把边坡看成假想岩体，其解未随坡角的改变而改变，故理论解仅可作为破裂角的参考值。三者计算结果的对比表明规范推荐法能较正确地反映坡角改变引起的破裂角的变化。

结合上述分析结果，在计算通透肋式单洞隧道的结构荷载时，隧道破坏模式中破裂角的确定按规范推荐法计算。

基于上述分析，通透肋式单洞隧道围岩的基本破坏模式可以总结为：拱顶山坡岩体沿通过拱脚的一斜面形成楔体滑移，趋势滑动面与水平面的夹角即破裂角的大小决定围岩破坏的范围。衬砌结构可能承受的最大压力出现在拱顶围岩破坏后出现楔体滑动的工况，楔体滑移范围和方向决定了衬砌压力大小及分布。因此，结构荷载计算模型应以此破坏模式为依据进行构建，保证隧道结构的稳定。

4.4　通透肋式连拱隧道围岩破坏模式

4.4.1　围岩破坏类型及影响因素

通透肋式连拱隧道属于典型的浅埋傍山隧道，围岩节理裂隙较发育，自稳能力差，隧道开挖对拱顶围岩的稳定性影响很大，而且隧道结构承受的荷载主要来源于开挖后拱顶围岩松弛造成的偏压力，可见拱顶围岩的变形破坏直接决定着隧道结构物的稳定。因此，对于通透肋式连拱隧道而言，拱顶围岩的稳定是决定整个隧道工程建设成败的关键，研究其变形破坏模式，为变形破坏控制方案提供指导具有重要意义。

围岩破坏的常见类型包括边仰坡喷层剥落破坏、张拉破坏、剪切破坏、局部塌陷破坏、雨水冲刷破坏、洞口初期支护失稳破坏。其中最普遍的是张拉破坏与剪切破坏，它们也是隧道结构常见的破坏类型。

影响围岩稳定性的因素是多种多样的，主要是围岩的地质条件、几何特征、工程因素和自然因素四类。围岩的地质条件是围岩变形或失稳的物质基础，影响围岩稳定性的地质因素包括地层岩性、地质构造、岩体构造、水文地质条件等；几何特征包括自然地形地貌和开挖边坡的几何尺寸、临空条件等；工程因素和自然因素为围岩变形或失稳提供了外动力因素和触发条件，主要包括爆破、开挖、降雨等。

4.4.2 不同围岩条件下围岩破坏模式分析

在影响隧道围岩稳定性的因素中，地质条件是围岩变形或失稳的物质基础，而在地质条件中岩体或土体的结构特性和强度特性对围岩的稳定起着决定性的作用，岩体的结构特性主要包括结构面特征、结构体特征、岩体结构单元类型三个方面。岩体强度特性是指考虑岩性、风化程度等影响的岩体坚硬程度，可以通过相关的试验进行分类。

通透肋式连拱隧道属于浅埋隧道，拱顶围岩的破坏主要为有限范围内围岩拉裂塌落、块体滑移及重力坍塌等形式，因此在本书中不考虑岩体结构特性对隧道破坏模式的影响，仅对通透肋式连拱隧道拱顶围岩在不同围岩岩性条件下的破坏模式进行研究。

1. 均质围岩条件下围岩破坏模式

为了分析在均质围岩条件下，通透肋式连拱隧道的围岩破坏模式，计算模型中应假定隧道开挖引起的可能岩体扰动区内的拱顶围岩为均质围岩。为了模拟开挖后山坡的极限破坏状态，开挖前对拱顶边坡不采取任何加固措施，开挖后也不采取任何支护措施，并分弱风化、强风化、全风化围岩三种工况，计算不同均质围岩下山坡破坏模式的变化。

计算过程如下：

第一步，建立实体模型，且不释放地应力；

第二步，按先暗后明的开挖顺序，依次开挖内侧洞室及外侧洞室，并在相应的开挖过程中释放所有地应力，且不施做任何衬砌结构。

图4.16～图4.24分别为三种工况下围岩位移云图、主应力矢量图及塑性屈服图，从图4.16～图4.24中可见，不同围岩条件下，松动破坏区域基本相同，内洞拱顶处围岩下沉塌落破坏趋势明显，形成塑性区，破坏类型为拉剪破坏，破坏模式主要表现为内洞拱顶沿某一斜面延伸至山坡面的楔体滑移。从位移图中还可以看出，隧道拱顶围岩位移由坡面向坡内逐渐递减，内侧拱顶处围岩变形量最大，且在拱顶形成有明显滑移趋势的楔体，该楔体即为潜在的滑动区域。位移云图和塑性屈服图都反映出该隧道边坡的破坏趋势是沿着内侧拱顶的某一斜面的楔体滑移。

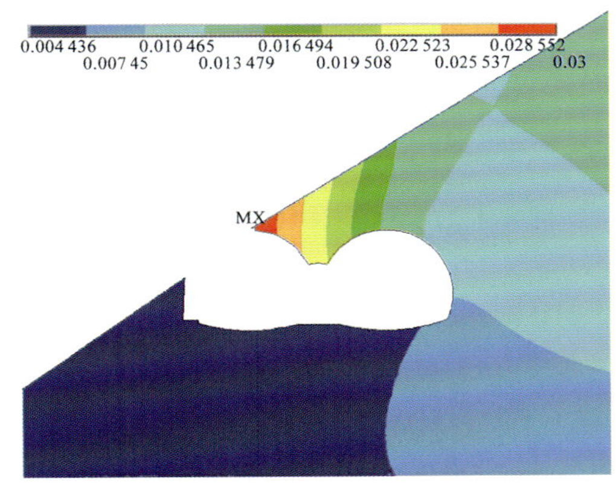

图 4.16　弱风化均质围岩下位移云图（单位：m）

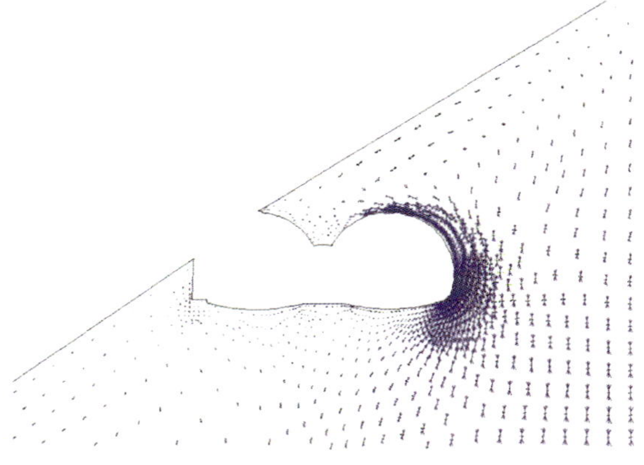

图 4.17　弱风化均质围岩下主应力矢量图

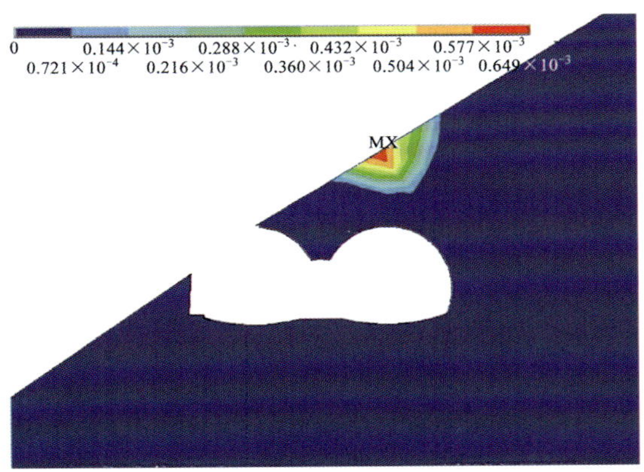

图 4.18　弱风化均质围岩下塑性屈服图（单位：m）

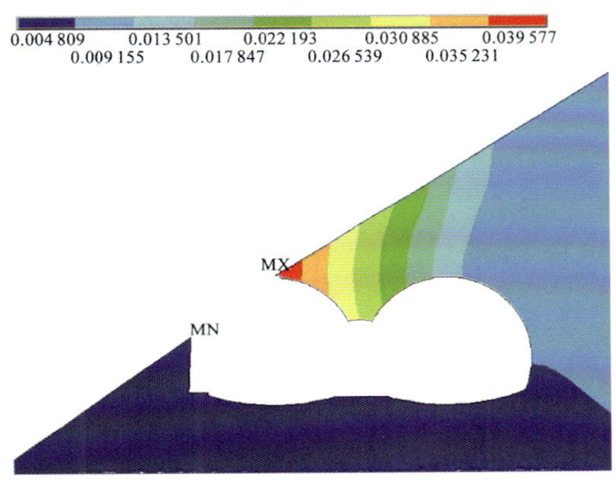

图 4.19　强风化均质围岩下位移云图（单位：m）

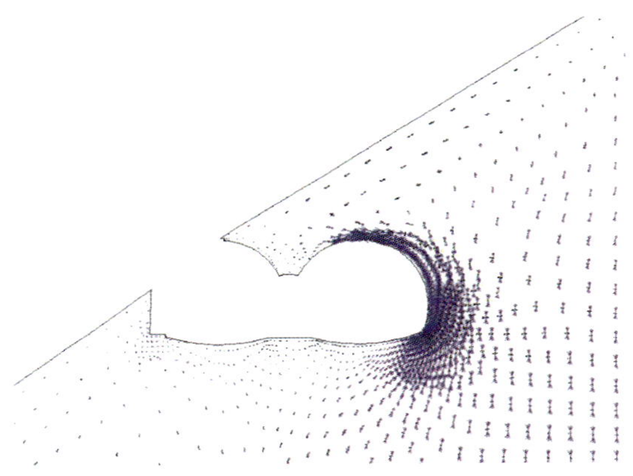

图 4.20　强风化均质围岩下主应力矢量图

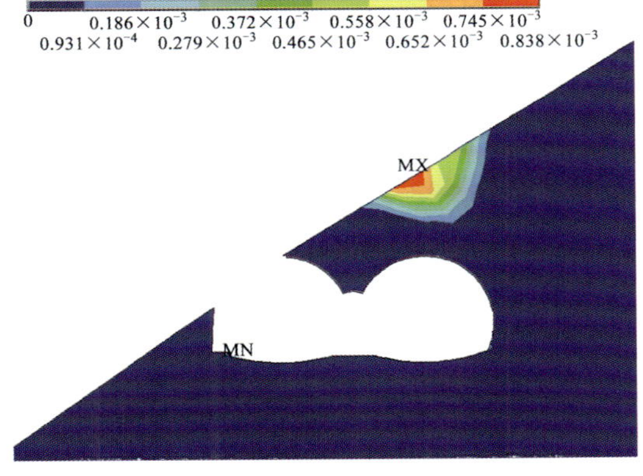

图 4.21　强风化均质围岩下塑性屈服图（单位：m）

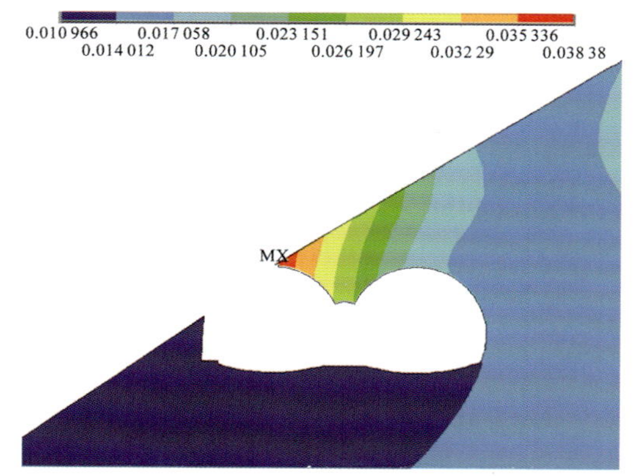

图 4.22　全风化均质围岩下位移云图（单位：m）

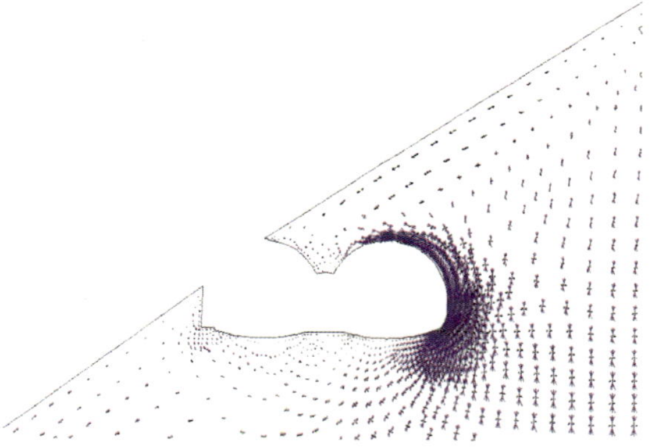

图 4.23　全风化均质围岩下主应力矢量图

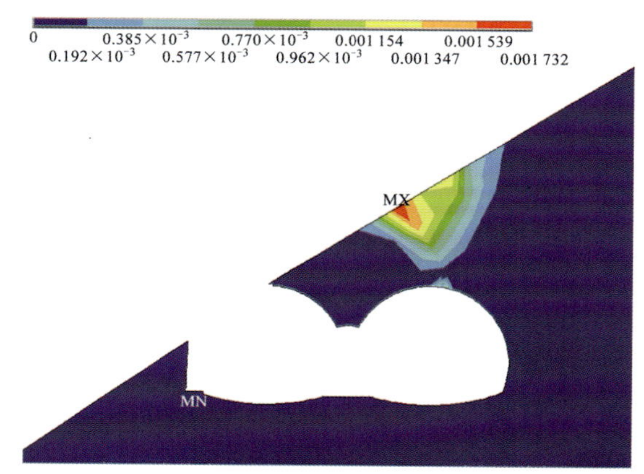

图 4.24　全风化均质围岩下塑性屈服图（单位：m）

2. 非均质围岩条件下围岩破坏模式

均质围岩下计算结果表明，其破坏模式为沿着内侧洞室拱顶的某一斜面的楔体滑动。在此基础上，本小节将进一步对非均质围岩的破坏模式进行模拟，并与均质围岩进行对比分析[18]。

选取典型断面建立数值模型，根据现场实际围岩情况，模型中各层岩性设置如下：第一层岩体为全风化岩；第二层岩体为强风化岩。计算过程与均质围岩条件下相同。实际非均质围岩条件下，主应力矢量图及塑性屈服图分别见图 4.25、图 4.26。

从图 4.25、图 4.26 中可以看出，非均质围岩条件下隧道的变形破坏模式与均质围岩相似，也是先在内侧拱顶形成一定范围的塑性区，随着塑性区的延伸发生楔体滑移。但实际围岩条件下两层围岩分界处更易产生塑性区，且塑性区域更集中。这主要是因为第一层围岩强度低于第二层，塑性区域主要集中在表层围岩，因此，在非均质围岩条件下，塑性区域在表层围岩范围更大。

通过对均质围岩与非均质围岩数值模拟结果的对比分析可知，两种情况下，围岩的破坏类型都是拉剪破坏，破坏模式均为沿着内侧拱顶某一斜面的楔体滑移。

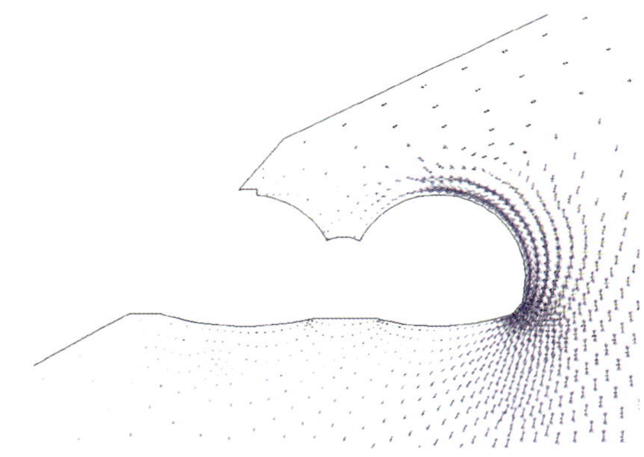

图 4.25　非均质围岩条件下主应力矢量图

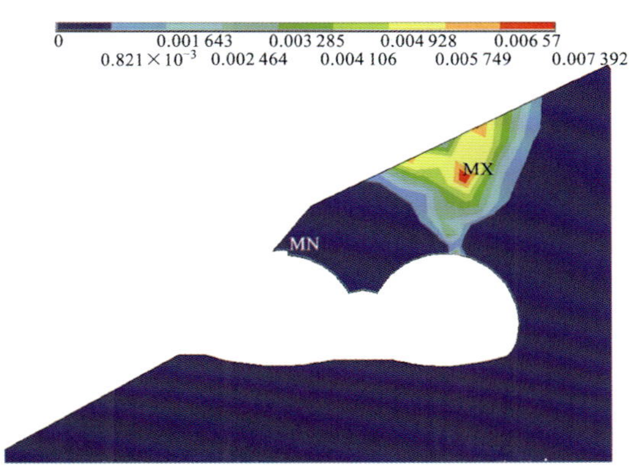

图 4.26　非均质围岩条件下塑性屈服图（单位：m）

4.4.3　不同地形相交关系下围岩破坏模式分析

为分析山坡面几何特征对破坏模式的影响，分别建立三种不同地形相交关系，即切坡比为 1/2、3/4、1 的典型模型，其中隧道洞身切入边坡深度与隧道跨度的比值定义为切坡比。

另外，为探讨中隔墙的受力情况，计算分为是否考虑中隔墙的支撑作用两种工况，分析破坏模式的变化。

不同地形相交关系下，不考虑中隔墙支撑作用时，其主应力矢量图与塑性屈服图见图 4.27～图 4.32。从图 4.27～图 4.32 中可以看出，三种工况下松动破坏区域相似，内侧拱顶围岩下沉塌落破坏趋势明显，形成塑性区，破坏类型为拉剪破坏，破坏模式为沿内侧拱顶区域滑面楔体滑移。

不同地形相交关系下，考虑中隔墙支撑作用时，其主应力矢量图与塑性屈服图见图 4.33～图 4.38。从图 4.33～图 4.38 中可以看出，三种工况下松动破坏区域相似，开挖内洞释放的自重应力主要由中隔墙承担，中隔墙拱顶围岩形成明显的塑性区，并向上延伸，另外，内洞拱脚处也形成一定范围的塑性破坏。

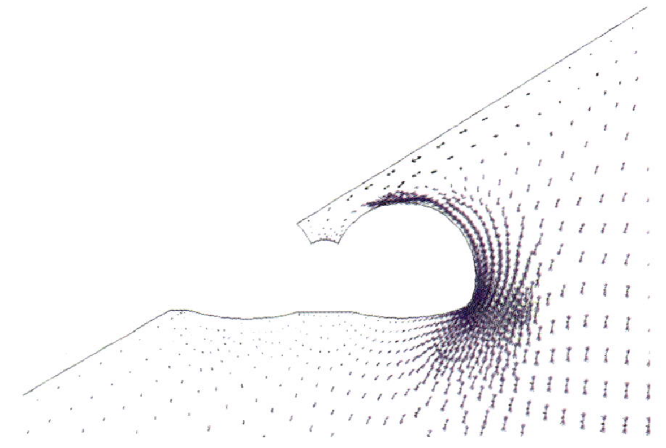

图 4.27　不考虑中隔墙支撑作用时切坡比为 1/2 工况下围岩主应力矢量图

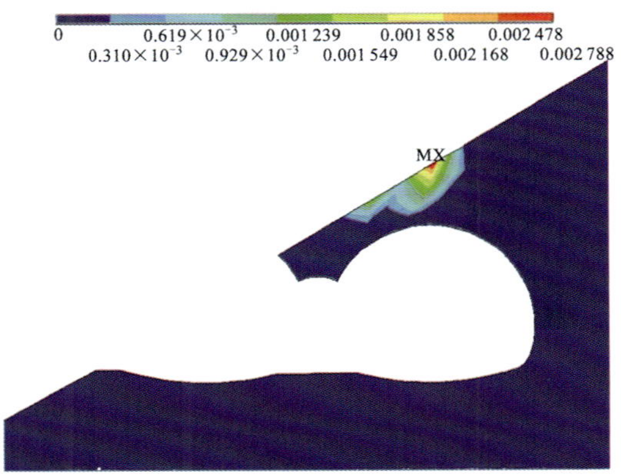

图 4.28　不考虑中隔墙支撑作用时切坡比为 1/2 工况下围岩塑性屈服图（单位：m）

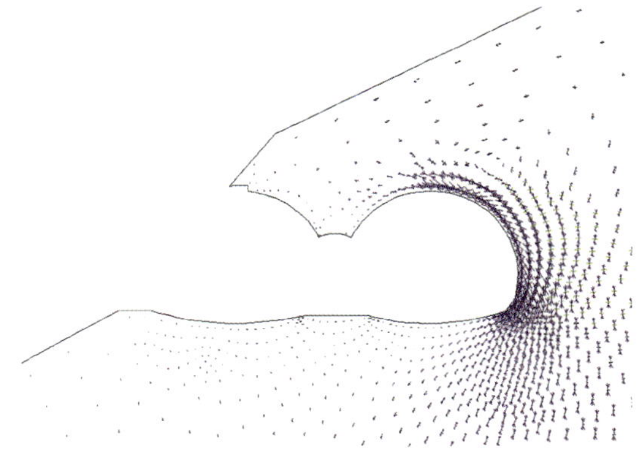

图 4.29　不考虑中隔墙支撑作用时切坡比为 3/4 工况下围岩主应力矢量图

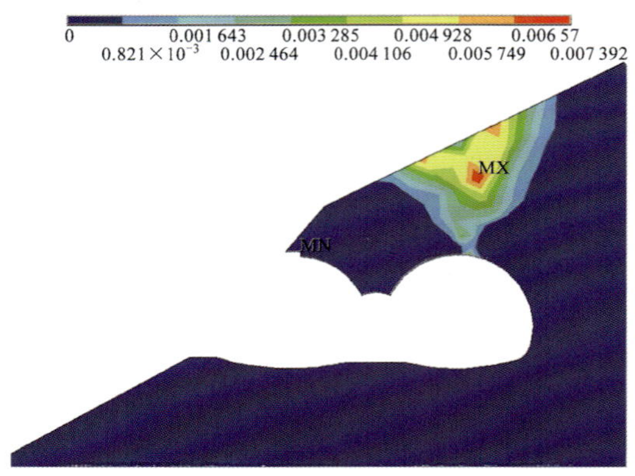

图 4.30　不考虑中隔墙支撑作用时切坡比为 3/4 工况下围岩塑性屈服图（单位：m）

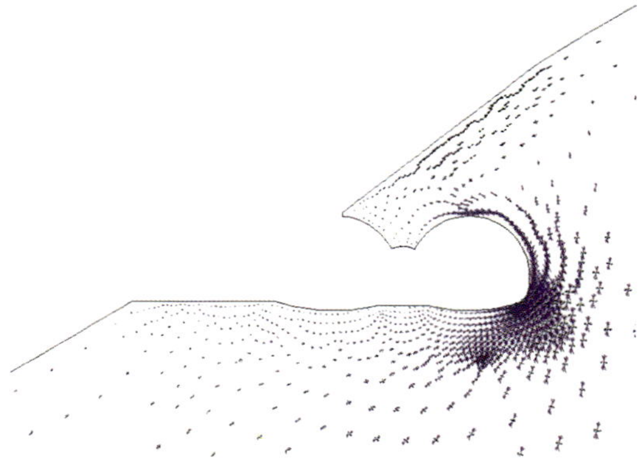

图 4.31　不考虑中隔墙支撑作用时切坡比为 1 工况下围岩主应力矢量图

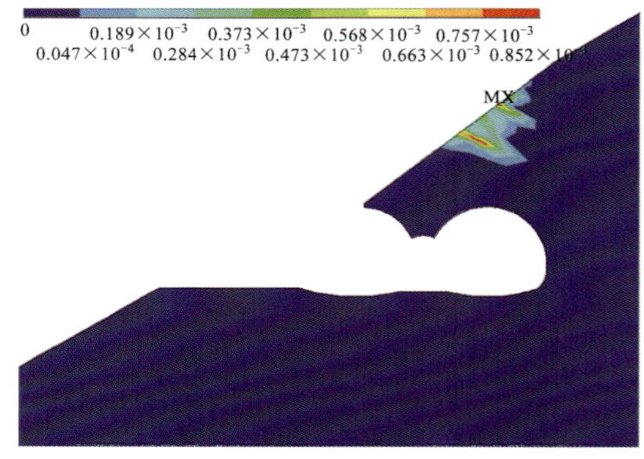

图 4.32　不考虑中隔墙支撑作用时切坡比为 1 工况下围岩塑性屈服图（单位：m）

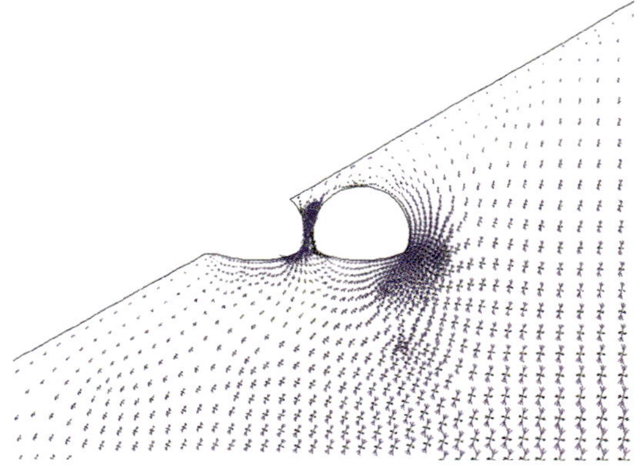

图 4.33　考虑中隔墙支撑作用时切坡比为 1/2 工况下围岩主应力矢量图

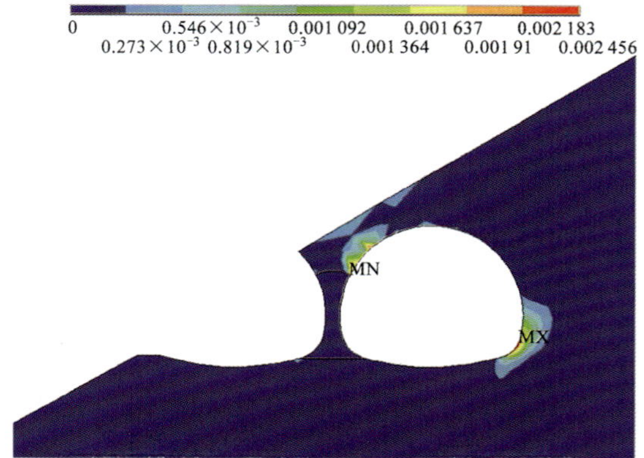

图 4.34　考虑中隔墙支撑作用时切坡比为 1/2 工况下围岩塑性屈服图（单位：m）

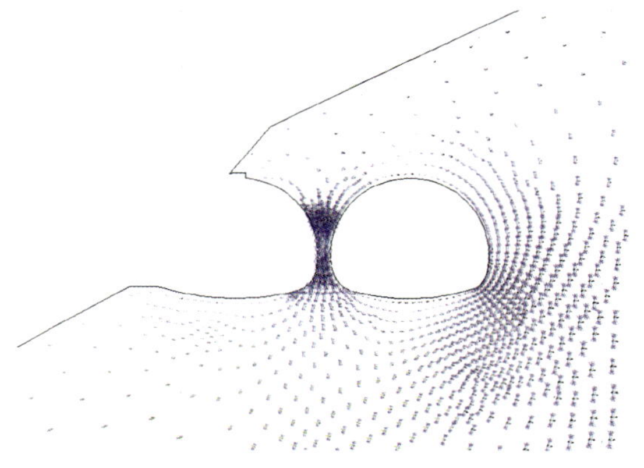

图 4.35　考虑中隔墙支撑作用时切坡比为 3/4 工况下围岩主应力矢量图

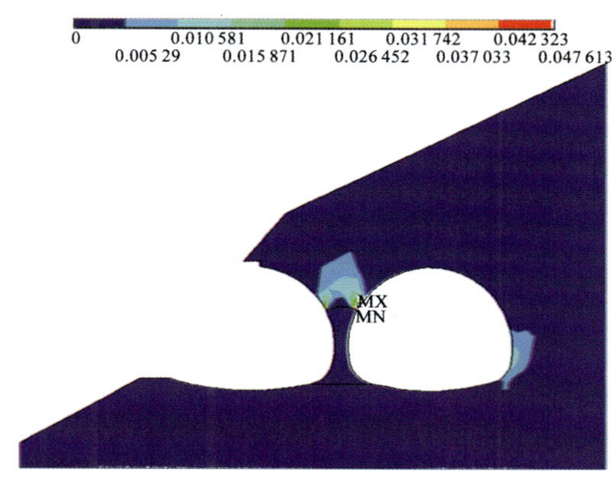

图 4.36　考虑中隔墙支撑作用时切坡比为 3/4 工况下围岩塑性屈服图（单位：m）

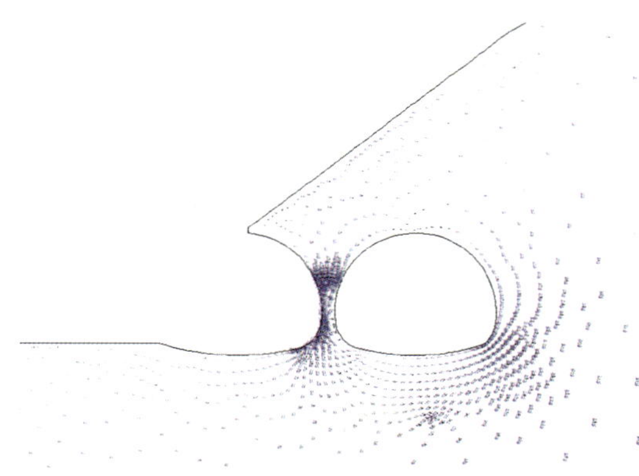

图 4.37　考虑中隔墙支撑作用时切坡比为 1 工况下围岩主应力矢量图

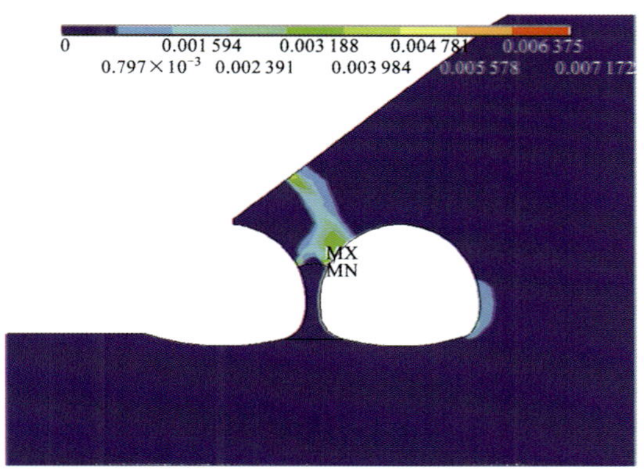

图 4.38　考虑中隔墙支撑作用时切坡比为 1 工况下围岩塑性屈服图（单位：m）

通过对是否考虑中隔墙支撑作用两种工况下计算结果的对比分析可得到以下结论：

（1）不同地形相交关系下，松动破坏区域相似，内侧拱顶围岩下沉塌落破坏趋势明显，形成塑性区，破坏类型为拉剪破坏，破坏模式为沿某一滑面楔体滑移。

（2）施做中隔墙的工况下，围岩更稳定，强风化围岩工况下才会出现塑性区。

（3）洞室埋深越大，切坡深度越小，围岩越稳定。

4.5　通透肋式连拱隧道结构荷载计算模型

4.5.1　浅埋隧道结构荷载计算方法

通过长期的隧道开挖实践及实地围岩压力量测，人们认识到围岩压力值是受到很多因素影响的，但主要取决于岩体构造和结构面的组合等地质因素，并且压力分布很不均匀，岩质多裂隙岩体比土质岩体中的压力分布更不均匀。在某些围岩中，可见到呈拱形的暂时稳定平衡，即所谓的平衡拱。除黏性土及某些塑性岩石外，荷载的时间效应不显著，压力增长很快，在较短时间内就趋于稳定[28-29]。基于这些情况，对我国 411 座铁路隧道施工塌方资料进行统计分析，《公路隧道设计规范》（JTG D70/2—2014）中提出了针对 IV～VI 级围岩中浅埋偏压隧道围岩压力的计算方法。

为了考虑隧道上覆岩土体下滑时滑面阻力的影响，根据开挖实践和模型试验做如下假定（图 4.13）：

（1）假定土体中形成的破裂面是一条与水平面成 β 角的斜直线；

（2）EFHG 岩土体下沉，带动两侧三棱土体（如图 4.13 中 FDB 及 ECA）下沉，整个土体 ABDC 下沉时，又要受到未扰动岩土体的阻力；

（3）斜直线 AC 或 BD 是假定的破裂面，分析时考虑黏聚力 c 并采用了计算摩擦角 φ_c；另一滑面 FH 或 EG 则并非破裂面，因此，滑面阻力要小于破裂滑面的阻力，若该滑面的摩擦角为 θ，则 θ 值应小于 φ_c 值。

考虑拱顶岩土体的力平衡条件，拱圈结构上的总垂直压力为上覆岩体的重力减去两侧受到的摩阻力

$$Q=\frac{\gamma}{2}\left[(h+h')B-(\lambda h^2+\lambda' h'^2)\tan\theta\right] \tag{4.22}$$

式中：h、h' 分别为内、外侧由拱顶水平至地面的高度；B 为坑道跨度；γ 为围岩重度；θ 为顶板土柱两侧摩擦角；λ、λ' 分别为内、外侧的侧压力系数，即

$$\lambda=\frac{1}{\tan\beta-\tan\alpha}\cdot\frac{\tan\beta-\tan\varphi_c}{1+\tan\beta(\tan\varphi_c-\tan\theta)+\tan\varphi_c\tan\theta} \tag{4.23}$$

$$\lambda'=\frac{1}{\tan\beta'+\tan\alpha}\cdot\frac{\tan\beta'-\tan\varphi_c}{1+\tan\beta'(\tan\varphi_c-\tan\theta)+\tan\varphi_c\tan\theta} \tag{4.24}$$

$$\tan\beta=\tan\varphi_c+\sqrt{\frac{(\tan^2\varphi_c+1)(\tan\varphi_c-\tan\alpha)}{\tan\varphi_c-\tan\theta}} \tag{4.25}$$

$$\tan\beta'=\tan\varphi_c+\sqrt{\frac{(\tan^2\varphi_c+1)(\tan\varphi_c-\tan\alpha)}{\tan\varphi_c-\tan\theta}} \tag{4.26}$$

式中：α 为地面坡度坡角；φ_c 为围岩计算摩擦角；β、β' 分别为内、外侧产生最大推力时的破裂角。

将总垂直压力换算为作用在支护结构上的竖向均布荷载为

$$q_{\min}=\frac{2Qh}{B(h'+h)} \tag{4..27}$$

$$q_{\max}=\frac{2Qh'}{B(h'+h)} \tag{4.28}$$

作用在支护结构两侧的水平侧压力为

$$e_1=\gamma\cdot h_i\lambda \quad（内侧） \tag{4.29}$$

$$e_2=\gamma\cdot h_i'\lambda' \quad（外侧） \tag{4.30}$$

式中：h_i、h_i' 分别为内、外侧任意一点 i 至地面的距离。

4.5.2　通透肋式连拱隧道结构荷载计算模型

对通透肋式连拱隧道围岩破坏模式的分析表明，其塑性破坏是沿某一斜面的楔体滑移，滑移面位置在是否考虑中隔墙承力作用时会产生变化。

通透肋式连拱隧道是异型结构的浅埋傍山隧道，其结构形式的复杂性决定了它的结构荷载计算较传统的浅埋偏压隧道更复杂，但均为破碎岩体的楔体滑移，可参考《公路隧道设计规范》（JTG D70/2—2014）中提出的浅埋偏压隧道围岩压力计算方法的基本原理[17,19]。在此基础上，对通透肋式连拱隧道的结构荷载模型做如下简化计算：隧道开挖后会引起上覆岩体下沉，它的下沉必然要带动与其相连的内侧围岩的下沉，最终形成一潜在滑移楔体，沿着与水平线成 β 角的近似直线滑移（β 即为围岩的破裂角），使滑移楔体以自重的形式加载于结构物上。

在通透肋式连拱隧道中，分析中隔墙的承力机理对隧道结构的稳定至关重要。中隔墙结构不仅是两侧洞室连接的纽带，而且在洞室开挖过程中承受相当大的一部分荷载。由此，计算中隔墙上的结构荷载，将为施做中隔墙的设计方案提供指导。

由 4.4.3 节分析可知，在不考虑中隔墙支撑作用时，破坏模式为沿内侧拱顶的拉剪破坏，即在最不利工况下，破坏岩体主要由中隔墙支撑。此种工况下的计算模型如图 4.39 所示，该模型主要用于分析中隔墙的受力与稳定性。

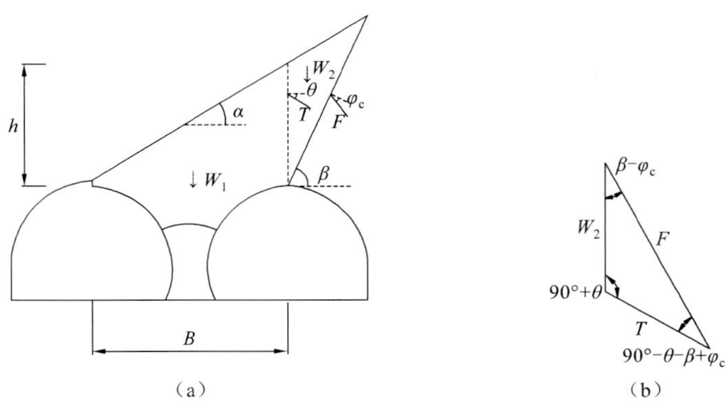

图 4.39　不考虑中隔墙支撑作用的结构荷载模型计算图

假定土体中形成的破裂面是一条与水平面成 β 角的斜直线；计算摩擦角为 φ_c；滑面阻力要小于破裂滑面的阻力，若该滑面的摩擦角为 θ，则 θ 值应小于 φ_c 值。其中 λ 为土体的侧压力系数，α 为地面坡度坡角。

中隔墙所承受的总垂直压力为

$$Q = W_1 - T\sin\theta \tag{4.31}$$

由图 4.39 中正弦定理可得

$$T = W_2 \frac{\sin(\beta - \varphi_c)}{\sin(90° - \theta - \beta + \varphi_c)} \tag{4.32}$$

将其代入式（4.31），得

$$Q=\frac{\gamma}{2}(hB-\lambda h^2\tan\theta) \tag{4.33}$$

中隔墙所承受的总水平压力为

$$P=T\cos\theta \tag{4.34}$$

将式（4.32）代入式（4.34），得

$$P=\frac{\gamma}{2}\lambda h^2\sec\theta \tag{4.35}$$

对于4.4.3节中考虑中隔墙支撑作用的实际情况，其破坏区域主要从中隔墙顶部向上延伸，外侧滑动楔体由外洞衬砌和中隔墙共同支撑。由此，可得此种工况下的计算模型，如图4.40所示。

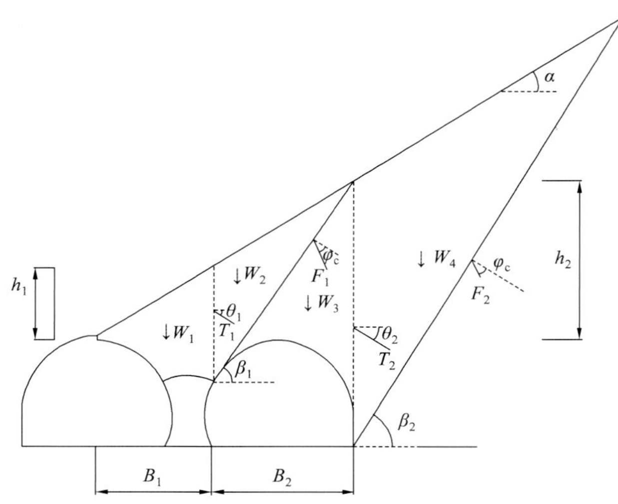

图4.40　考虑中隔墙支撑作用的结构荷载模型计算图

外洞衬砌层及中隔墙承受的总垂直与水平压力为

$$Q_1=W_1-T_1\sin\theta_1 \tag{4.36}$$

$$P_1=T_1\cos\theta_1 \tag{4.37}$$

由图4.40中正弦定理可得

$$T_1=W_2\frac{\sin(\beta_1-\varphi_c)}{\sin(90°-\theta_1-\beta_1+\varphi_c)} \tag{4.38}$$

将其代入式（4.36）中，得

$$Q_1=\frac{\gamma}{2}(h_1B_1-\lambda_1h_1^2\tan\theta_1) \tag{4.39}$$

将总垂直压力换算为作用在支护结构上的垂直均布荷载为

$$q_{1\min}=0 \tag{4.40}$$

$$q_{1\max}=\frac{2Q_1}{B_1} \tag{4.41}$$

作用在支护结构上的水平侧压力为

$$e_{1i}=\gamma h_i\lambda_1 \tag{4.42}$$

式中：h_i 为内侧任意一点 i 至地面的距离；λ_1 为内侧的侧压力系数。

右洞衬砌层承受的总垂直与水平压力为

$$Q_2=W_3-T_2\sin\theta_2 \tag{4.43}$$

$$P_2=T_2\cos\theta_2 \tag{4.44}$$

由图 4.40 中正弦定理可得

$$T_2=W_4\frac{\sin(\beta_2-\varphi_c)}{\sin(90°-\theta_2-\beta_2+\varphi_c)} \tag{4.45}$$

代入式（4.43）中，得

$$Q_2=\frac{\gamma}{2}\left[(h_1+h_2)B_2-(\lambda_1h_1^2+\lambda_2h_2^2)\tan\theta_2\right] \tag{4.46}$$

式中：λ_1、λ_2 分别为两边土体的侧压力系数。

将总垂直压力换算为作用在支护结构上的垂直均布荷载为

$$q_{2\min}=\frac{2Q_2h_1}{B_2(h_1+h_2)} \tag{4.47}$$

$$q_{2\max}=\frac{2Q_2h_2}{B_2(h_1+h_2)} \tag{4.48}$$

作用在支护结构上的水平侧压力为

$$e_{2i}=\gamma h_i\lambda_2 \tag{4.49}$$

式中：h_i 为内侧任意一点 i 至地面的距离；λ_2 为外侧的侧压力系数。

综上所述，计算所得结构荷载分布见图 4.41。

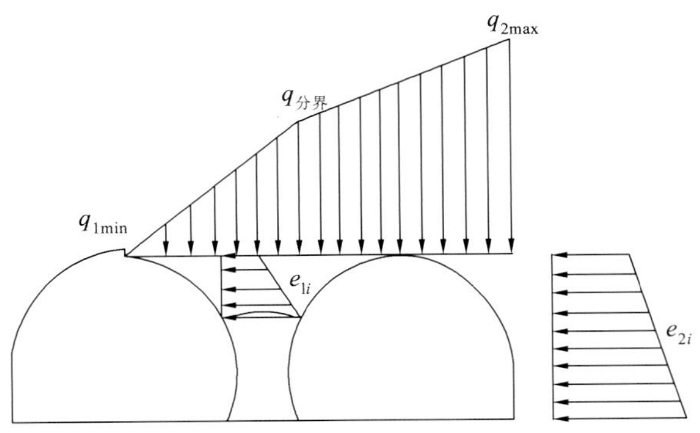

图 4.41　考虑中隔墙支撑作用的结构荷载分布图

4.5.3 破裂角的分析

1. 均质围岩下破裂角对比

为了分析围岩岩性改变引起的破裂角的变化情况，分别计算 4.3.2 节中三种工况下围岩破裂角，计算结果见表 4.3。

表 4.3 不同均质围岩下破裂角对比表

围岩性状	理论解/（°）	规范推荐解/（°）	数值计算解/（°）
弱风化	63	59.8	61
强风化	61	61.1	62
全风化	56	64.1	67

由表 4.3 可知，规范推荐解与数值计算解较接近，同一断面模型在不同的围岩岩性下，这两种方法所得破裂角的变化趋势也是一致的，理论解与两者的差异较大。从计算结果的变化规律来看，随着围岩风化程度的增强，破裂角逐渐减小，即随着围岩强度的降低，潜在滑动区域逐渐变大，作用在结构物上的荷载也相应增大，这与实际情况也是相符的。但理论解仅考虑了围岩内摩擦角的改变，因此计算结果是随着围岩风化程度的减弱而变小的，这与实际情况不相符；规范推荐解由于考虑了围岩内摩擦角、边坡坡角、滑移面摩阻力等因素的影响，故其对围岩岩性的改变更能反映实际情况。通过三者计算结果的对比，认为规范推荐法可靠性较高。

2. 不同地形相交关系下的破裂角对比

为了分析地形相交关系对破裂角变化的影响，对 4.3.3 节中三种不同地形相交关系的断面模型计算破裂角，计算结果见表 4.4。

表 4.4 破裂角对比表

切坡深度	坡角/（°）	理论解/（°）	规范推荐解/（°）	数值计算解/（°）
1/2	31	62.5	54.8	56
3/4	26	62	64.5	66
1	31	61	50.7	52

由表 4.4 可知，由隧道与围岩地形相交关系的改变引起的规范推荐解和数值计算解变化规律基本一致，理论解所得数值偏大。但地形相交关系是研究通透式洞室时描述隧道埋深及开挖程度的变量，主要是由具体断面位置决定的，其变化所引起的坡度角及摩擦角值的变化规律不明显，故破裂角随其变化的趋势不明显。但计算结果对比表明规范推荐法能较正确地计算围岩极限平衡时的破裂角值。

综上所述，通过对不同工况下围岩破裂角的分析，并与莫尔–库仑定律及《公路隧道设计规范》（JTG D70/2—2014）这两种破裂角计算方法进行比较，认为在围岩较松散时，《公路隧道设计规范》中的方法接近于数值模拟值。而通透肋式连拱隧道属典型浅埋隧道，围岩较松散，破裂角取值采取规范推荐方法更合适。

第 5 章　通透肋式隧道施工力学行为时空演化规律

5.1　通透肋式隧道施工力学行为演化规律分析思路

通透肋式傍山隧道为半明半暗异型结构，具有典型的空间结构特征。在隧道主洞开挖过程中，掌子面岩体具有两个临空面，浅层风化岩体在爆破施工影响下易同时出现较大的纵向位移和横向位移，即开挖岩体的位移具有典型的三维特性；肋梁的通透式开间结构，使隧道结构物的变形和应力沿线路纵向的分布出现规律性变化，即有肋梁支撑的截面应力与肋梁之间的中间截面的应力存在明显差异。因此，对于通透肋式隧道而言，平面弹塑性分析并不能完全准确地反映隧道开挖衬砌过程中，隧道结构变形和应力沿线路纵向的变化情况，无法体现该隧道支撑结构的空间效应，所以需要借助三维数值模拟方法进行更为准确的分析。

通透肋式隧道内侧为壳体衬砌结构，外侧为间隔设置的肋梁，两者通过沿线路纵向通长布置的地梁进行连接，其隧道立面为非对称结构。在隧道开挖衬砌施工过程中，开挖进尺、施工间距和衬砌时机对这种非对称结构的变形与受力的影响尤为显著。为了保证施工过程安全和隧道结构的长期稳定性，需要进行三维数值模拟仿真，研究不同开挖工况下围岩及结构物的受力状况与变形情况，掌握其变化规律，为合理确定施工控制参数提供有效的依据。

5.1.1　通透肋式单洞隧道分析思路

二维有限元分析揭示了通透肋式单洞隧道变形与受力的基本特征，探讨了不同开挖方案对隧道受力变形的影响规律，但由于隧道施工是一个分段开挖、逐步推进的过程，而通透肋式单洞隧道空间结构特征显著，还需要重点考虑隧道开挖推进过程中隧道受力和变形的演变规律。

因此，需要建立三维有限元模型，重点分析隧道掘进施工参数对隧道结构受力的影响，施工参数主要包括：

（1）开挖进尺：掌子面一次推进的距离。

（2）施工间距：掌子面与二次衬砌结构的距离。

（3）衬砌时机：围岩应力释放率，即开挖至二次衬砌施做的时间间隔。

对于通透肋式单洞隧道而言，开挖段拱顶岩体具有纵向和横向两个临空面，主要靠已成型结构物和掌子面岩体的支撑作用来保持空间结构的稳定。因此，弄清开挖进尺、施工间距和衬砌时机对隧道结构受力变形的影响规律，给出合理的施工控制参数，是保证隧道掘进施工安全的关键一环。

5.1.2　通透肋式连拱隧道分析思路

通透肋式连拱隧道较通透肋式单洞隧道结构更复杂，空间结构特征更显著，因此，对隧道推进过程的施工力学行为演化规律的研究尤为重要。

同样建立三维有限元模型，重点分析隧道掘进施工参数对隧道结构受力的影响，除了需要弄清开挖进尺、施工间距和衬砌时机对隧道衬砌结构、肋梁受力变形的影响规律外，更为重要的是左右洞室开挖顺序所形成的中隔墙不平衡的受力变形特征，是保证隧道掘进施工安全的关键一环。

5.2　施工力学行为三维数值分析模型与分析方案

5.2.1　通透肋式单洞隧道三维数值分析模型与分析方案

以依托工程黄塔桃高速公路龙瀑隧道为原型，采用大型商业数值模拟平台 ANSYS 建立三维有限元模型，根据地质勘查资料对三维模型进行地质概化，对隧道循环开挖施工进行全过程三维弹塑性数值模拟分析，具体研究通透肋式单洞隧道的变形与受力的空间分布特征，通过对比不同开挖顺序和工况下的分析结果，探讨循环开挖进尺、施工间距和衬砌时机等施工参数对结构稳定性的影响规律。

1. 三维数值模型的建立

以黄塔桃高速公路龙瀑隧道为原型，按实际山坡地形和通透肋式单洞隧道典型断面（图 5.1）的实际尺寸建立三维实体模型，如图 5.2、图 5.3 所示。

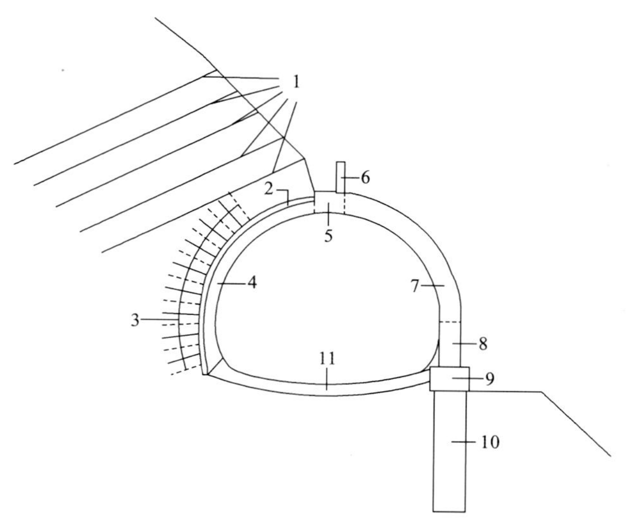

图 5.1　通透肋式单洞隧道结构平面图

1—拱顶管棚；2—初期衬砌；3—支护锚杆；4—内侧拱圈二次衬砌；5—拱顶地梁；6—防落石挡块；7—肋梁；8—防撞墙；9—桩基承台；10—抗滑桩；11—仰拱

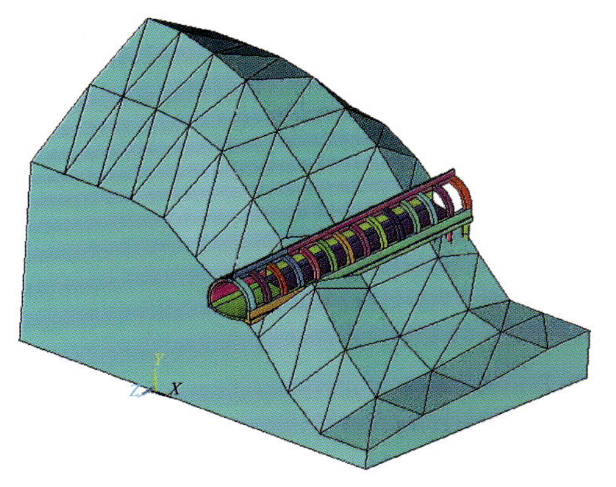

图 5.2　龙瀑隧道三维实体模型

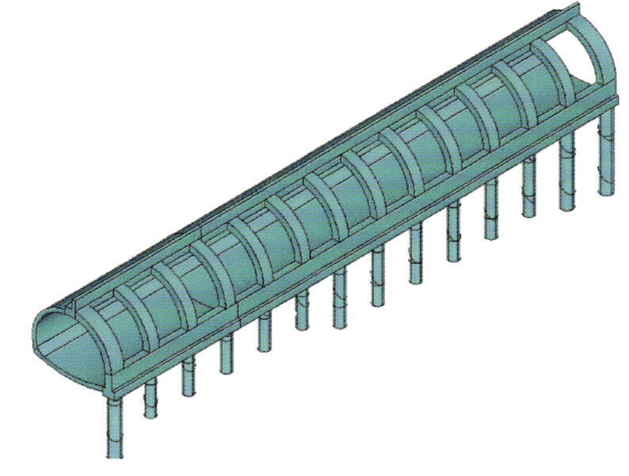

图 5.3　龙瀑隧道主体结构三维实体模型

肋梁为圆弧形钢筋混凝土结构，梁体截面为宽 0.8 m、高 1.2 m 的长方形，相邻肋梁的中心间距为 6.0 m，形成宽 4.2 m、高 6.5 m 的通透式开间，各片肋梁顶端与拱顶地梁相连，底部与防撞墙相连。

拱顶地梁和防撞墙均为长方形截面的条形钢筋混凝土结构，沿线路纵向通长布置。抗滑桩中心线与肋梁中心线位于同一条轴线上。

依据工程地质勘查报告，对三维实体模型进行地质概化，隧址区山体按实际深度划分为花岗岩强风化层、弱风化层和微风化层（图 5.4），拱顶以上边界截取至山坡顶，坡高约 41 m，拱脚以下边界截取至坡底沟谷，坡高约 20 m。

利用 ANSYS 自适应网格划分功能对三维实体模型进行有限元离散，拱顶地梁、肋梁、抗滑桩、衬砌及仰拱等隧道结构物为 SOLID65 实体单元，材料模型为混凝土非线性材料模型；岩土体采用 SOLID45 实体单元，材料模型为 Drucker-Prager 弹塑性模型，有限元网格划分如图 5.5 所示。

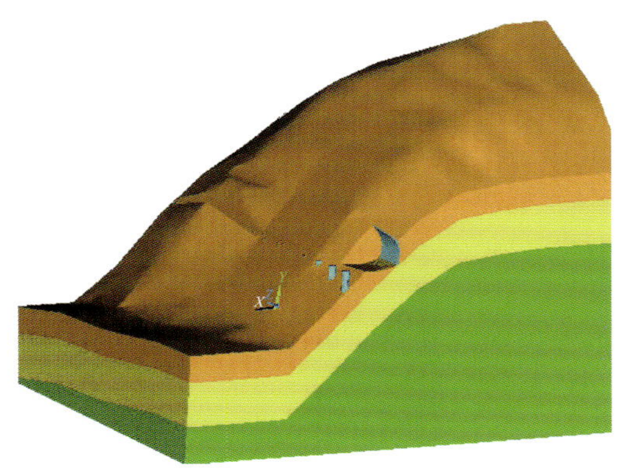

图 5.4　龙瀑隧道主体结构三维实体地质概化模型

图 5.5　龙瀑隧道三维有限元模型

2. 计算参数

由于岩体参数的不确定性和工程结构的复杂性，为确保工程安全，在三维数值分析中，围岩及结构物的物理力学参数如表 5.1 所示。

表 5.1 围岩及结构物物理力学参数

岩石	弹性模量/GPa	泊松比	密度/（kg/m^3）	抗拉强度/MPa	抗压强度/MPa	黏聚力/MPa	内摩擦角/（°）
全风化花岗岩	0.2	0.40	2 100	0.1	5	0.04	23
强风化花岗岩	0.8	0.35	2 300	0.2	10	0.1	25
弱风化花岗岩	4.2	0.28	2 500	0.7	40	0.2	30
微风化花岗岩	9.0	0.22	2 600	0.9	90	0.4	43
C25 混凝土	25.5	0.20	2 620	1.1	9.6	—	—
C25 钢筋混凝土	29.5	0.20	2 700	1.3	12.5	—	—

3．三维数值模拟分析方案

通透肋式单洞隧道的平面有限元分析成果，基本掌握了隧道变形与受力的变化规律及其影响因素，三维数值模拟分析主要探讨该异型结构在施工过程中的空间效应，在与平面有限元分析成果进行对比验证的基础上，重点讨论开挖进尺、施工间距及衬砌时机对结构变形和受力的影响规律。因此，以下分析方案考虑在不同工况下进行三维数值模拟分析。

衬砌时机对隧道结构位移与应力分布的影响规律，包括以下工况：

（1）工况 1：开挖主洞室后，及时施做初期衬砌。

（2）工况 2：整体施做二次衬砌、拱顶地梁、肋梁、防撞墙。

洞口与洞身段隧道变形与受力的差异分析，包括以下工况：

（1）工况 1：切坡深度较小的洞口施工段。

（2）工况 2：切坡深度较大的洞身施工段。

开挖进尺对围岩及结构物变形与受力的影响规律分析，包括以下工况：

（1）工况 1：超前开挖一个循环施工距离。

（2）工况 2：超前开挖三个循环施工距离。

（3）工况 3：超前开挖四个循环施工距离。

5.2.2 通透肋式连拱隧道三维数值分析模型与分析方案

1．地质概化模型

以望东高速南山隧道为原型，按实际山坡地形和通透肋式连拱隧道的实际尺寸，经地质概化后建立三维实体模型。

南山隧道整体结构分为肋式衬砌段和 $V_{浅}$型衬砌段。其中，肋式衬砌段为嵌入式非对称结构形式，$V_{浅}$型衬砌段为普通连拱隧道。肋梁为圆弧形钢筋混凝土结构，梁体截面为宽 1.20 m、高 1.05 m 的长方形，相邻肋梁的中心间距为 6.0 m，形成宽 4.8 m、高 6.2 m 的通透式开间，各片肋梁顶端与拱顶地梁相连，底部与防撞墙相连。防撞墙主要起到防止车辆冲撞隧道结构物的作用，并作为肋梁与拱脚扩大基础的传力构件。拱顶地梁、防撞墙和拱脚扩大基础均为长方形截面的条形钢筋混凝土结构，沿线路纵向通长布置。

依据工程地质勘查报告，对三维实体模型进行地质概化，隧址区山体按实际深度划分为强风化变质砂岩层和中风化变质砂岩层（图 5.6）。

拱顶以上边界截取至山坡顶，最大高差约为 68 m，拱脚以下边界截取至谷底乡村道路边缘，最大高差约为 30 m，整个模型宽约 127 m。为了降低计算成本，模型中 $V_{浅}$型衬砌段仅截取了 16 m。模型左右边界采用 X 方向位移约束，前后边界采用 Z 方向位移约束，底部边界采用 Y 方向位移约束，其余为自由边界。

2. 有限元模型建立

对三维实体模型进行有限元离散，采用 SOLID45 实体单元，有限元网格划分如图 5.7 所示。

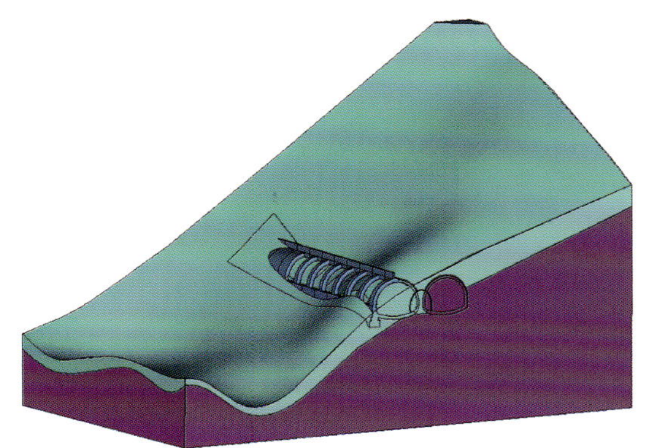

图 5.6　南山隧道三维地质概化模型

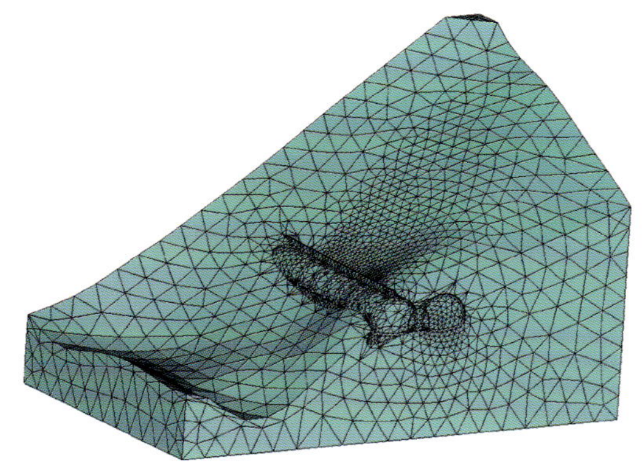

图 5.7　南山隧道三维有限元模型

模型中的假设条件与等效处理措施如下：①材料各向同性，隧道结构与地层采用 Drucker-Prager 弹塑性模型；②岩体初始应力场只考虑自重应力，不考虑构造应力；③开挖应力释放的荷载分配，由于缺乏实测应力释放率资料，需参照已有工程及其他资料确定，在不讨论应力释放率的影响规律时假定隧道围岩及初期支护承担 50%释放荷载，二次衬砌承担 50%释放荷载；④锚杆看作围岩因爆破施工而引起松弛的补强，计算过程中不予以考虑；⑤初喷阶段，认为钢拱架与喷射混凝土共同变形、共同受力，钢拱架按式（5.1）等效处理，

$$E = E_0 + \frac{S_g \cdot e_g}{S_0} \tag{5.1}$$

式中：E 为折算后的喷射混凝土（初次衬砌）弹性模量；E_0 为原混凝土弹性模量；S_g 为钢拱架横截面积；e_g 为钢材弹性模量；S_0 为混凝土截面积。

3. 计算参数选取

计算参数确定的合理性是决定有限元分析结果可靠性的关键因素，其中围岩强度参数的确定更是至关重要。参数确定的方法多种多样，归纳起来主要可分为实测法、类比法和反演分析法等。其中，类比法是根据各种规范和工程手册及相似地质条件的工程获得所需参数的办法，与通过各类工程标准和经验类比相结合的方法综合确定计算参数。

根据南山隧道隧址区地质勘查报告及隧道围岩结构特征，并参考国际《工程岩体分级标准》（GB/T 50218—2014）、《公路隧道设计规范》（JTG D70/2—2014）、《铁路隧道设计规范》（TB 10003—2016）等资料，借鉴类似工程经验，隧道各类围岩及结构物的物理力学参数见表 5.1，以下的数值计算分析中，模型材料的物理力学参数均参考表 5.2 进行取值。

表 5.2　模型材料物理力学参数取值

材料类别	弹性模量/GPa	泊松比	容重/（kN/m^3）	黏聚力/MPa	内摩擦角/（°）
V 级围岩	0.8	0.32	2 000	0.08	20
IV 级围岩	1.8	0.23	2 300	0.20	30
C25 混凝土	28.0	0.21	2 300	—	—
C30 混凝土	29.5	0.20	2 500	—	—

4. 数值模拟方案

为突出主要影响要素，并降低计算成本，数值计算模型中对开挖工序进行适当简化，中导洞及主洞开挖时均采用全断面开挖的方式，简化后的平面开挖施工顺序如图 5.8 所示。

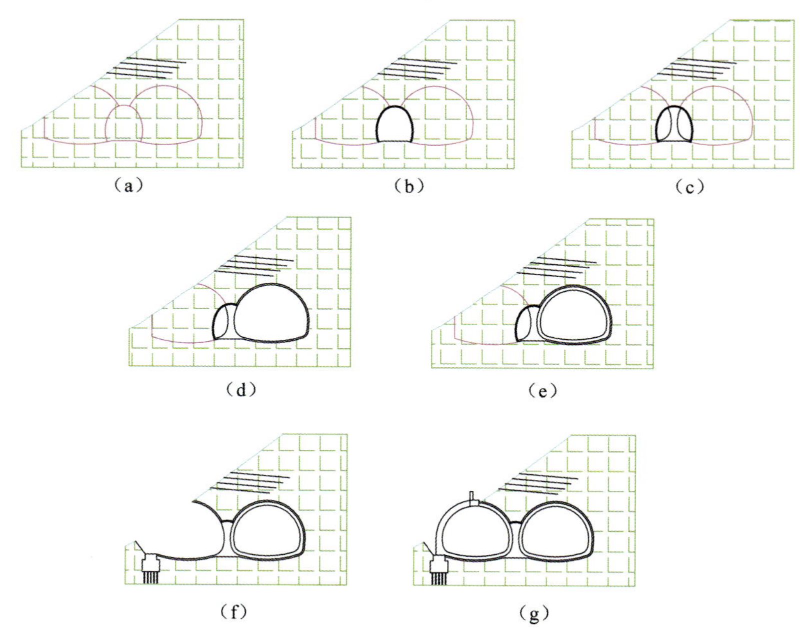

图 5.8　肋式连拱隧道模拟开挖施工顺序示意图

其开挖施工的顺序流程为：拱顶山坡超前支护［图 5.8（a）］→中导洞开挖及支护［图 5.8（b）］→中隔墙浇筑［图 5.8（c）］→内（右）洞开挖及初期支护［图 5.8（d）］→内（右）洞二次衬砌支护［图 5.8（e）］→外（左）侧开挖、初期支护及扩大基础施工［图 5.8（f）］→外（左）侧肋梁、防撞墙、拱顶地梁及内侧拱圈二次衬砌整体浇筑［图 5.8（g）］。

图 5.9 为外侧施工时纵向开挖施工顺序示意图，表示从右侧开挖推进，图中阴影部分表示未开挖的区域，L 为施工间距，表示已开挖并只进行了初期支护的区域，即已生成的肋梁等永

久支护结构与掌子面间的距离；l 为开挖进尺，表示下一步将要被开挖的区域，即开挖后掌子面与初始掌子面间的距离，也就是掌子面一次推进的距离。故图 5.9 中所表示的外洞施工状态是，在掌子面与肋梁等结构的施工间距为 L 时，进行开挖进尺为 l 的开挖。

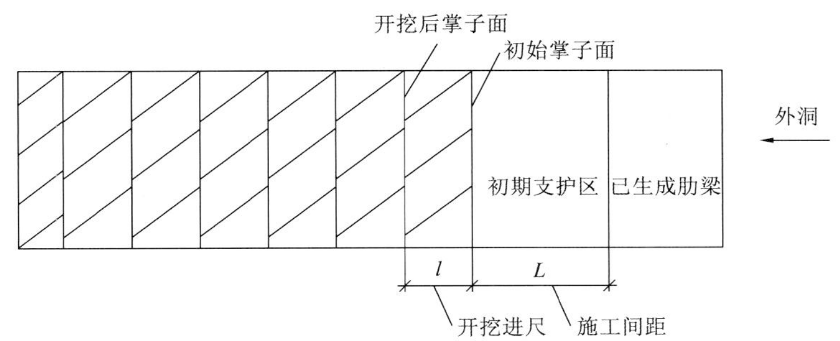

图 5.9　纵向开挖施工顺序示意图

▨—未开挖区域

在上述平面开挖顺序和纵向推进步骤的前提下，分别分析研究隧道在纵向推进过程中，开挖进尺、施工间距和释放率等因素的影响规律。其中，探讨开挖进尺的影响规律时，分析外洞在某施工间距 L 情况下不同开挖进尺 l 对肋梁、中隔墙及围岩的受力变形影响规律；探讨施工间距的影响规律时，分析某开挖进尺 l 时不同施工间距 L 对肋梁、中隔墙及围岩的受力变形影响规律。

5.3　通透肋式单洞隧道施工力学行为演化规律

5.3.1　衬砌时机对结构受力变形的影响

根据平面有限元分析的成果，初步制定隧道总体施工方案，即先进行洞室开挖，并及时进行初期衬砌，待围岩变形逐步趋于稳定后，整体模筑二次衬砌层、肋梁等隧道结构物。

每个施工循环洞室开挖进尺为 10 m，整体模筑按 7～8 m 的长度分段推进，洞口首段整体模筑保证两根肋梁成型，其余段保证一根拱肋成型，预留 2～3 m 的操作空间以便于下一施工循环的开展。

根据以上施工方案，以下采用三维数值模型对上述施工过程进行模拟，主要针对第一个施工循环进行分析，重点研究初期衬砌阶段围岩的变形与应力分布（工况 1），以及整体模筑施工阶段隧道结构物的受力与变形情况（工况 2）。

1．洞口初期衬砌阶段的分析结果

第一个施工循环开挖进尺为 10 m，整体模筑 8 m，一次成型两根肋梁，预留 2 m 的操作空间。隧道主洞开挖过程中，要求尽早施做初期衬砌，即在三维数值模拟过程中，可以忽略隧道开挖后初期衬砌前围岩的变形释放，初期衬砌后应力释放率按 70%控制。洞口初期衬砌阶段的分析模型如图 5.10 所示。

图 5.10　第一个施工循环洞口初期衬砌阶段分析模型

洞口初期衬砌阶段的位移计算结果表明，开挖区域的围岩总位移分布状态与初始自重应力状态下差异较小，仅开挖段内拱顶山坡的位移有所增大。开挖引起的围岩纵向位移具有显著的空间变形特性，其最大值出现在开挖掌子面上，这主要是因为掌子面附近岩体在山坡外侧不受约束，开挖后存在两个临空面，具有向隧道内和山坡外同时变形的特性。开挖对围岩变形的影响程度沿隧道纵深方向逐步减小，10 m 开挖距离的纵向影响深度约为 12 m，对拱顶山坡变形的影响范围约为 10 m，表明平面有限元分析确定的拱顶边坡加固范围是合理的。

洞口初期衬砌阶段的主拉应力、主压应力分布如图 5.11、图 5.12 所示。

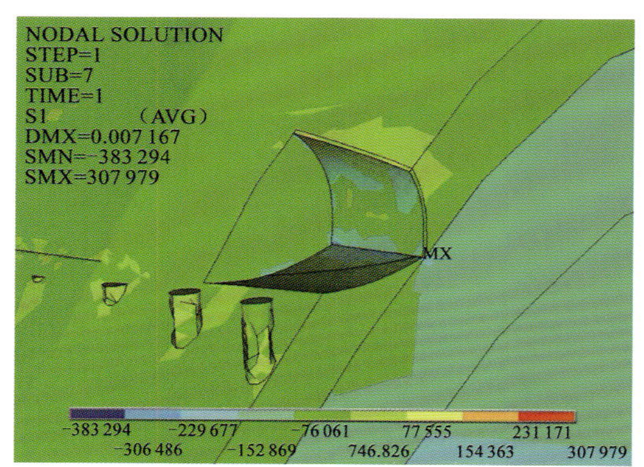

图 5.11　洞口初期衬砌阶段主拉应力分布图（单位：Pa）

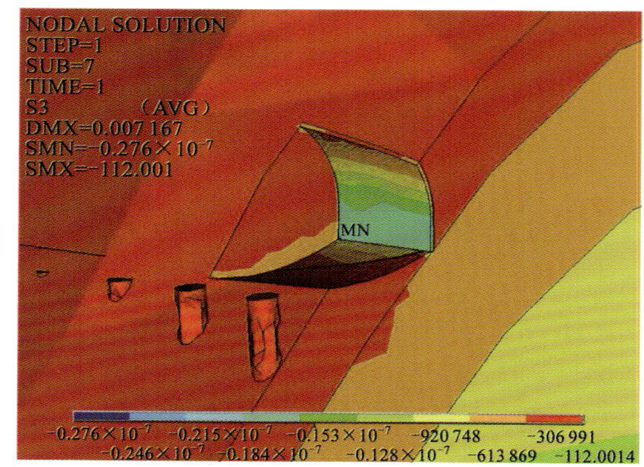

图 5.12　洞口初期衬砌阶段主压应力分布图（单位：Pa）

从图 5.11 可以看出，主拉应力较大的区域主要分布在拱顶以上山坡岩体中，分布范围较小，集中出现在拱顶以上 3 m 范围内的强风化岩层中，且主拉应力值小于 0.08 MPa，表明拱顶边坡受拉区域有限，拉应力水平较低。

从图 5.12 可以看出，初期衬砌层的主压应力明显比围岩的主压应力大，即开挖引起的偏压应力主要被结构刚度较大的初期衬砌体所承担；从开挖顶部到底部拐角处的主压应力逐渐增大，最大主压应力出现在拱脚与开挖掌子面的交汇点上，最大值为 2.76 MPa。同时应该看到，边墙至拱脚部位的主压应力水平较高，应采取适当的技术措施予以加固，并在施工过程中对其围岩压力加强观测。

图 5.13 为洞口初期衬砌阶段的最大剪应力分布图，其分布形态与主压应力分布类似，初期衬砌体上的剪应力较大，从开挖顶部到底部拐角处的剪应力逐渐增大，最大剪应力出现在拱脚与开挖掌子面的交汇点上，最大值为 2.46 MPa，边墙至拱脚部位的剪应力水平较高，在 2.0 MPa 左右，同样需要采取适当的技术措施予以加固。

图 5.14 为洞口初期衬砌阶段纵向剪应力分布图，从图中可以看出，隧道开挖拱面与掌子面交界部位的纵向剪应力较大，这与常规隧道的分析结果是吻合的，但其分布形态的非对称性使纵向剪应力最大值出现在交界线顶端，达到 0.22 MPa。

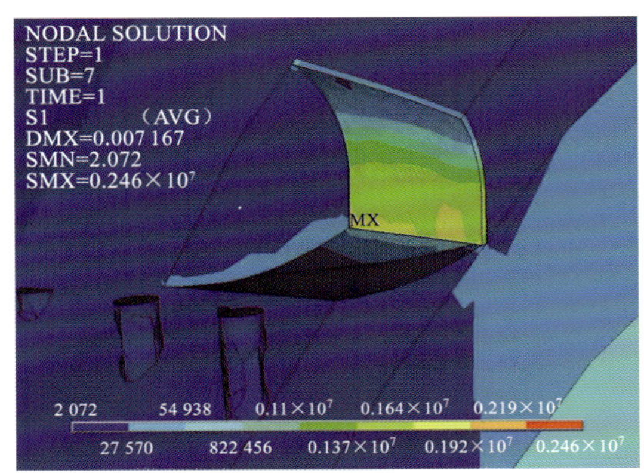

图 5.13　洞口初期衬砌阶段最大剪应力分布图（单位：MPa）

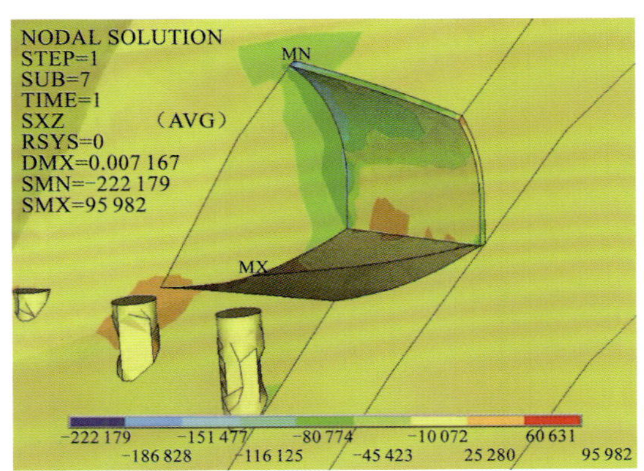

图 5.14　洞口初期衬砌阶段纵向剪应力分布图（单位：MPa）

洞口初期衬砌阶段的分析结果显示，岩体中未出现明显的塑性破坏区域，在保证初期衬砌体的刚度和强度的情况下，隧道围岩和拱顶山坡具有较好的稳定性。

2. 洞口整体模筑阶段的分析结果

整体模筑内侧拱圈二次衬砌层、拱顶地梁、肋梁和防撞墙，分析模型如图 5.15 所示。

整体模筑阶段，开挖卸荷应力的进一步释放并未引起总位移分布和纵向位移分布状态的明显改变，仅在量值上有微小的增长。

隧道拱顶的水平位移较大，从拱顶到两侧拱脚水平位移逐步减小，而桩基承台和仰拱受到桩基和底部围岩的约束，其水平位移很小。从分布形态上看，隧道内侧衬砌层与隧道外侧肋梁的水平位移基本相同，隧道结构呈现整体向山坡外侧移动的变形趋势。

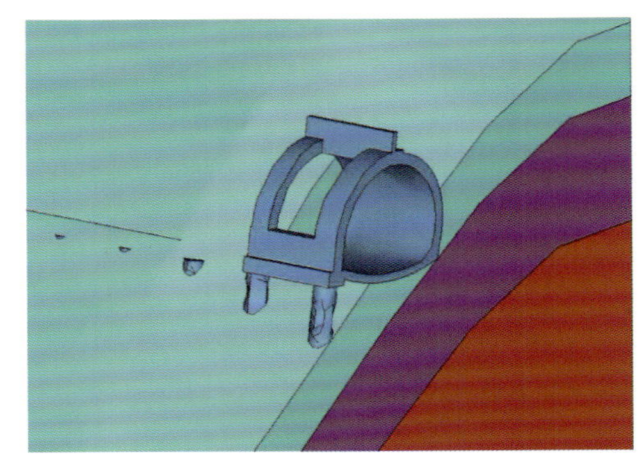

图 5.15　第一个施工循环整体模筑阶段分析模型

在掌子面岩体卸荷应力进一步释放的影响下，隧道结构物出现了一定的纵向位移，其纵向位移随与掌子面距离的增大而逐步减小，最大纵向位移出现在第二片肋梁上，即与开挖面接近的肋梁腹部，远离开挖面的第一片肋梁的纵向位移较小，表现出明显的空间变形特性。但从变形量的大小来看，纵向位移要明显小于隧道结构物的水平位移。

洞口整体模筑阶段的主拉应力、主压应力分布如图 5.16、图 5.17 所示。从图 5.16 可以看出，主拉应力较大的区域主要分布在仰拱底板与外侧边墙搭接部位，并在靠近掌子面一侧达到最大值 0.75 MPa。隧道围岩的主拉应力仍然保持着较低的应力水平，主拉应力值小于 0.1 MPa，表明拱顶边坡围岩和掌子面岩体未出现受拉破坏。

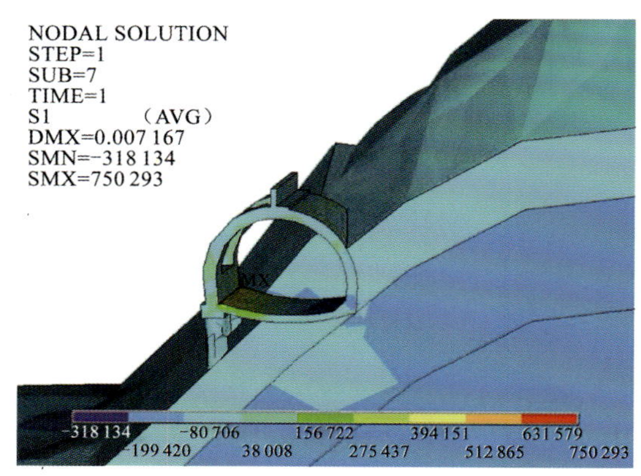

图 5.16　洞口整体模筑阶段主拉应力分布图（单位：Pa）

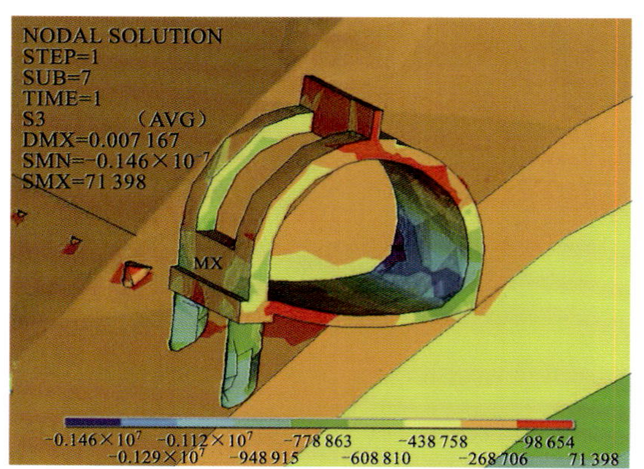

图 5.17　洞口整体模筑阶段主压应力分布图（单位：Pa）

从图 5.17 可以看出，隧道结构物的主压应力明显比围岩的主压应力大，即应力释放引起的偏压应力主要被结构刚度更大的整体衬砌结构所承担；隧道内侧二次衬砌层的主压应力从上到下逐步增大，最大主压应力出现在内侧拱脚与开挖掌子面的交汇点上，整体模筑的结构物最大压应力为 1.46 MPa，较初期衬砌层的压应力水平要低。从分布形态上看，离掌子面越远，主压应力越小，且隧道外侧肋梁的压应力（小于 0.78 MPa）明显低于内侧二次衬砌层的压应力水平，表现出显著的空间受力特征。

洞口整体模筑阶段的最大剪应力分布图与主压应力分布类似，隧道内侧二次衬砌层上的剪应力较大，从开挖顶部到底部拐角处的剪应力逐渐增大，整体模筑结构的最大剪应力出现在拱脚与开挖掌子面的交汇点上，最大值为 1.28 MPa，较初期衬砌层的剪应力水平要低。从分布形态上看，离掌子面越远，剪应力越小；隧道外侧肋梁与边墙衔接部位的剪应力较大，但其剪应力（约为 0.86 MPa）仍然低于内侧二次衬砌层的剪应力水平。

综合整体模筑阶段，隧道结构物的应力分析成果可以看到，由于初期衬砌阶段卸荷应力得到了一定程度（70%）的释放，整体模筑后，二次衬砌层的应力水平较初期衬砌层的应力水平低 40%～50%，而作为重点关注的肋梁上的应力值比隧道内侧二次衬砌层的应力要小，整个隧道结构的稳定性较好。

根据以上分析，为平衡洞口初期衬砌阶段和整体模筑阶段所分担的开挖卸荷，可以适当调整两个阶段的应力释放率，将初期衬砌阶段的应力释放率控制在 50%～60%，增加二次衬砌层所分担的荷载。从实际施工控制角度讲，整体模筑时间可以根据监测量测结果适当提前，以同时保证隧道开挖阶段的围岩稳定和整体衬砌后隧道结构物的强度稳定性。

通透肋式单洞隧道为半明半暗结构，由于受到原始山坡地形起伏的影响，不同开挖段落对山坡的切削开挖程度存在较大的差异，如龙瀑隧道洞口段原始山坡线与隧道轮廓线相交于内侧拱圈的拱腰部位，而后续的洞身开挖段，原始山坡线与隧道轮廓线相交于拱顶，整个暗洞侧基本处于开挖范围内。

下面以第二个施工循环过程为代表进行深切开挖路段的数值模拟分析，并与洞口段的模拟结果进行对比，具体探讨切坡深度对隧道变形与受力的影响程度。

3. 洞身段初期衬砌阶段的分析结果

第二个施工循环开挖进尺为 7 m，整体模筑 6 m，一次成型一根肋梁，预留 3 m 的操作空间。隧道主洞开挖过程中，要求尽早施做初期衬砌，初期衬砌阶段应力释放率按 70%控制。

洞身段初期衬砌阶段的分析模型如图 5.18 所示。开挖区域的围岩总位移分布状态与第一个施工循环下初期衬砌阶段的总位移分布情况无明显的差异。围岩纵向位移分布与第一个施工循环相似，最大值出现在开挖掌子面上，7 m 开挖距离的纵深影响距离为 8 m 左右，对拱顶山坡变形的影响距离约为 10 m 左右。

洞身段初期衬砌阶段的主拉应力、主压应力分布如图 5.19、图 5.20 所示。

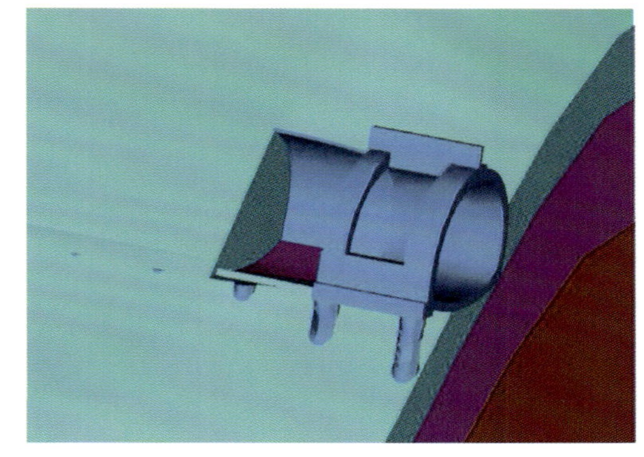

图 5.18　洞身段初期衬砌阶段分析模型图（第二个施工循环）

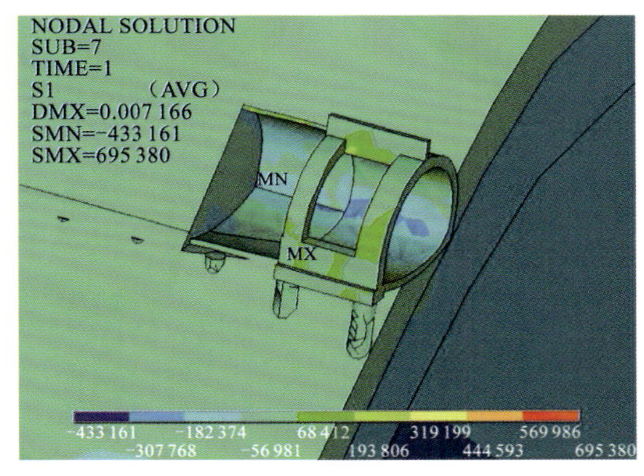

图 5.19　洞身段期衬砌阶段主拉应力分布图（单位：Pa）

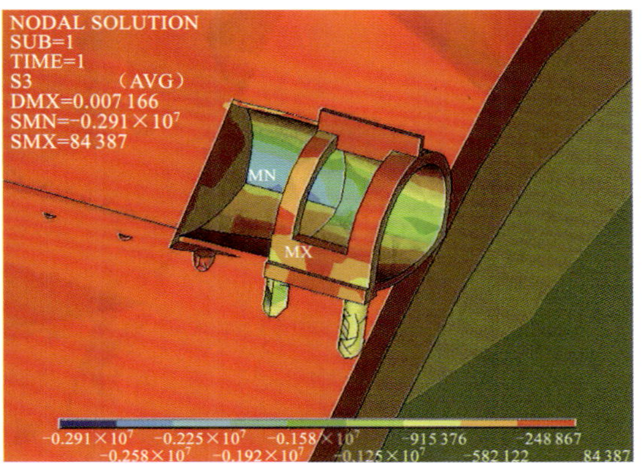

图 5.20　洞身段初期衬砌阶段主压应力分布图（单位：Pa）

从图 5.19 可以看出，由于第一段隧道结构物上的应力水平较高，主拉应力较大的区域仍然位于前段仰拱底板与外侧边墙搭接部位及肋梁顶端的下缘，而本开挖段内拱顶山坡和掌子面岩体均未出现明显的集中受拉区域，表明在循环开挖进尺 7 m 的工况下，已形成的隧道结构物与尚未开挖岩体形成空间支撑结构，开挖范围内拱顶山坡的受力状态好于洞口开挖段，降低了拱顶山坡受拉破坏的风险。

从图 5.20 可以看出，初期衬砌层的主压应力分布形态与第一个施工循环类似，即开挖引起的偏压应力主要被结构刚度较大的初期衬砌体所承担，从开挖顶部到底部拐角处的主压应力逐渐增大，最大主压应力出现在拱脚与开挖掌子面的交汇点上。但对比可以发现，第二个施工循环中，初期衬砌层上的压力水平较第一个施工循环有所提高，最大值达到 2.91 MPa，虽然仍小于钢筋混凝土结构的强度设计值，但需要引起足够的重视，需要采取适当的加固措施来保证内侧拱脚围岩的稳定。

图 5.21、图 5.22 分别为洞身段初期衬砌阶段最大剪应力和最大剪应变分布图。

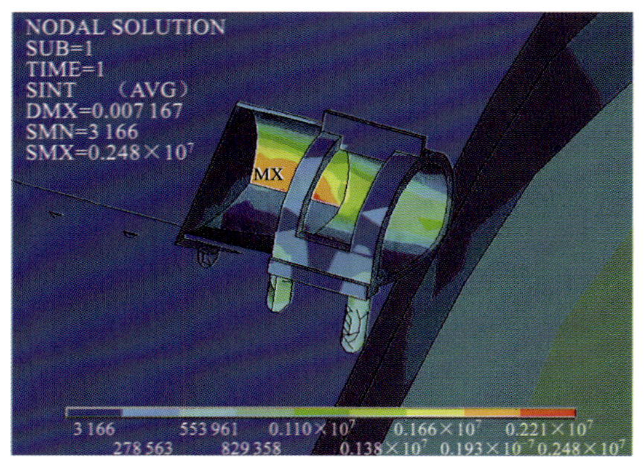

图 5.21　洞身段初期衬砌阶段最大剪应力分布图（单位：Pa）

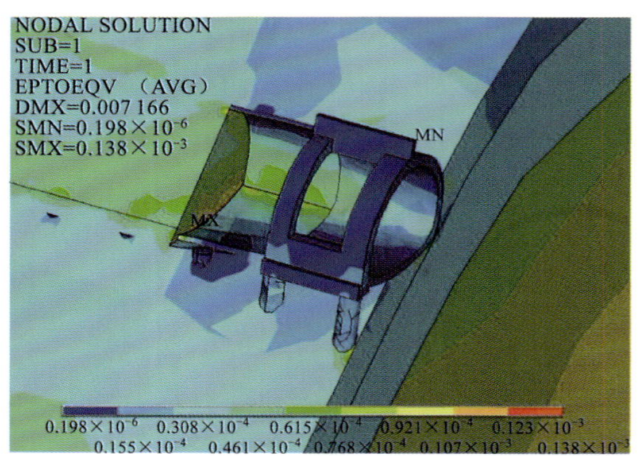

图 5.22　洞身段初期衬砌阶段最大剪应变分布图（单位：m）

从图 5.21 可以看到，最大剪应力分布形态与第一个施工循环类似，初期衬砌体上的剪应力较大，从开挖顶部到底部拐角处的剪应力逐渐增大，最大剪应力出现在拱脚与开挖掌子面的交汇点上，最大值为 2.48 MPa，内侧边墙至拱脚部位的剪应力水平较高，在 2.0 MPa 左右，其剪应力水平与第一个施工循环的差异较小。

从图 5.22 中可以看出，隧道开挖拱面与掌子面底部的剪应变较大，且最大剪应变出现在掌子面与开挖地面的交界线上，反映在开挖过程中，开挖掌子面底部围岩有受剪破坏的风险，须进行临时加固处理。

第二个施工循环初期衬砌阶段的分析结果显示，岩体中未出现明显的塑性破坏区域，在初期衬砌体具有足够的刚度和强度，并对内侧拱脚和开挖掌子面底端进行局部加固的情况下，可以保证隧道围岩及拱顶山坡岩体的稳定性。

为了分析第二个施工循环，开挖卸荷对已成型的隧道结构物的影响，图 5.23～图 5.25 为第一个施工循环中已施工的隧道结构物在第二个施工循环开挖阶段的开挖卸荷影响下应力分布图。

与第一个施工循环整体模筑阶段的分析结果进行对比，可以发现，隧道结构物的位移分布形态出现了较大的变化，最大位移出现在接近开挖面的内侧拱圈上，显示后续开挖引起隧道结构物的纵向位移明显增大。后续开挖卸荷对前期施做的结构物的应力分布形态影响不大，但显著提高了压应力和剪应力水平，使主压应力达到 1.93 MPa，最大剪应力达到 1.71 MPa，较开挖前提高了 30%～33%。由此可以看到，后续开挖对已施做的隧道结构物的应力和变形均存在显著的影响，在设计和施工中应充分考虑这一时空效应。

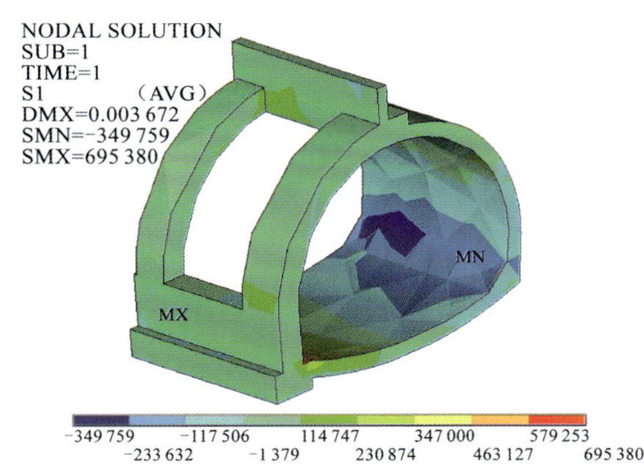

图 5.23　开挖卸荷影响下结构物主拉应力分布图（单位：Pa）

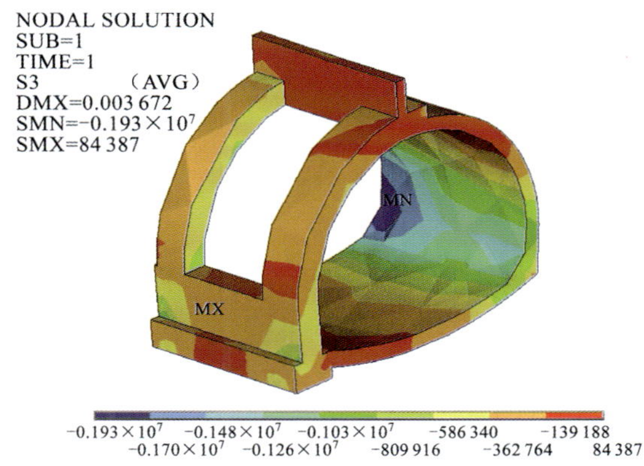

图 5.24　开挖卸荷影响下结构物主压应力分布图（单位：Pa）

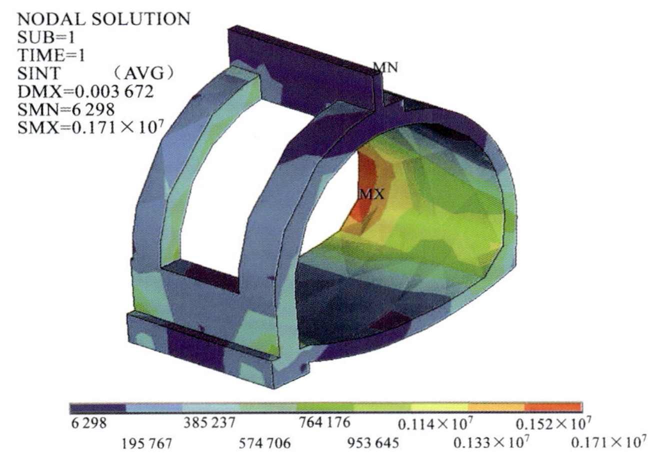

图 5.25　开挖卸荷影响下结构物最大剪应力分布图（单位：Pa）

4. 洞身段整体模筑阶段的分析结果

洞身段整体模筑内侧拱圈二次衬砌层、拱顶地梁、肋梁和防撞墙，分析模型如图 5.26 所示。

洞身段整体模筑阶段，开挖卸荷应力的进一步释放并未引起总位移分布和纵向位移分布状态的明显改变，仅在量值上有微小的增长。

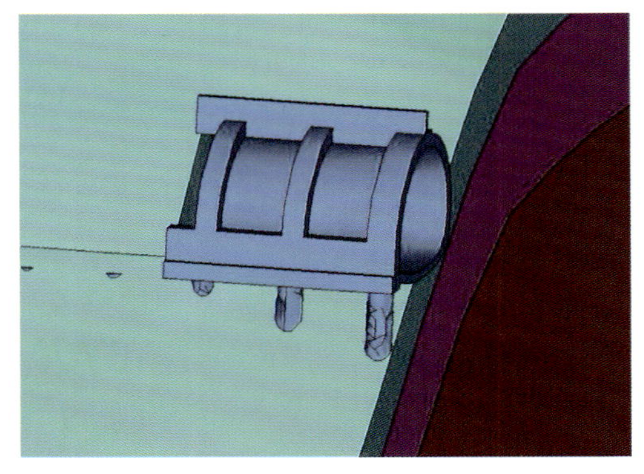

图 5.26　第二个施工循环整体模筑阶段分析模型

与第一个施工循环整体模筑阶段相比较，水平位移分布形态类似，即隧道拱顶的水平位移较大，桩基承台和仰拱的水平位移较小，隧道内侧衬砌层与隧道外侧肋梁的水平位移基本对称，隧道结构呈现整体向山坡外侧移动的变形趋势。而纵向位移的分布与第一个施工循环相比整体模筑阶段出现了明显的变化，最大纵向位移出现在与掌子面接近的内侧拱圈上，且随与掌子面距离的增大而逐步减小，从变形量的大小来看，纵向位移已明显增大，局部区域内已超过其水平位移。

与第一个施工循环整体模筑阶段相比较，主拉应力分布形态没有明显的差异，主拉应力较大的区域仍然分布在仰拱底板与外侧边墙搭接部位，并在靠近掌子面一侧达到最大值。隧道围岩的主拉应力仍然保持着较低的应力水平，主拉应力值小于 0.1 MPa，表明拱顶边坡围岩和掌子面岩体未出现受拉破坏。

洞身段整体模筑阶段的主压应力分布如图 5.27 所示。从图 5.27 中可以看出，主压应力分布形态与第一个施工循环整体模筑阶段类似，最大主压应力出现在内侧拱脚与开挖掌子面的交汇点上，但整体模筑结构物的最大压应力明显增大，为 2.06 MPa，增长了约 40%左右，但仍小于初期衬砌层的压应力水平。隧道外侧肋梁的压应力变大，其与外侧边墙连接部位的压应力达到 1 MPa 左右，但总体上仍小于内侧二次衬砌层的压应力水平，表现出显著的空间受力特征。

图 5.28 为洞身段整体模筑阶段的最大剪应力分布图，其分布形态与第一个施工循环整体模筑阶段类似，内侧二次衬砌层上的剪应力较大，整体模筑结构的最大剪应力出现在拱脚与开挖掌子面的交汇点上，但整体模筑结构物的最大剪应力明显增大，为 1.84 MPa，增长了 43.75%左右，但仍小于初期衬砌层的剪应力水平。隧道外侧肋梁的压应力变大，其与边墙连接部位的剪应力达到 1.2 MPa，但仍然低于内侧二次衬砌层的剪应力水平。

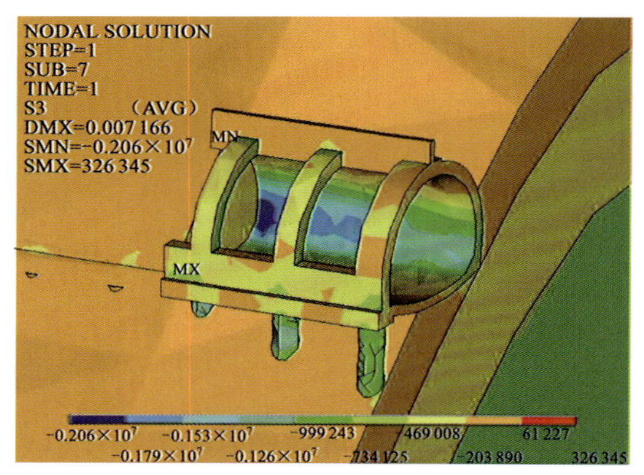

图 5.27　洞身段整体模筑阶段主压应力分布图（单位：Pa）

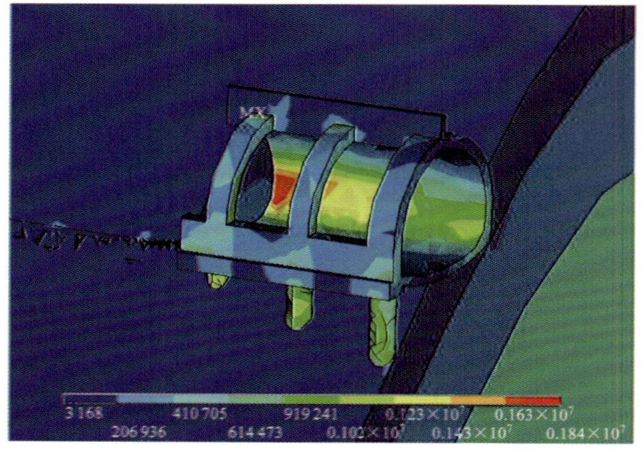

图 5.28　洞身段整体模筑阶段最大剪应力分布图（单位：Pa）

综合比较第一和第二个施工循环状态下隧道结构变形与应力分布状态，由于切坡深度的增加，开挖面变大，第二个施工循环各个施工阶段的压应力和剪应力水平较第一个施工循环提高了约 40%，围岩变形未表现出明显的差异，但结构的纵向位移出现显著增长，使结构物整体位移分布出现较大的变化，具有向山坡外和线路纵向两个方向同时变形的趋势。另外，第二个施工循环的开挖对已施做的隧道结构物的应力和变形均存在显著的影响，后续开挖引起隧道结构物的纵向位移明显增大，且压应力和剪应力水平提高了约 30%，在设计和施工中应充分考虑这一时空效应。

在第二个施工循环中，同样存在初期衬砌层应力水平明显较整体模筑的结构物应力水平高的问题，且与第一个施工循环类似，二次衬砌层的应力水平较初期衬砌层的应力水平约低40%～50%。因此，根据上述两个施工循环的分析成果，可以适当调整两个阶段的应力释放率，将初期衬砌阶段的应力释放率控制在 50%～60%，增加二次衬砌层所分担的荷载，同时保证隧道开挖阶段的围岩稳定和整体衬砌后隧道结构物的强度稳定性。

5.3.2　开挖进尺对隧道结构受力与变形的影响分析

为了探讨开挖进尺对通透式隧道结构受力与变形的影响，以下主要针对洞身段的开挖施工，以第四个施工循环段为对象，分别模拟一次性超挖一个、三个、四个施工循环段，并与正常开挖进尺 7 m 的计算结果进行对比分析，探讨隧道围岩及结构的受力与变形随超挖深度的变化规律。

1. 超挖一个施工循环的分析结果

在前三个施工循环段隧道结构物已成型的情况下，在第四个循环施工过程中，一次性开挖进尺 14 m，即超挖 7 m，开挖过程中，同样要求尽早施做初期衬砌，初期衬砌阶段应力释放率按 70%控制，然后施做第四个施工循环段的隧道结构物。

需要重点关注的是超挖对隧道围岩和已成型结构物稳定性的影响，以下主要对超挖卸载初期衬砌阶段进行分析。

超挖一个施工循环工况下，初期衬砌阶段的总位移分布和纵向位移分布如图 5.29、图 5.30 所示，其位移分布情况包含了初始地应力状态下的变形值。

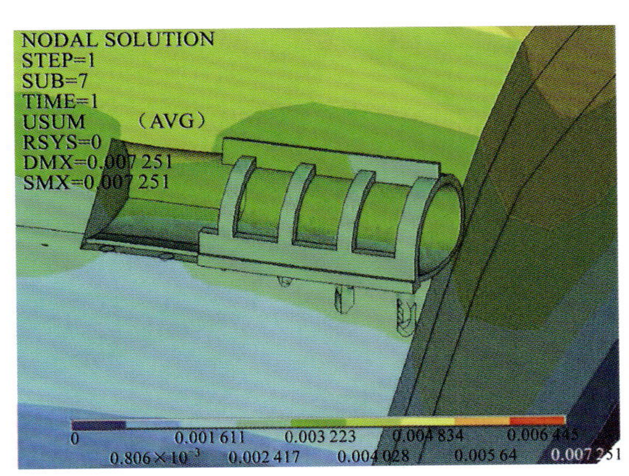

图 5.29　初期衬砌阶段总位移分布图（超挖 7 m）（单位：m）

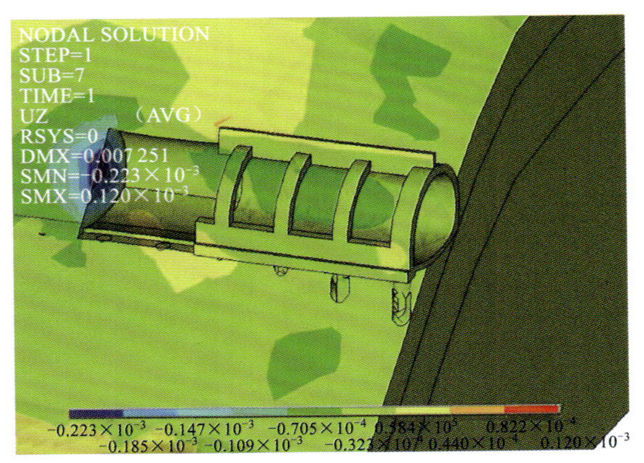

图 5.30　初期衬砌阶段纵向位移分布图（超挖 7 m）（单位：m）

从图 5.29 可以看出，总位移分布状态与第二个施工循环下初期衬砌阶段的总位移分布情况出现了明显差异，主要表现在开挖段拱顶围岩的变形有所增大，但增长的幅度不大，隧道结构物上的变形分布未出现明显变化。从图 5.30 可以看出，围岩纵向位移分布与第二个施工循环相似，最大值出现在开挖掌子面上。

初期衬砌阶段的主拉应力、主压应力分布如图 5.31、图 5.32 所示。从图 5.31 可以看出，由于已成型的隧道结构物上的应力水平较高，主拉应力较大的区域仍然位于前段仰拱底板与外侧边墙搭接部位，而本开挖段内拱顶山坡和掌子面岩体均未出现明显的集中受拉区域，表明在循环开挖进尺 14 m 的工况下，已形成的隧道结构物与尚未开挖岩体形成空间结构，对拱顶围岩仍然起到了一定的支撑作用。

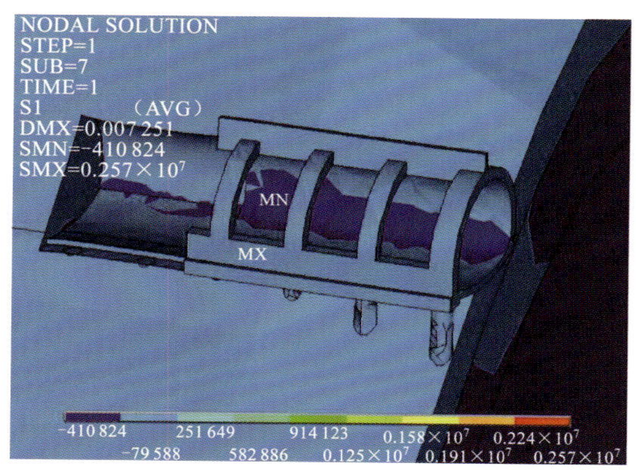

图 5.31　初期衬砌阶段主拉应力分布图（超挖 7 m）（单位：Pa）

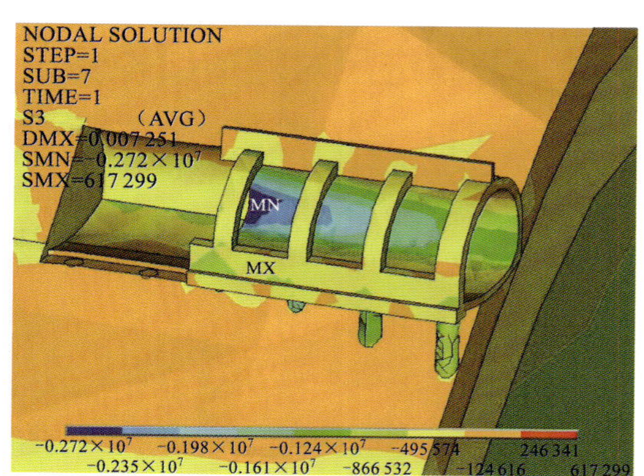

图 5.32　初期衬砌阶段主压应力分布图（超挖 7 m）（单位：Pa）

从图 5.32 可以看出，初期衬砌层的主压应力分布形态与第二个施工循环类似，即开挖引起的偏压应力主要被结构刚度较大的初期衬砌体所承担，最大主压应力出现在拱脚与开挖掌子面的交汇点上，压应力水平与第二个施工循环没有明显的差异。

图 5.33 为初期衬砌阶段主压应变分布图，从图中可以看到，隧道内侧拱脚围岩和掌子面底部围岩的压应变较大，存在挤压破坏的风险。

图 5.33　初期衬砌阶段主压应变分布图（超挖 7 m）（单位：m）

图 5.34、图 5.35 分别为初期衬砌阶段最大剪应力和最大剪应变分布图，可以看到，最大剪应力出现在内侧拱圈与开挖掌子面的交汇点上，最大值为 2.55MPa，隧道开挖拱面与掌子面底部的剪应变较大，与正常开挖的第二个施工循环没有明显的变化。

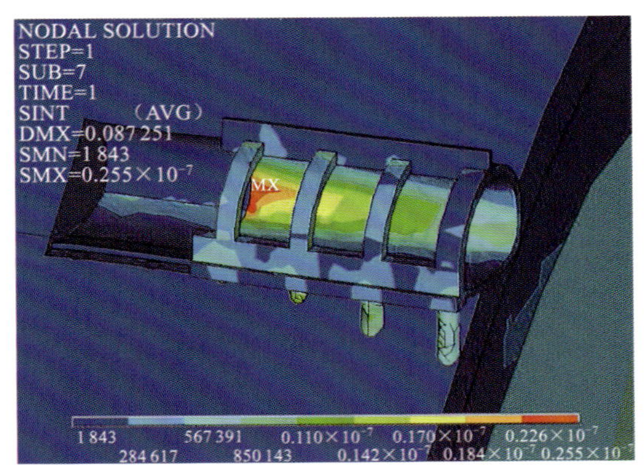

图 5.34　初期衬砌阶段最大剪应力分布图（超挖 7 m）（单位：Pa）

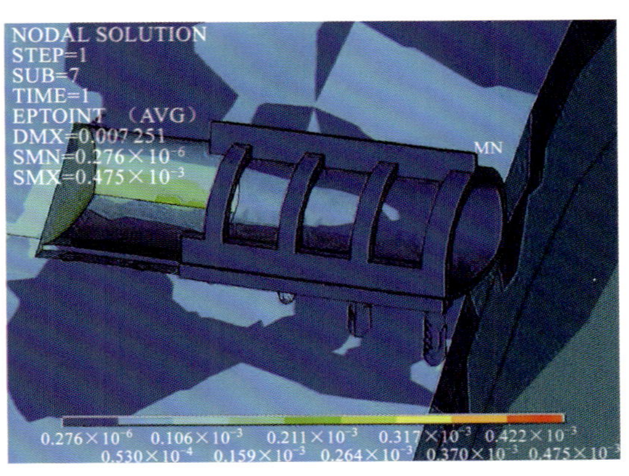

图 5.35　初期衬砌阶段最大剪应变分布图（超挖 7 m）（单位：m）

图 5.36 为初期衬砌阶段塑性区分布图，从图中可以看到，内侧拱脚和开挖掌子面岩体出现了塑性破坏区，表明由于开挖深度的加大，拱脚围岩和掌子面岩体受到的横约束效应明显减弱，即使应力水平未明显提高，但单元体应力状态发生了变化，造成压应力和剪应力较大的开挖临空面上出现塑性破坏区，需要采取加固措施保证拱脚和掌子面的稳定。

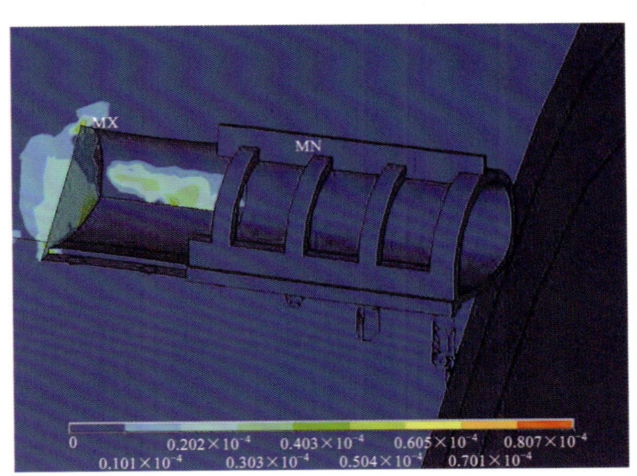

图 5.36　初期衬砌阶段塑性区分布图（超挖 7 m）（单位：m）

为了分析超挖一个施工循环的工况下，开挖卸荷对已成型的隧道结构物的影响，图 5.37～图 5.41 给出了已成型的隧道结构物的位移和应力分布图。

将图 5.37～图 5.41 与第二个施工循环整体模筑阶段的分析结果进行对比，可以发现，开挖卸荷对已成型结构物的影响具有类似的规律性：隧道结构物的位移分布形态出现较大的变化，最大位移出现在接近开挖面的内侧拱圈上，显示后续开挖引起隧道结构物的纵向位移明显增大，且离开挖面越近，肋梁的水平位移越大。

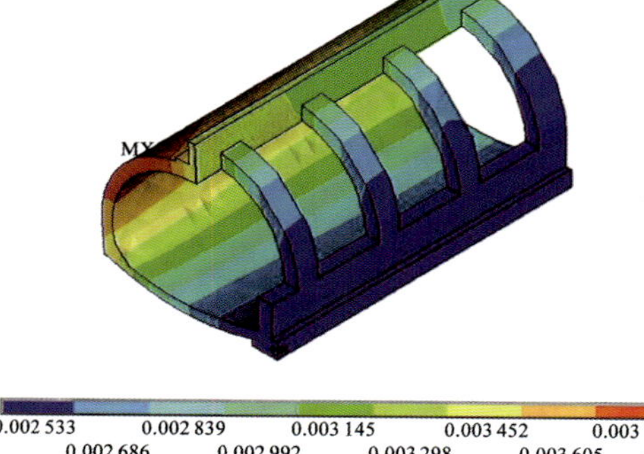

图 5.37　开挖卸荷影响下结构物总位移分布图（超挖 7 m）（单位：m）

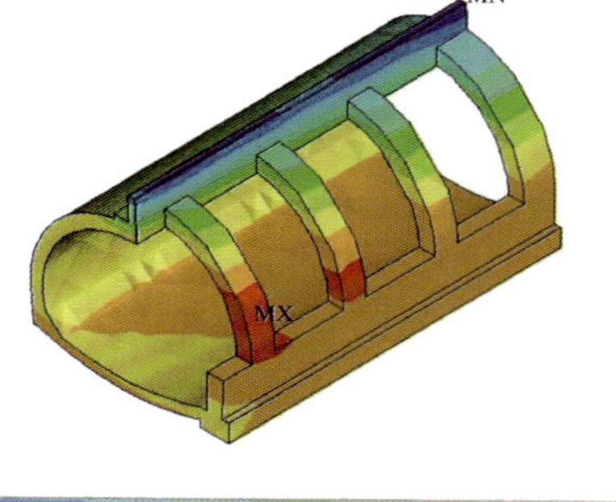

图 5.38　开挖卸荷影响下结构物水平位移分布图（超挖 7 m）（单位：m）

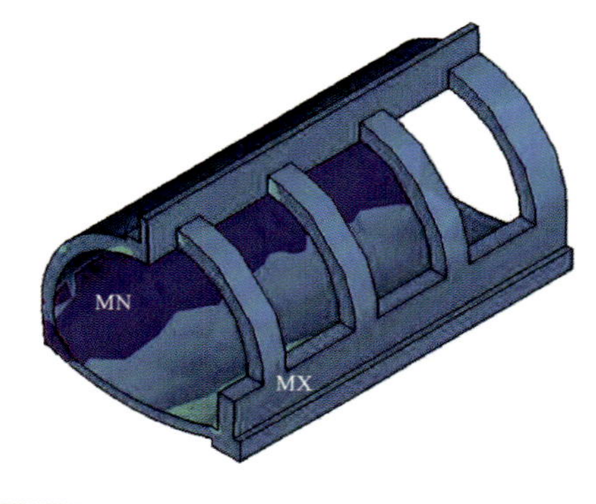

图 5.39　开挖卸荷影响下结构物主拉应力分布图（超挖 7 m）（单位：Pa）

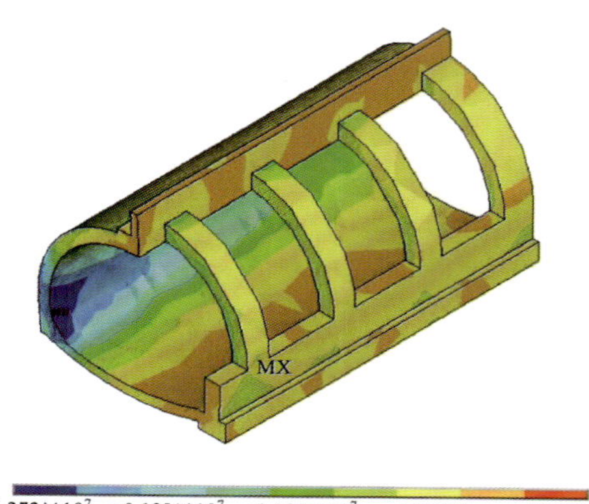

图 5.40　开挖卸荷影响下结构物主压应力分布图（超挖 7 m）（单位：Pa）

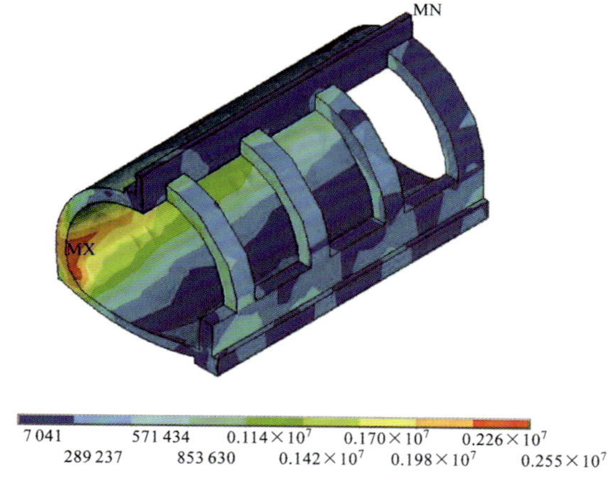

图 5.41　开挖卸荷影响下结构物最大剪应力分布图（超挖 7 m）（单位：Pa）

超挖卸荷对前期施做的结构物的应力分布形态影响不大，但显著提高了压应力和剪应力水平，使主压应力达到 2.72 MPa，最大剪应力达到 2.55 MPa，较开挖前提高了 60%～70%，比正常开挖 7 m 对隧道结构物应力水平的影响更为显著。由此可以看到，超挖对已施做的隧道结构物的应力和变形均存在显著的影响。

2．超挖三个施工循环的分析结果

在前三个施工循环段隧道结构物已成型的情况下，一次性开挖进尺 28 m，即超挖 21 m，开挖过程中，同样要求尽早施做初期衬砌，初期衬砌阶段应力释放率按 70%控制，然后施做第四个施工循环段的隧道结构物。

需要重点关注的是超挖对隧道围岩和已成型结构物稳定性的影响，以下主要对超挖卸载初期衬砌阶段进行分析。

超挖三个施工循环工况下，初期衬砌阶段的总位移、纵向位移和水平位移分布如图 5.42～图 5.44 所示。

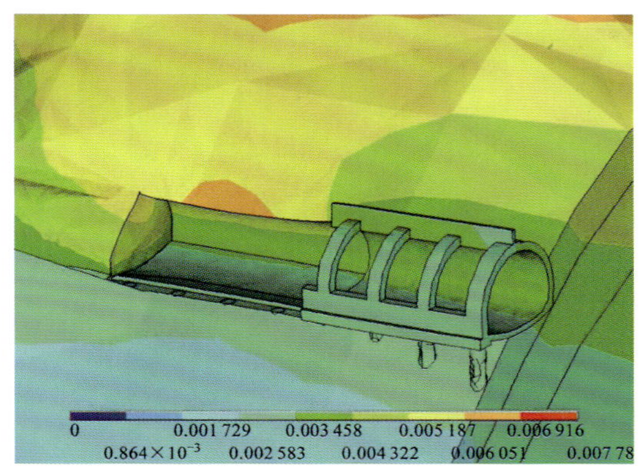

图 5.42　初期衬砌阶段总位移分布图（超挖 21 m）（单位：m）

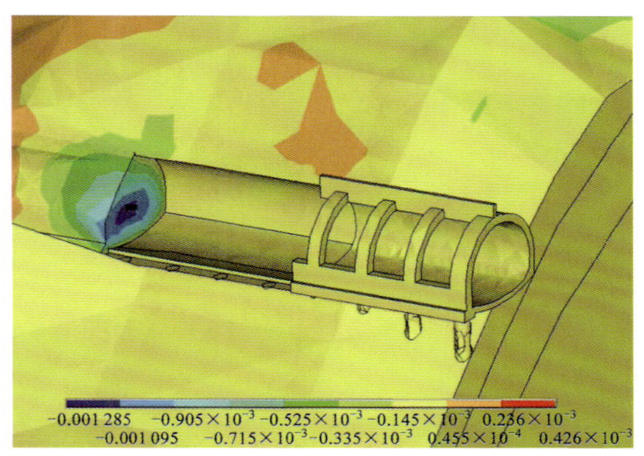

图 5.43　初期衬砌阶段纵向位移分布图（超挖 21 m）（单位：m）

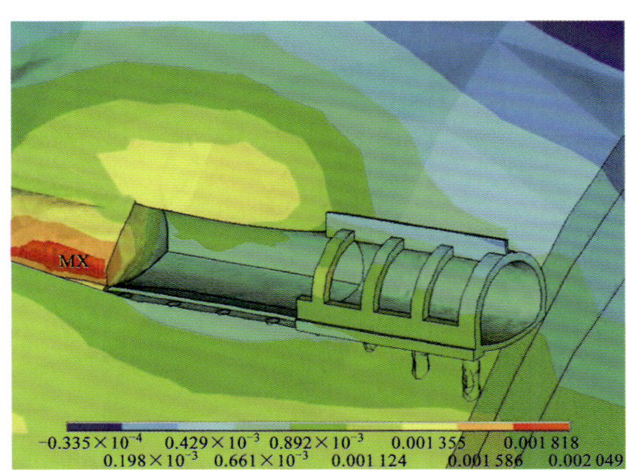

图 5.44　初期衬砌阶段水平位移分布图（超挖 21 m）（单位：m）

从图 5.42 可以看出，超挖三个施工循环工况下的总位移分布状态，与第二个施工循环下初期衬砌阶段的总位移分布情况存在较大的差异，主要表现在开挖段拱顶围岩的变形明显增大，具有向下向外侧塌落的趋势。隧道结构物上的变形分布未出现明显变化。从图 5.43 可以看出，围岩纵向位移分布与第二个施工循环存在一定的差异，主要表现在纵向位移较大的区域更为集中地分布于开挖掌子面附近岩体上。这主要是因为开挖距离的增大，使未开挖岩体与已成型的隧道结构物所形成的空间支撑效应减弱，开挖段拱顶围岩位移随开挖距离的增大出现明显增长，且掌子面岩体的纵向更为显著。

初期衬砌阶段的主拉应力、主压应力和最大剪应变分布如图 5.45～图 5.47 所示。

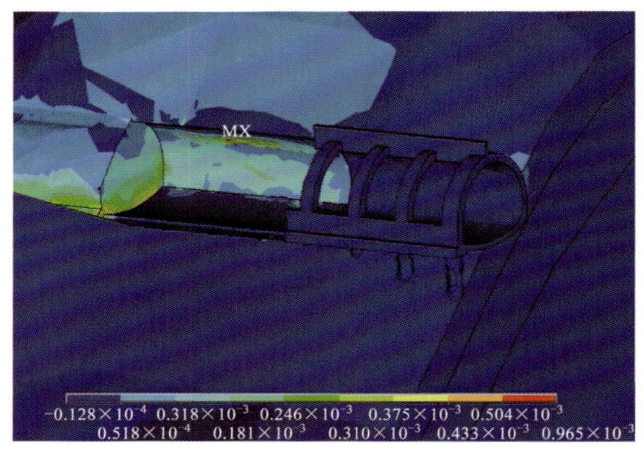

图 5.45　初期衬砌阶段主拉应力分布图（超挖 21 m）（单位：MPa）

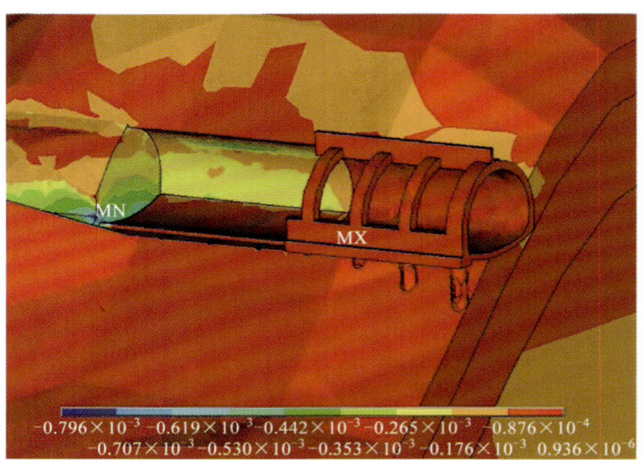

图 5.46　初期衬砌阶段主压应力分布图（超挖 21 m）（单位：Pa）

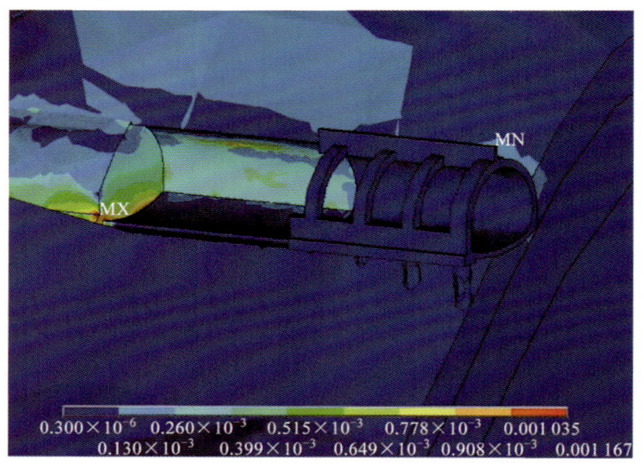

图 5.47　初期衬砌阶段最大剪应变分布图（超挖 21m）（单位：m）

隧道内侧拱背处围岩和掌子面底部围岩的压应力和剪应力均较大，且应力集中效应较明显，这与正常开挖和超挖 7 m 工况下的计算结果有较大的差异。主要是因为浅层全风化岩体的位移明显增大，尤其是开挖中间段的岩体的压剪效应很显著，存在压剪破坏的风险。

图 5.48 为初期衬砌阶段塑性区分布图，从图中可以看到，内侧拱背和开挖掌子面岩体出现了塑性破坏区，表明由于开挖深度的加大，拱脚围岩和掌子面岩体受到的横约束效应进一步减弱，使开挖中段拱顶浅层岩体和具有两个临空面的掌子面岩体出现塑性破坏区。

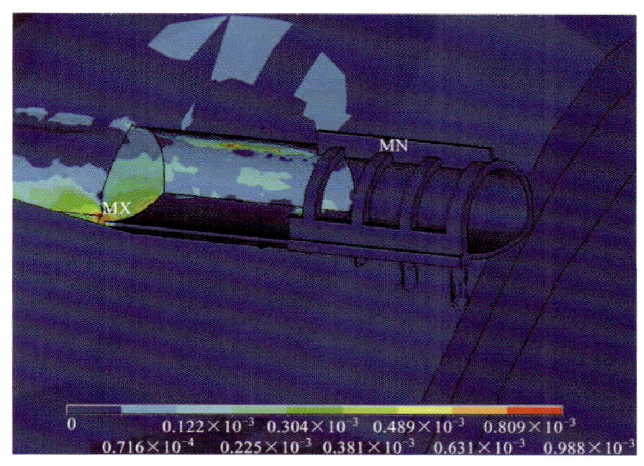

图 5.48　初期衬砌阶段塑性区分布图（超挖 21 m）（单位：m）

为了进一步分析超挖三个施工循环的工况下，开挖卸荷对已成型的隧道结构物的影响，图 5.49～图 5.53 给出了已成型的隧道结构物的位移和应力分布图。

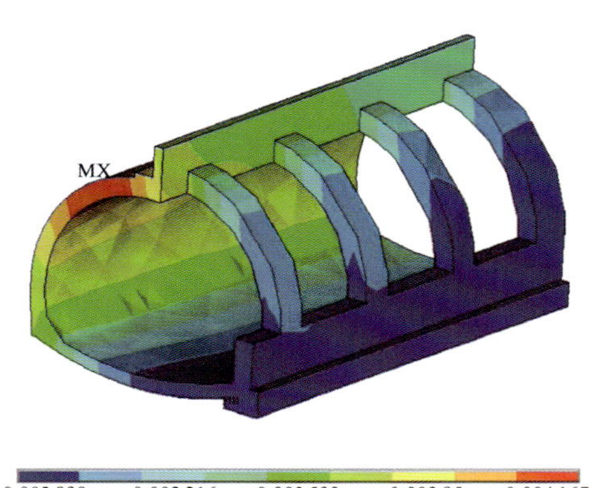

图 5.49　开挖卸荷影响下结构物总位移分布图（超挖 21 m）（单位：m）

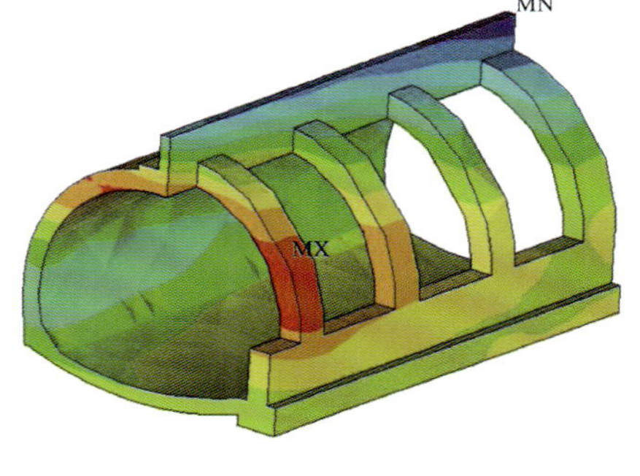
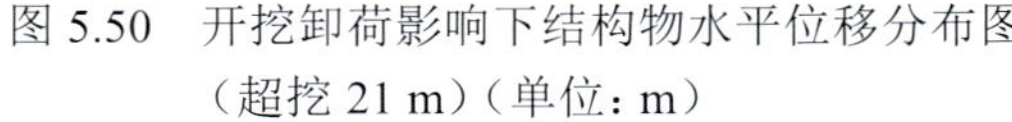

图 5.50　开挖卸荷影响下结构物水平位移分布图（超挖 21 m）（单位：m）

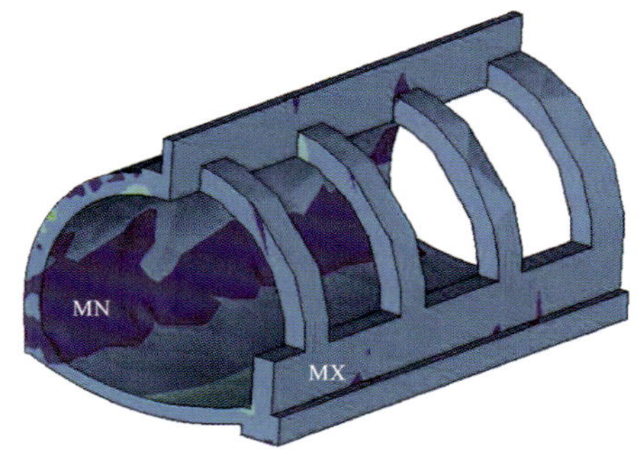

图 5.51　开挖卸荷影响下结构物主拉应力分布图（超挖 21 m）（单位：Pa）

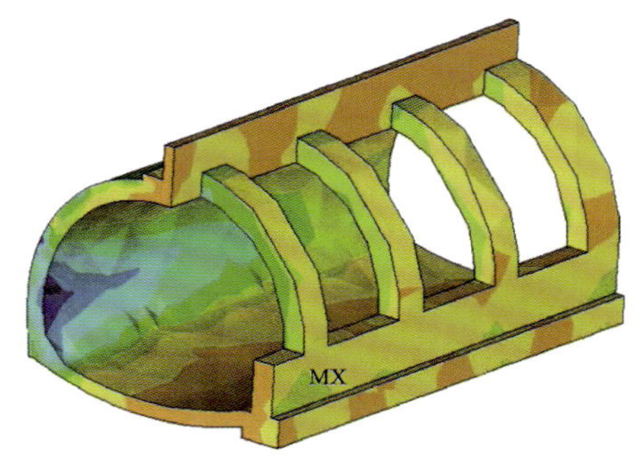

图 5.52　开挖卸荷影响下结构物主压应力分布图（超挖 21 m）（单位：Pa）

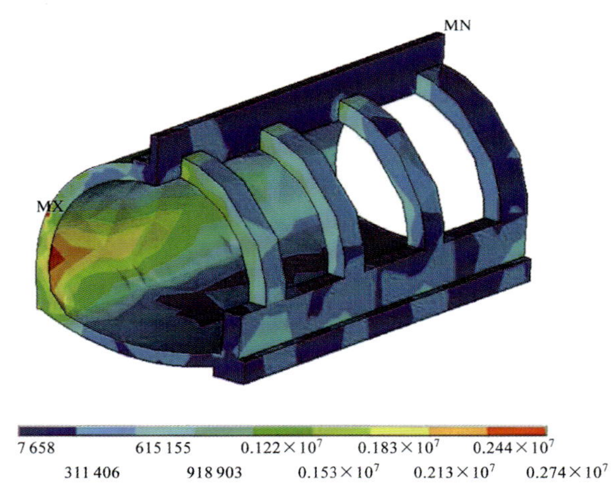

图 5.53　开挖卸荷影响下结构物最大剪应力分布图（超挖 21 m）（单位：Pa）

将图 5.49～图 5.53 与超挖 7 m 工况下的分析结果进行对比，可以发现，开挖卸荷对已成型结构物的影响具有类似的规律性，靠近开挖面的内侧拱圈的位移进一步增大。

从应力水平上分析，最大主压应力为 2.75 MPa，最大剪应力达到 2.74 MPa，较超挖一个施工循环工况下的应力水平有所提高，但变化幅度较小。分析其原因，主要是由于随着开挖深度的加大，隧道结构物离开挖掌子面的距离变大，而出现塑性破坏区域的岩土主要分布于开挖掌子面一侧，对已成型隧道结构物的影响较小。

3．超挖四个施工循环的分析结果

一次性开挖进尺 35 m，即超挖 28 m 工况下，计算不收敛。从临滑动状态下的位移和塑性破坏区来看，拱顶浅层岩体的侧向滑移趋势明显，塑性破坏区更为集中地出现在拱顶山坡围岩中，且沿纵深方向进一步扩展，造成计算不收敛，其破坏模式与平面有限元分析结论是一致的。

综合以上分析成果，开挖进尺对隧道结构及围岩的变形与受力存在显著的影响。开挖进尺 7～10 m 工况下，位移分布与初始地应力下的分布类似，隧道结构物上的应力水平较低，围岩中未出现明显的塑性破坏区；增大开挖进尺至 14 m，超挖一个施工循环的工况下，拱顶山坡位移有一定程度的增长，超挖卸荷对前期施做的结构物的变形分布和应力水平影响较大，其应力水平较开挖前提高了 60%～70%；继续增大开挖进尺至 28 m，超挖三个施工循环的工况下，位移分布状态出现明显的差异，主要体现在开挖段拱顶围岩的变形明显增大，具有向下向外侧塌落的趋势，纵向位移较大区域更为集中地分布于开挖掌子面上，隧道内侧拱背处围岩和掌子面底部围岩的压应力和剪应力水平显著提高，应力集中区域已超过隧道结构物的应力水平，但随着开挖掌子面与已成型结构物距离的增大，超挖卸荷对前期施做的隧道结构物影响明显减小，其变形和应力水平基本与超挖一个施工循环工况下无明显的差异；当超挖四个施工循环，即开挖 35 m 时，拱顶浅层岩体顺坡向滑移出现大范围塑性破坏。

根据以上分析，在开挖进尺较小的情况下，开挖卸载对隧道结构物的影响较大，随着开挖进尺的增大，未开挖岩体和已成型结构物的空间支撑作用减小，开挖卸载对开挖面围岩的变形和受力的影响逐步增强，而对隧道结构物的影响程度趋于稳定。因此，在实际施工中，开挖进尺可以控制在 14 m 范围内，隧道及围岩的稳定性较好，仅需要考虑开挖卸荷对已成型结构物的影响，在设计上保留一定的安全储备。

5.3.3 通透肋式单洞隧道掘进施工控制参数

通透肋式单洞隧道的结构受力与变形具有典型空间非对称分布特性：开挖引起的偏压效应显著，隧道结构呈现整体向山坡外侧移动的变形趋势，隧道内侧衬砌层的应力水平明显较外侧肋梁要高。

不同施工段开挖面的大小对隧道结构物的偏压应力影响显著：开挖面较大的洞身段（原始山坡线切于拱顶部位）结构物的应力水平，比开挖面较小的洞口段（原始山坡线切于拱腰部位）要高 40%左右，这与平面有限元分析的结论是吻合的。

（1）开挖掌子面岩体于山坡外侧不受约束，开挖后存在两个临空面，具有沿纵向和水平向同时变形的特性，且掌子面底部岩体压应力、剪应力较大，存在压剪破坏的风险，实际施工中应考虑临时加固措施。

（2）初期衬砌阶段应力释放率为 70%的工况下，初期衬砌层所承担的偏压应力过大，而二次衬砌层较初期衬砌层的应力水平低 40%～50%。为平衡初期衬砌阶段和整体模筑阶段所分担的开挖卸载应力，初期衬砌阶段的应力释放率按 50%～60%控制，以同时保证隧道开挖阶段施工安全和结构的长期稳定性。

（3）近距离的后续开挖施工对已成型隧道结构物的变形和应力影响显著：在施工间距为 2 m 的情况下继续开挖，隧道结构物的变形明显增大，最大位移出现在接近开挖面的内侧拱圈上，且隧道结构物的压应力和剪应力水平较开挖前提高 30%左右。因此，在设计和施工中应充分考虑这一时空效应。

（4）开挖进尺对隧道结构及围岩的变形与受力存在显著的影响：

第一，开挖进尺为 7～10 m 的工况下，位移分布与初始地应力下的分布类似，隧道结构物上的应力水平较低，围岩中未出现明显的塑性破坏区，隧道及围岩的稳定性较好。

第二，开挖进尺为 14 m 的工况下，超挖卸荷对前期施做的结构物的变形分布和应力水平影响较大，其应力水平较开挖前提高了 60%～70%。

第三，开挖进尺为 28 m 的工况下，开挖段拱顶围岩的变形明显增大，具有向下向外侧塌落的趋势，开挖面围岩和掌子面应力水平显著提高，出现塑性破坏区域。但开挖进尺的持续增大对前期施做的隧道结构物的影响程度带来明显的变化。

第四，开挖进尺为 35 m 的工况下，拱顶浅层岩体顺坡向滑移，出现大范围塑性破坏。

在开挖进尺较小的情况下，近距离开挖卸载对隧道结构物的影响较大，开挖进尺较大时，开挖段拱顶岩体和掌子面出现塑性破坏区。综合考虑以上分析成果，在实际施工中，开挖进尺控制在 12～15 m，整体二次衬砌按 7 m 推进，即保证一定的施工操作空间，减小开挖卸荷对已成型结构物的影响，同时避免过大的开挖进尺造成围岩塑性破坏的风险。

5.4 通透肋式连拱隧道施工力学行为时空演化规律

5.4.1 开挖进尺对结构受力变形的影响

通透肋式连拱隧道由于其结构形式和地质条件的特殊性，加之开挖扰动区域大、开挖步骤多等因素，其施工力学行为的变化规律异常复杂。

隧道施工的时空效应特征可以做如下描述：隧道开挖后，变形和应力会重新分布，随着开挖面的推进，其附近一定范围内围岩变形的发展和应力重分布将受到开挖面本身的制约，使围岩的变形得不到自由和充分的释放，应力重分布不能很快完成，即开挖面具有空间约束效应；同时，围岩介质本身为黏弹塑性介质，具有流变时效的作用，即使在开挖面空间约束效应消失后，变形仍将继续发展，即围岩变形具有时间效应。由于实际围岩材料具有流变性质，其变形随着时间将不断发展，即通常所说的时空效应的“时”，为真正意义上的时间参数，国内外学者通常采用含有时间变量的时变力学理论来分析其时间效应；这里讨论的“时”，均非真正意义上的时间参数，而是代表施工步骤具有先后顺序，其本质上仍为空间因素引起的在平面内和隧道纵向发生的非同步施工。因此，从开挖进尺、施工间距、应力释放率等方面分别分析研究通透肋式连拱隧道在不同先后顺序施工步骤和掌子面空间约束下的施工力学时空效应特征。

隧道施工过程中开挖进尺对围岩和结构的稳定性有着重要的影响，但因为施工中对开挖进尺尚没有一个明确的判断标准，凭着现场工程师的工程经验做出判定，所以实际工程中造成了一些盲目性。施工中，若开挖进尺过小，会延长工期，增加临时支护，加大施工成本，甚至可能延误工期；若开挖进尺过大，则拱顶覆土可能不稳定，有出现塌方、冒顶事故的风险，对隧道结构、围岩及地表建筑物等的安全不利，引起不必要的损失。

采用数值方法模拟不同的施工方案，即在肋式衬砌段内洞先行贯通，且外洞第一榀和第二榀肋梁已经形成情况下，分析外洞开挖施工过程中不同开挖进尺对肋梁、中隔墙及围岩的影响规律，确定通透肋式连拱隧道合适的开挖进尺。各工况开挖进尺设置为 0.5 m、1.0 m、2.0 m、4.0 m、6.0 m、12.0 m。图 5.54 为计算模型图。

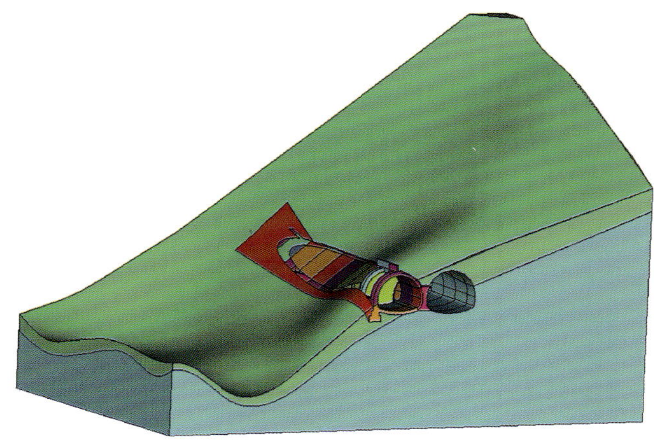

图 5.54 计算模型图

1. 不同开挖进尺工况下围岩变形分析

不同开挖进尺工况下，选择几个特征部位进行位移对比分析，如表 5.3 所示。着重对比几个围岩特征部位的变形值。

表 5.3　各工况围岩位移计算结果比较

开挖进尺/m	围岩向山坡外侧最大水平位移/mm	内洞拱顶沉降最大值/mm	内洞仰拱隆起/mm	外洞仰拱隆起/mm	外洞掌子面纵向位移变形/mm
0.5	1.490	3.824	3.073	1.540	0.481
1.0	1.541	3.823	3.076	1.543	0.482
2.0	1.758	4.592	3.690	1.852	0.586
4.0	2.040	5.032	3.999	2.007	0.632
6.0	2.181	5.309	4.322	2.181	0.713
12.0	2.525	5.987	4.644	3.497	0.760

分析结果显示，围岩变形在不同开挖进尺时存在较大的差异。图 5.55 为特征位移变形值与开挖进尺的关系图，其中图 5.55（a）、（b）分别为内洞、外洞围岩的特征位移。

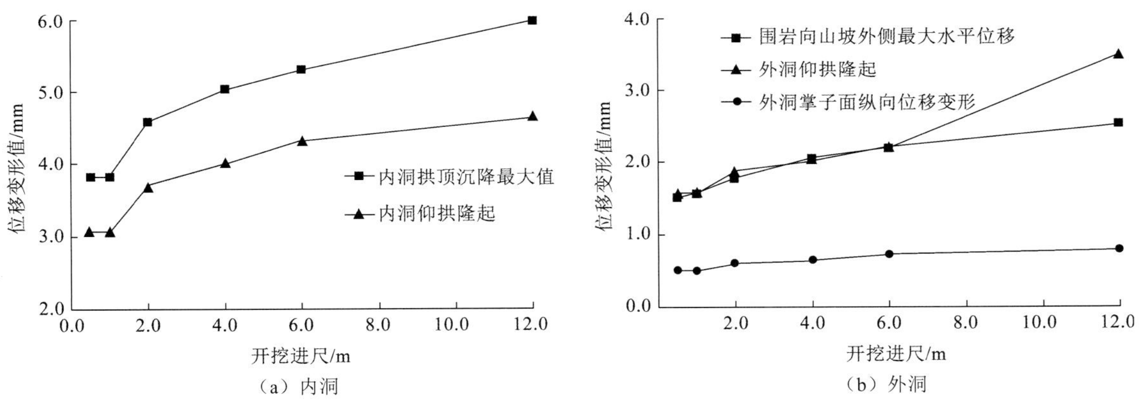

图 5.55　不同进尺工况下围岩位移变形值

当开挖进尺从 0.5 m 变化到 12.0 m 时，各特征位移值均呈现增加的趋势，开挖进尺越大，位移变形越大，进尺为 12.0 m 时内洞拱顶沉降最大，值为 5.987 mm。由图 5.55 可知，开挖进尺为 1.0 m 时，相比 0.5 m 工况，各特征位移最大值没有明显增加，但当进尺达到及超过 2.0 m 时，位移变形值开始增长。综合几种工况，当开挖进尺由 0.5 m 增加到 1.0 m 时，各个特征位移值增幅较小，围岩向山坡外侧水平位移增幅最大；当开挖进尺由 6.0 m 增加到 12.0 m 时，各个特征位移值增幅较大，外洞仰拱隆起增幅最大。

为了更加清楚地反映开挖进尺对围岩位移的影响，下面给出了不同开挖进尺工况下，开挖卸荷影响下围岩位移增量的计算结果。

图 5.56 为开挖卸荷影响下围岩位移增量与开挖进尺的关系。

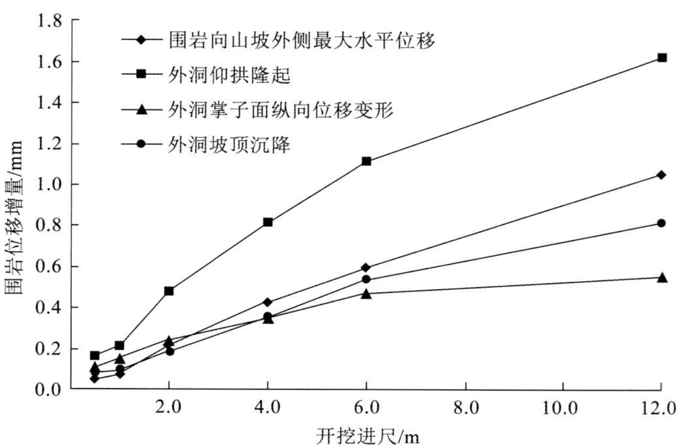

图 5.56　不同开挖进尺工况下围岩位移增量

由图 5.56 可以明显看出，当开挖进尺为 0.5～1.0 m 时，隧道开挖卸荷影响下围岩位移增量均较小，当开挖进尺达到及超过 2.0 m 时，位移增量增幅明显，隧道开挖卸荷对围岩影响较大。其中：对开挖进尺最为敏感的为外洞仰拱隆起值；当开挖进尺为 2.0 m 时，开挖引起隆起增量为 0.478 mm；当开挖进尺为 12.0 m 时，隆起增量达 1.623 mm。

各工况围岩位移增量计算结果见表 5.4。

表 5.4　各工况围岩位移增量计算结果比较

开挖进尺/m	围岩向山坡外侧最大水平位移/mm	外洞仰拱隆起/mm	外洞掌子面纵向位移变形/mm	外洞坡顶沉降/mm
0.5	0.053	0.166	0.113	0.083
1.0	0.079	0.216	0.152	0.096
2.0	0.216	0.478	0.241	0.188
4.0	0.426	0.813	0.354	0.354
6.0	0.595	1.114	0.469	0.538
12.0	1.050	1.623	0.554	0.815

图 5.57 为各工况隧道开挖引起的分析区域围岩位移增量云图。由图 5.57 可知，随着开挖进尺的增加，开挖引起的围岩变形增量的分布规律没有明显的改变，各工况下围岩变形较大的区域均为本次开挖范围内的中隔墙顶部围岩延伸至山坡地表，不同的是开挖进尺越大，发生较大位移变形的围岩范围越大。由图 5.57 可见，开挖进尺由 0.5 m 变化为 1.0 m 时，虽围岩最大位移增量值变化不大，但围岩变形较大的区域有所增加，而当开挖进尺达到并超过 6.0 m 后，围岩受开挖影响的区域扩大，且变形较大的区域范围显著增加，进一步增大开挖进尺有可能造成拱顶山坡围岩出现较大塑性区，影响其安全稳定，因为随着开挖进尺的增大，每次受开挖扰动的围岩范围增加，围岩松动范围扩大，拱顶围岩安全稳定性受到威胁。

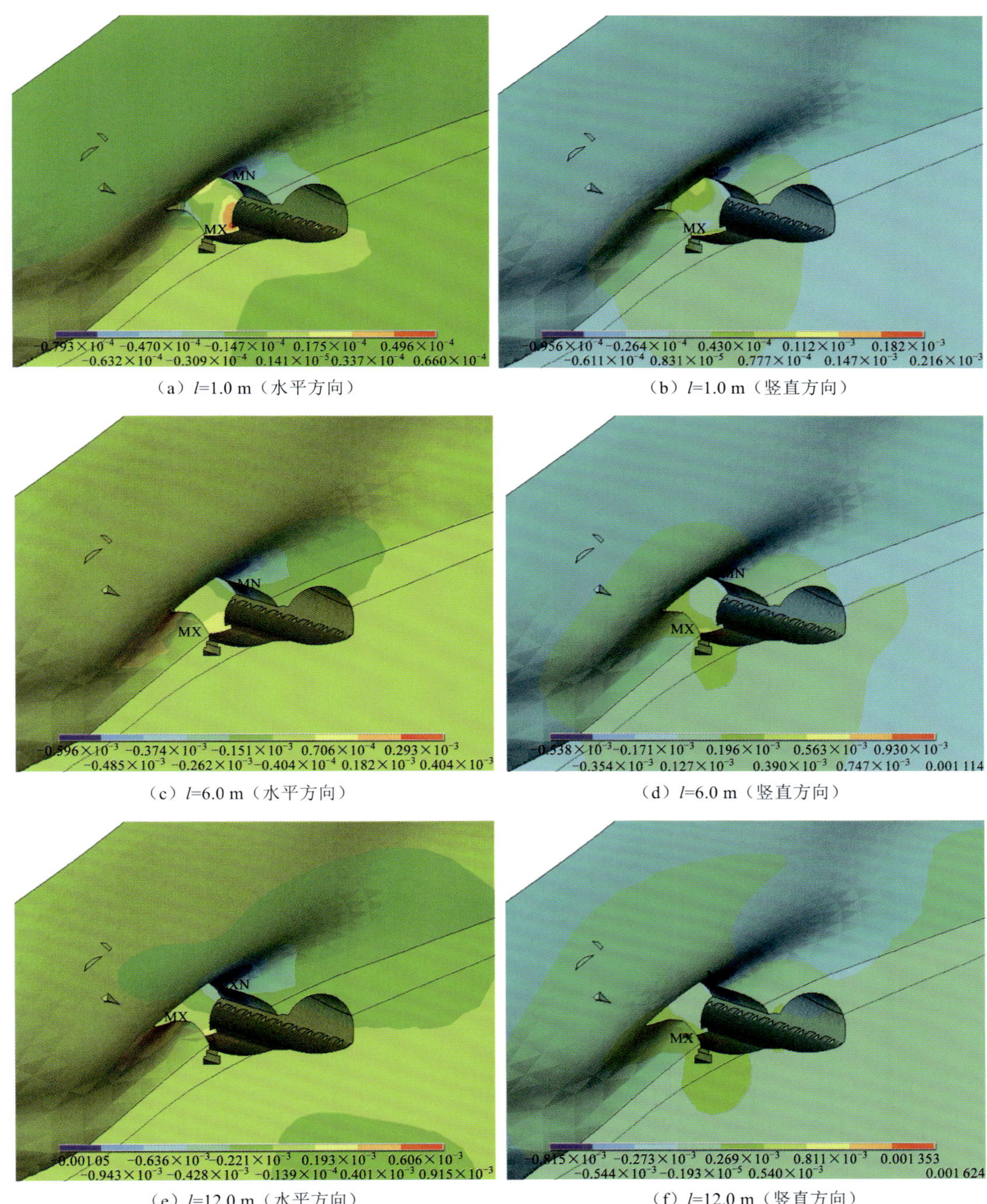

（a）l=1.0 m（水平方向）　（b）l=1.0 m（竖直方向）

（c）l=6.0 m（水平方向）　（d）l=6.0 m（竖直方向）

（e）l=12.0 m（水平方向）　（f）l=12.0 m（竖直方向）

图 5.57　不同开挖进尺工况下围岩位移增量云图（单位：m）

2．肋梁变形与受力随开挖进尺的变化规律

肋梁是关键构件，其变形与受力直接关系到隧道整体结构的稳定。本小节主要分析已成型肋梁结构在不同开挖进尺工况下的变形及受力特征。为便于分析描述，洞口为 1#肋梁，靠近开挖掌子面的为 2#肋梁。

1）位移变形分析

主要对比分析 1#、2#肋梁在不同开挖进尺工况下的三个方向的位移变形增量，如表 5.5 所示。

表 5.5　各开挖进尺工况肋梁位移增量

开挖进尺/m	围岩向山坡外侧最大水平位移/mm	沉降变形/mm	纵向变形/mm
0.5	0.043	0.076	0.015
1.0	0.078	0.097	0.033
2.0	0.165	0.145	0.074
4.0	0.297	0.182	0.138
6.0	0.414	0.190	0.191
12.0	0.610	0.189	0.294

图 5.58 为受开挖卸荷影响的肋梁三个方向的位移变形增量随开挖进尺的变化情况。

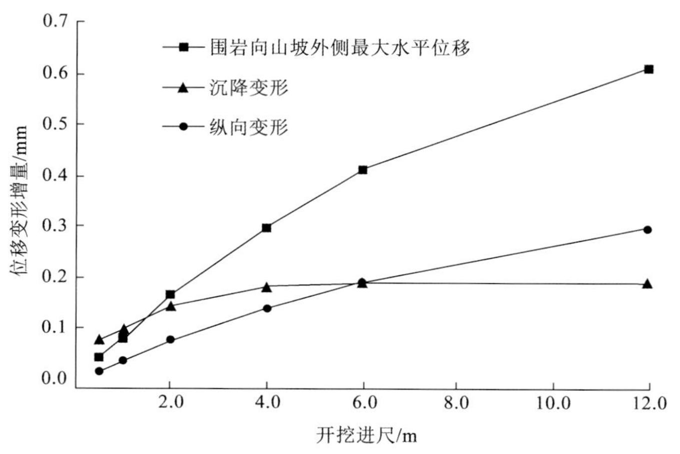

图 5.58　不同开挖进尺工况下肋梁位移增量

由图 5.58 可见，当开挖进尺不大于 1.0 m 时，三个方向的位移增量均小于 0.1 mm；当开挖进尺增大并不超过 4.0 m 时，三个方向的位移增量均呈增大趋势；当开挖进尺进一步增大时，除沉降变形增量基本保持不变外，其余两个方向的位移增量继续增加，即开挖进尺超过 4.0 m 后，开挖卸荷使肋梁竖向位移增加的幅度基本不变，而围岩向山坡外侧最大水平位移和纵向变形增量均继续增大。三个方向的位移中，开挖进尺对肋梁影响最大的为围岩向山坡外侧最大水平位移，当开挖进尺为 0.5 m 时，其位移增量为 0.043 mm；当开挖进尺为 1.0 m 时，其位移增量为 0.078 mm；当开挖进尺为 12.0 m 时，其位移增量达 0.610 mm，量值均不大，但增幅显著。

进一步分析肋梁位移增量随开挖进尺变化的分布规律，图 5.59 给出了各工况开挖引起的肋梁位移增量云图。从肋梁位移增量云图可以看到，开挖卸荷影响下，各开挖进尺工况已成型肋梁结构水平向山坡外位移增量最大的部位均出现在拱顶地梁下缘靠近掌子面的角点，随着开挖进尺的增加，位移增量分布越来越不均匀；各开挖进尺工况下纵向位移增量最大的部位均在靠近开挖掌子面的 2#肋梁上，开挖进尺较小时，2#肋梁纵向位移增量整体基本呈均匀分布，随着开挖进尺的增加，位移增量最大部位逐渐缩小为 2#肋梁弧线段中部区域，增量分布越来越不均匀，整体变形不协调。

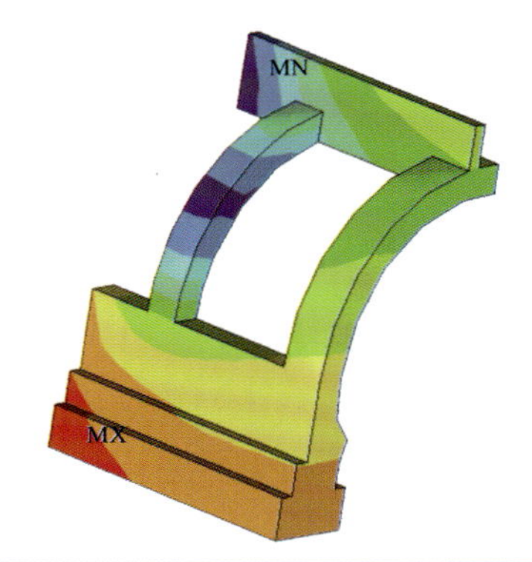

（a）l=0.5 m（水平方向）

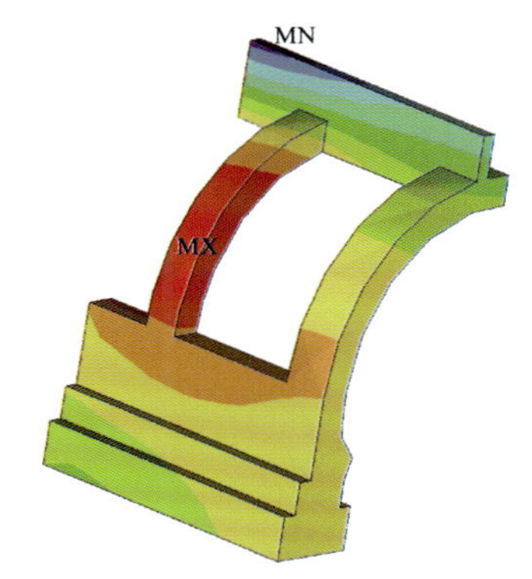

（b）l=0.5 m（纵向）

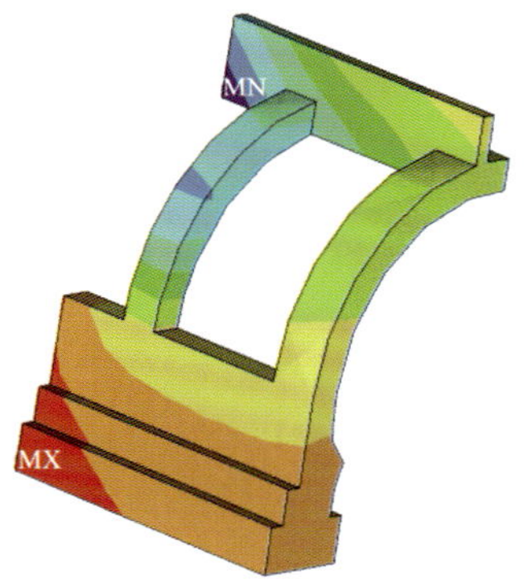

（c）l=6.0 m（水平方向）

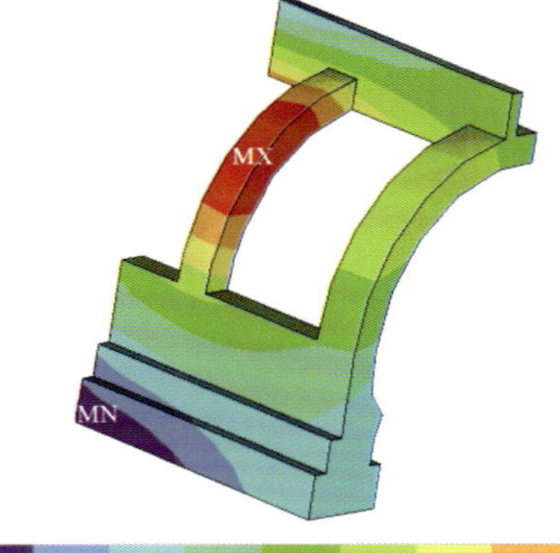

（d）l=6.0 m（纵向）

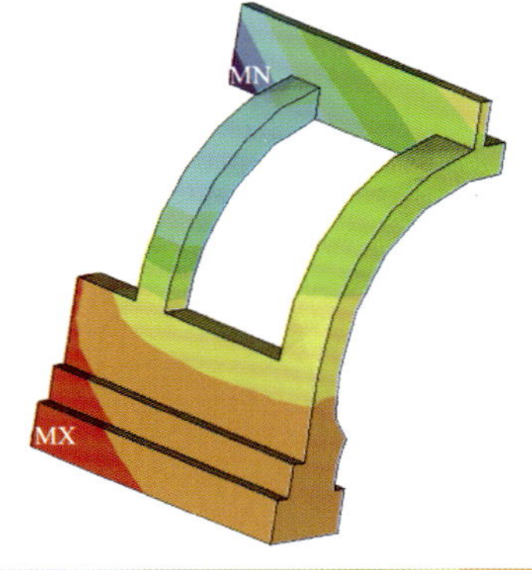

（e）l=12.0 m（水平方向）

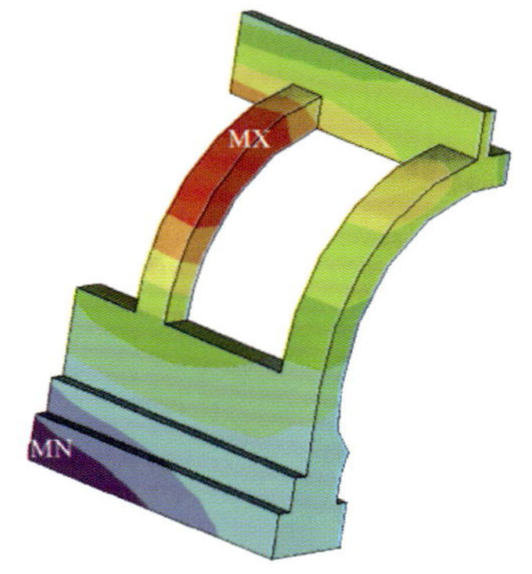

（f）l=12.0 m（纵向）

图 5.59　不同开挖进尺各工况下肋梁位移增量云图（单位：m）

结合图 5.58 和图 5.59 的分析结果发现，随着开挖进尺的增加，肋梁位移变形值增大，且受开挖卸荷影响产生的位移增量越大，空间肋梁结构出现“扭曲”的状态越来越明显，即靠近开挖掌子面的 2#肋梁受开挖影响较大，且其中上部受影响最大，2#肋梁与拱顶地梁相连接部位附近出现较大水平向山坡外、竖直向下和纵向的位移变形。出现上述现象的原因是随着开挖进尺的增大，开挖卸荷区域增大，作用在肋梁结构上的偏压荷载增大，肋梁外侧没有支撑，出现较大水平向位移变形。

下面进一步分析不同开挖进尺工况下肋梁结构的受力情况。

2）受力分析

各开挖进尺工况下，随着开挖进尺的增加，应力水平逐渐增大，其中拉应力为 0.336～0.786 MPa，压应力为 0.756～2.050 MPa，最大剪应力为 0.471～1.190 MPa（表 5.6）。

表 5.6　各工况肋梁受力结果比较

开挖进尺/m	拉应力/MPa	压应力/MPa	最大剪应力/MPa
0.5	0.336	0.756	0.471
1.0	0.352	0.799	0.496
2.0	0.437	1.000	0.626
4.0	0.530	1.310	0.747
6.0	0.670	1.620	0.930
12.0	0.786	2.050	1.190

图 5.60 为受开挖卸荷影响的肋梁的拉应力、压应力及最大剪应力值随开挖进尺的变化情况。

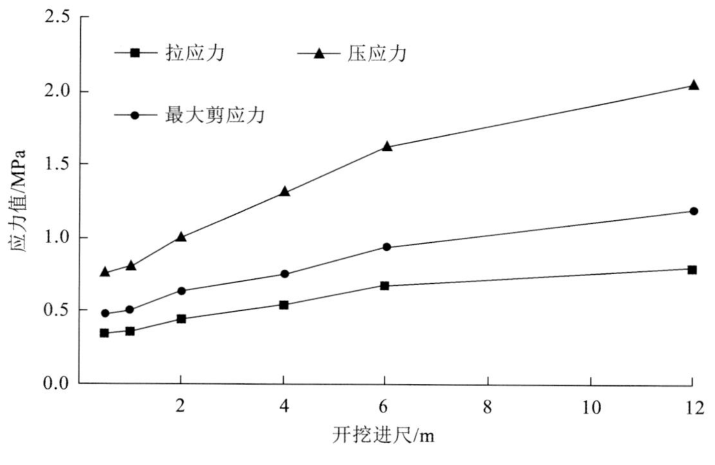

图 5.60　各开挖进尺工况肋梁应力变化

进一步分析肋梁主应力随开挖进尺变化的分布规律，图 5.61 给出了各开挖进尺工况肋梁的主应力分布图。

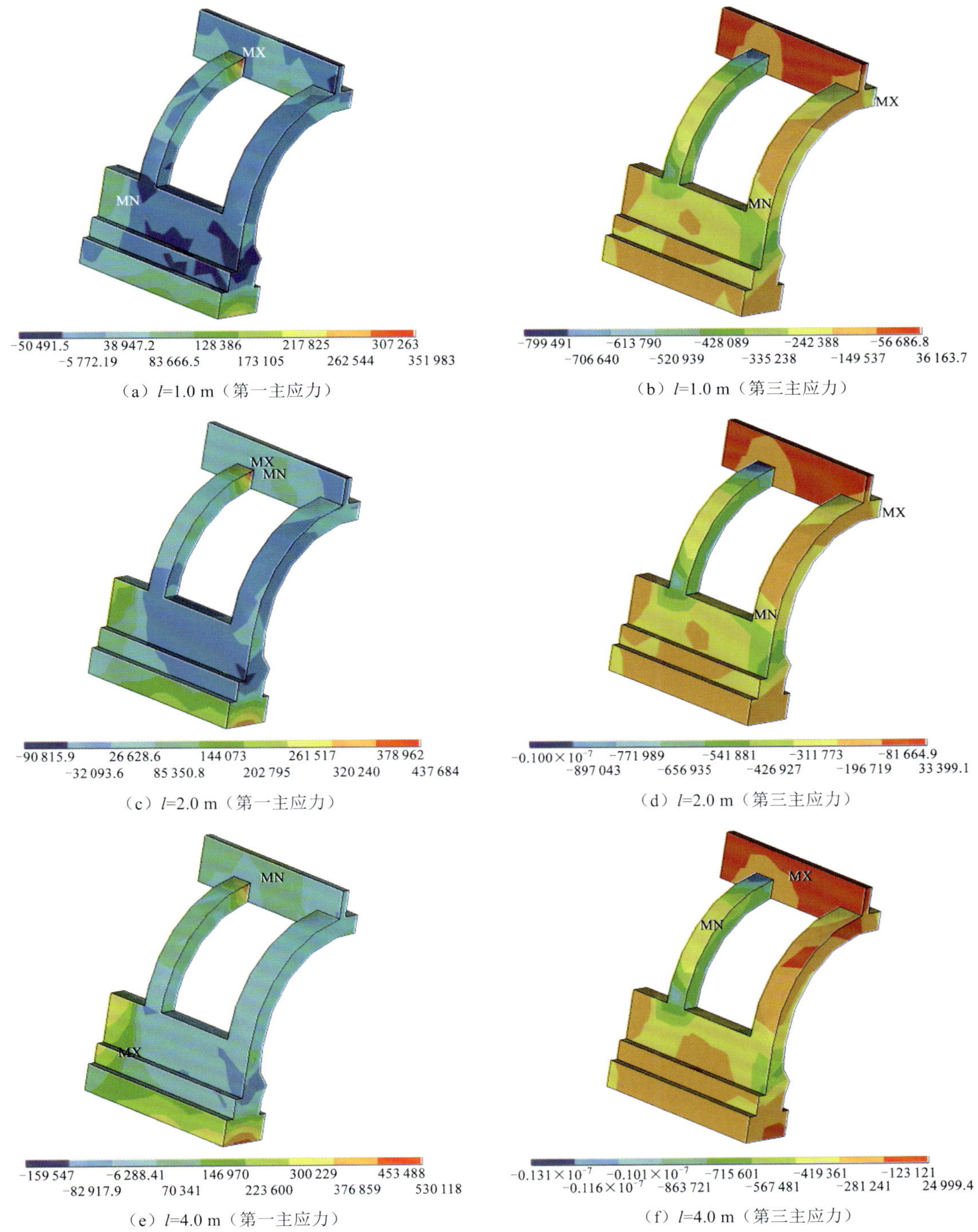

（a）l=1.0 m（第一主应力）　（b）l=1.0 m（第三主应力）

（c）l=2.0 m（第一主应力）　（d）l=2.0 m（第三主应力）

（e）l=4.0 m（第一主应力）　（f）l=4.0 m（第三主应力）

图 5.61　各开挖进尺工况肋梁主应力分布图（单位：Pa）

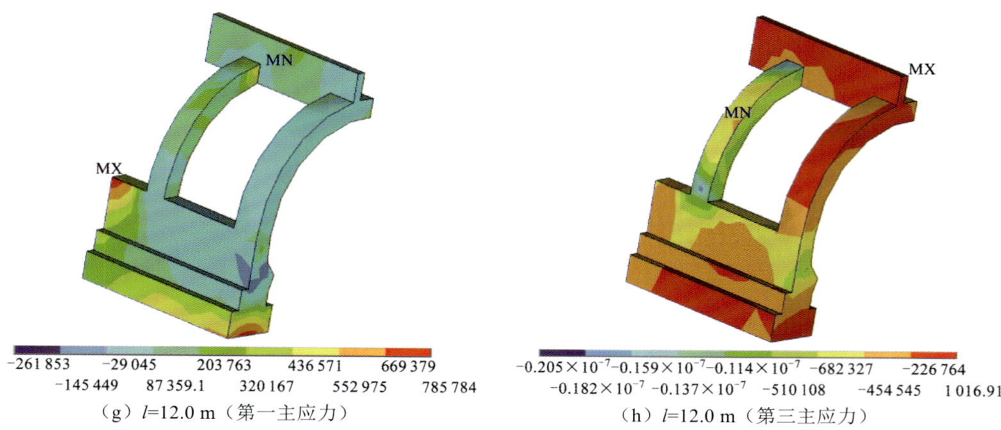

（g）l=12.0 m（第一主应力）　　（h）l=12.0 m（第三主应力）

图 5.61　各开挖进尺工况肋梁主应力分布图（单位：Pa）（续）

从肋梁主应力分布图可以看到，当开挖进尺为 0.5～2.0 m 时，2#肋梁与拱顶地梁连接处远离开挖面一侧出现拉应力集中，而该连接处靠近开挖面一侧出现压应力集中，说明开挖卸荷作用下，2#肋梁被“挤压”，承受不协调的荷载，在其与拱顶地梁连接处靠近和远离开挖面侧分别出现较大的压应力和拉应力，于是产生了扭曲的变形状态，与前面各工况肋梁位移分析的结论是一致的；当开挖进尺为 4.0～12.0 m 时，上述关键部位的不利应力状态依然存在，而且过大的开挖进尺造成大范围的围岩卸荷松动，作用在肋梁结构上的偏压荷载较大，使肋梁结构受力进一步恶化，在 2#肋梁弧线段下缘出现较大压应力，且肋梁受力不协调，变形扭曲，对肋梁的稳定不利。

3. 中隔墙变形与受力随开挖进尺的变化规律

取隧道模型洞口 7.0 m、10.0 m 和 16.0 m 处为目标断面，分别记为断面 I、II 和 III，图 5.62 为目标断面中隔墙特征点示意图。

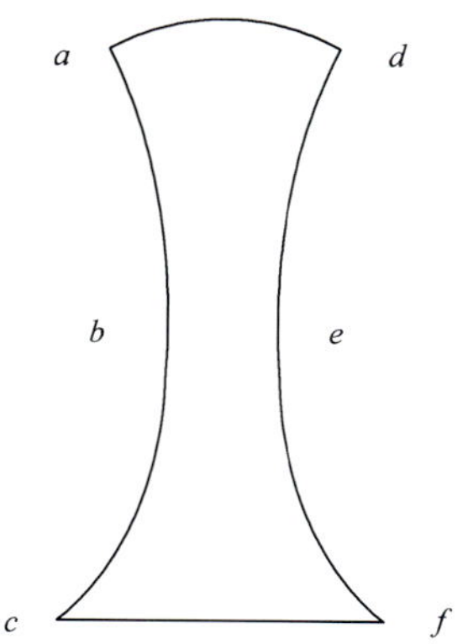

图 5.62　目标断面中隔墙特征点示意图

通过分析不同断面中隔墙特征点的位移变形与应力变化，探讨不同开挖进尺对中隔墙变形与受力的影响规律。其中，断面 I 与 5.4.1 小节中所述 2#肋梁中心截面平齐，断面 II 与外洞已成型结构物的临空面平齐。

1）位移变形分析

表 5.7 为各工况开挖卸荷引起中隔墙特征点水平方向位移增量的结果，表中位移为负值表示发生向山坡外侧位移变形，正值表示发生向山坡内侧位移变形。

表 5.7　各工况中隔墙特征点水平方向位移增量结果　单位：10^{-6} m

L/m	断面 I						断面 II						断面 III					
	a_1	b_1	c_1	d_1	e_1	f_1	a_2	b_2	c_2	d_2	e_2	f_2	a_3	b_3	c_3	d_3	e_3	f_3
0.5	−11	8	14	−11	8	14	−12	9	9	−6	9	15	−3	3	5	−3	3	5
1.0	−20	11	20	−20	11	20	−25	12	17	−16	12	22	−7	3	8	−7	3	8
2.0	−53	18	38	−53	18	38	−71	17	30	−50	17	42	−20	8	22	−20	8	22
4.0	−111	7	67	−111	7	67	−163	−7	70	−137	−7	70	−63	16	55	−63	16	55
6.0	−167	8	95	−167	8	95	−258	−2	101	−218	−2	101	−158	13	99	−158	13	99
12.0	−277	−18	147	−277	−18	147	−449	−44	159	−449	−44	159	−611	−72	198	−611	−72	198

图 5.63 反映了三个目标断面中隔墙特征点在不同开挖进尺工况开挖卸荷影响下的水平位移增量。

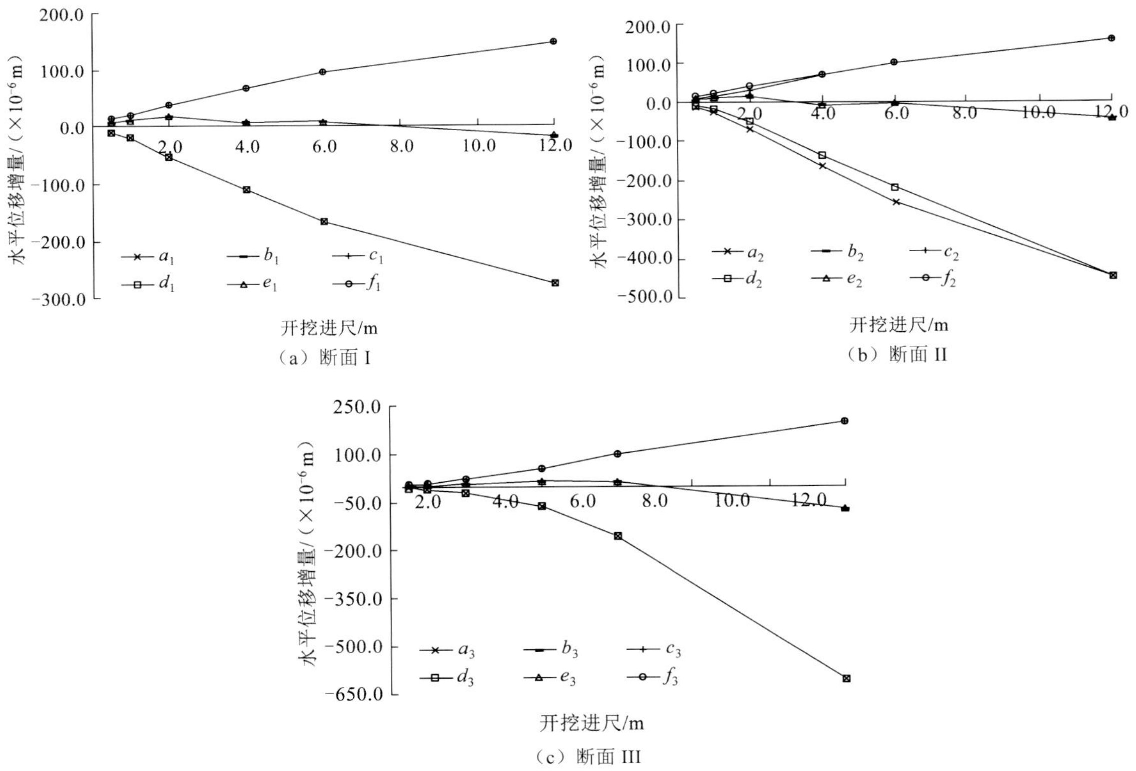

图 5.63　不同开挖进尺工况下中隔墙特征点水平位移增量

从图 5.63 中可以看出，开挖卸荷影响下，中隔墙顶部（特征点 a、d）具有水平向山坡外侧的位移变形，且位移增量值随着开挖进尺的增加而增加，同一开挖进尺工况下，中隔墙三个断面受开挖卸荷的影响程度不同。当开挖进尺不大于 6.0 m 时，从大到小依次为断面 II、断面 I、断面 III（如开挖进尺 L 为 4.0 m 时，a_1、a_2 和 a_3 三个特征点的水平位移增量分别为 0.111 mm、0.163 mm 和 0.063 mm）；当开挖进尺达到 12.0 m 时，从大到小依次为断面 III、断面 II、断面 I。其中，这三个目标断面距离本次开挖初始掌子面分别为 0 m、3 m 和 6 m，距开挖掌子面越近，受扰动越大。

通透肋式连拱隧道的中隔墙为最先生成的结构物，其在隧道主洞开挖过程中不可避免地会受到扰动，若主洞开挖进尺合适，可以控制开挖进尺使中隔墙受每次的开挖扰动均较小，过大的开挖进尺会使中隔墙受扰动范围扩大，不仅仅是距开挖初始掌子面较近的断面，如对于与开挖初始掌子面平齐的断面 II 而言，当开挖进尺小于 2.0 m 时，受开挖卸荷影响，该断面水平位移增量小于 0.1 mm，当开挖进尺为 4.0 m 时，位移增量开始大于 0.1 mm（为 0.16 mm）；该工况（开挖进尺为 4.0 m）下，距开挖初始掌子面为 6 m 的断面 III 水平位移增量小于 0.1 mm，当开挖进尺进一步增大到 6.0 m 时，这两个断面水平位移增量均大于 0.1 mm（分别为 0.258 mm 和 0.158 mm）。

2）受力分析

表 5.8 为各工况中隔墙特征点竖直方向应力计算结果，表中应力值均为压应力。

表 5.8　各工况中隔墙特征点竖直方向应力计算结果

单位：kPa

L/m	断面 I						断面 II						断面 III					
	a_1	b_1	c_1	d_1	e_1	f_1	a_2	b_2	c_2	d_2	e_2	f_2	a_3	b_3	c_3	d_3	e_3	f_3
0.5	540	1 010	853	931	1 240	775	403	966	496	872	1 250	590	131	442	209	675	753	597
1.0	473	918	727	791	1 050	664	344	885	435	705	1 060	615	218	491	286	697	765	629
2.0	614	1 070	909	919	1 220	766	582	1 080	482	880	1 280	682	240	697	331	880	972	697
4.0	716	1 200	1 040	958	1 280	798	548	1 230	548	890	1 350	662	269	799	481	1 010	1 120	690
6.0	787	1 320	1 050	1 050	1 410	876	653	1 450	553	1 050	1 450	652	373	1 100	616	981	1 350	859
12.0	811	1 550	1 130	1 230	1 450	918	826	1 620	712	1 050	1 510	712	695	1 590	1 030	1 140	1 590	807

图 5.64 反映了三个目标断面中隔墙特征点在不同开挖进尺工况下的竖向应力，各工况中隔墙特征点均为受压，总体来说应力水平不大（最大压应力为 1.62 MPa）。当开挖进尺由 0.5 m 变化为 1.0 m 时，断面 I、II 特征点的竖向应力水平有不同程度的降低，断面 III 特征点的压应力水平有所增大；当开挖进尺从 1.0 m 逐渐增加时，各特征点的竖向应力水平基本呈增加趋势。

图 5.64 中，断面 I、II 和 III 与初始开挖掌子面相距 3 m、0 m 和 6 m，当开挖进尺为 0.5 m 时，开挖对中隔墙的影响范围有限，围岩卸荷被距离开挖面较近范围内的中隔墙承担，距离初始开挖面较远（6.0 m）的断面 III 并未受到开挖的扰动；当开挖进尺为 1.0 m 时，断面 III 特征点的应力水平相比开挖进尺为 0.5 m 的工况有所增加，说明本工况开挖对断面 III 有扰动；

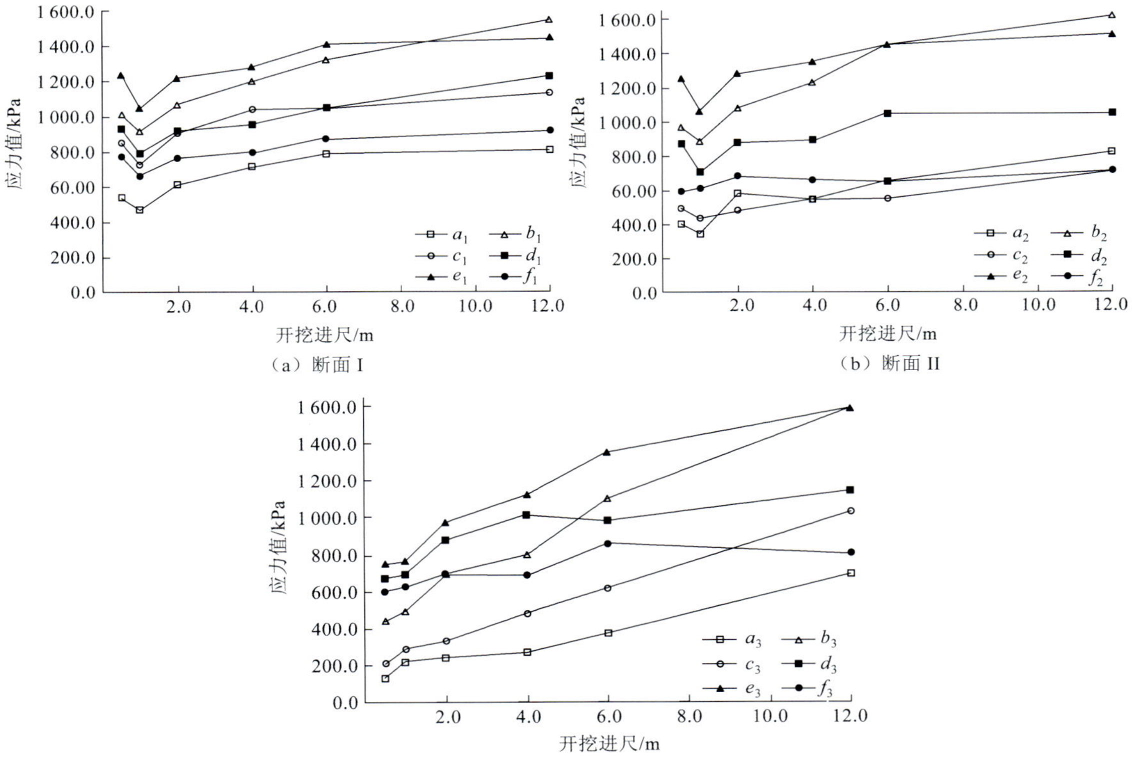

（a）断面 I

（b）断面 II

（c）断面 III

图 5.64　不同开挖进尺工况下中隔墙特征点竖向应力值

当开挖进尺继续增加时，三个目标断面均在卸荷影响范围内，应力水平基本呈增加趋势。不同开挖进尺对中隔墙的影响范围不同，开挖进尺为 0.5 m 时，一次开挖卸荷影响范围约为 3 m，开挖进尺为 1.0 m 时，一次开挖卸荷影响范围约为 8 m；开挖进尺为 4.0 m 时，一次开挖卸荷影响范围约为 35 m。

进一步分析中隔墙竖向应力随开挖进尺变化的分布规律，以受开挖扰动影响最大的断面 II 为例，图 5.65 给出了该断面在不同开挖进尺工况下的竖向应力分布图。

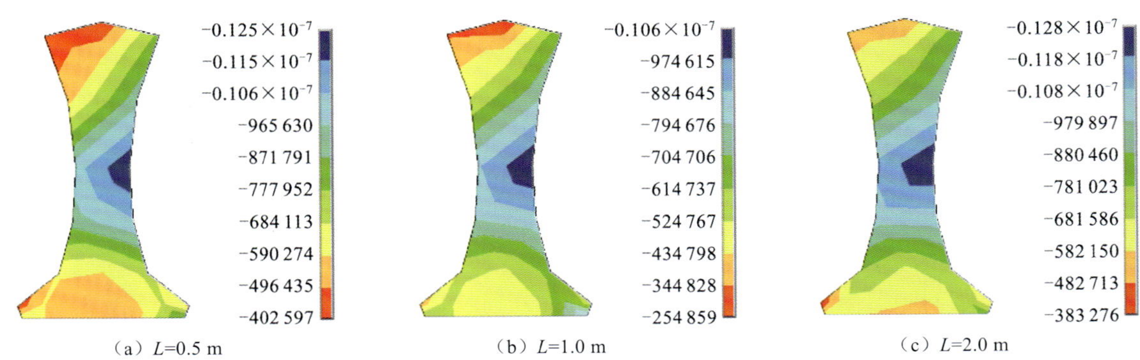

（a）L=0.5 m　（b）L=1.0 m　（c）L=2.0 m

图 5.65　各工况中隔墙竖向应力分布图（断面 II）（单位：Pa）

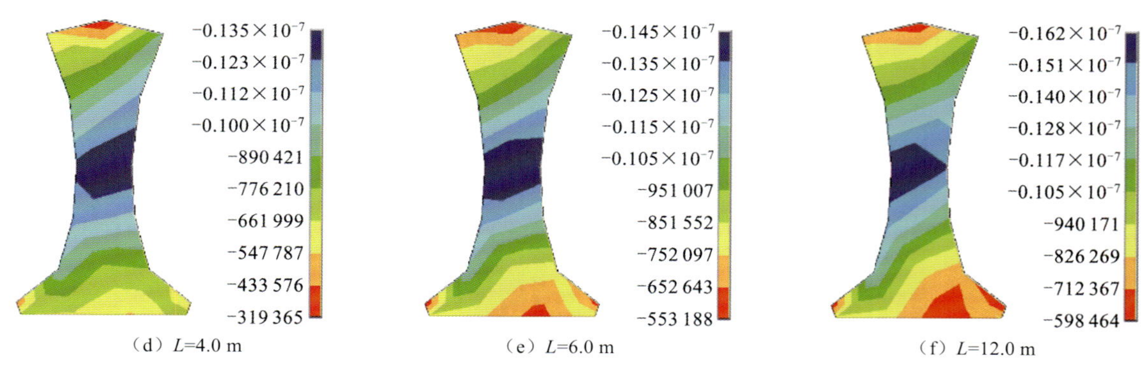

图 5.65　各工况中隔墙竖向应力分布图（断面 II）（单位：Pa）（续）

从图 5.65 中可以看出，各工况断面竖向应力分布规律没有明显的变化，当开挖进尺达到 1.0 m 时，随着开挖进尺的增加，中隔墙压应力增大，墙身中部最大应力值为 1.06～1.62 MPa，最初仅墙身内侧受压较大，从开挖进尺为 4.0 m 开始，墙身中部受压较大区域明显增大，当开挖进尺达到并超过 6.0 m 后，中隔墙中部应力较大区向外侧转移，中隔墙有向外倾覆的趋势，受力状态趋于恶化。

4. 开挖进尺的控制

考虑肋式衬砌段内洞已经贯通，且外洞第一榀和第二榀肋梁已经形成情况下，分析了外洞下一个施工循环段开挖施工过程中不同开挖进尺对肋梁、围岩及中隔墙的影响规律，计算及分析结果表明：

（1）当开挖进尺为 0.5～12.0 m 时，围岩变形位移量值不大，量值最大的是拱顶沉降，值为 5.987 mm，拱顶山坡围岩具有一定的稳定性，但随开挖进尺的增加，围岩变形量值增加明显，受开挖卸荷影响的围岩位移增量变大，当开挖进尺达到并超过 6.0 m 后，围岩受开挖影响的区域扩大，且变形较大的区域范围显著增加。因此，从控制围岩变形角度来说，开挖进尺宜为 6.0 m 左右，考虑实际施工情况，施工最优开挖进尺宜控制在 6.0～8.0 m，且在外洞开挖前进行山坡地表的加固是必不可少的。

计算结果显示，开挖卸荷会使山坡地表围岩发生变形，该区域是受开挖卸荷影响最大的区域，实际施工应做好该区域的加固和开挖过程中位移变形的监控量测。

（2）当开挖进尺为 0.5～12.0 m 时，随开挖进尺增加，受开挖卸荷影响的肋梁的三个方向的位移增量呈增加趋势，其中水平向山坡外位移增量最大，为 0.610 mm，最大压应力为 2.05 MPa，应力增幅为 171%。各开挖进尺工况下，肋梁受力、变形值均不大，但增幅显著，且受开挖卸荷影响，肋梁结构受力均表现出不协调，并发生扭曲的位移变形，增大开挖进尺会使肋梁受力及变形较大的区域增加，恶化肋梁的受力变形状态。因此，实际施工应严格控制开挖进尺，以减小肋梁变形，改善其受力状态，宜控制在 6.0 m 左右，即两榀肋梁的中心距离。

同时，肋梁与拱顶地梁相连接的部位由于截面几何特征变化大，各开挖进尺工况开挖卸荷影响下受力复杂，均出现应力集中现象，为最不利部位。施工中肋梁与拱顶地梁及衬砌结构必须一次浇筑成型，以增加结构的完整性。

（3）开挖卸荷影响下中隔墙水平位移增量随着开挖进尺的增加而增加，且增幅较明显，当开挖进尺大于 4.0 m 时增量开始大于 0.1 mm。在开挖进尺从 0.5 m 变化到 12.0 m 的过程中，中隔墙断面竖向应力值先减小（开挖进尺 0.5～1.0 m）后增加（开挖进尺 1.0～12.0 m），当开挖进尺从 1.0 m 变化到 12.0 m 时，竖向应力最大增幅 72%，增幅明显。不同开挖进尺对中隔墙的影响范围不同，开挖进尺越大，影响范围越大。当开挖进尺大于 4.0 m 时，中隔墙墙身受压较大的区域明显增加，当开挖进尺达到并超过 6.0 m 后，中隔墙中部高应力区向外侧偏转，中隔墙有向外倾覆的趋势，受力状态趋于恶化。上述分析结论表明，从控制中隔墙变形位移及受力状态角度来说，开挖进尺宜控制在 6.0 m 左右。

结合计算结果及上述分析结论，综合考虑开挖进尺对肋梁、围岩及中隔墙受力变形的影响，应控制开挖进尺以实现对围岩和结构的变形控制，开挖进尺宜控制在 6.0 m 左右，考虑实际施工情况，开挖进尺宜控制在 6.0～8.0 m。同时，开挖前应做好拱顶边坡的加固，开挖过程中密切关注本次开挖范围内山坡地表的位移变形情况，肋梁等支护结构施做过程中肋梁与拱顶地梁及衬砌结构一次浇筑成型。

5.4.2　左右洞室开挖间距对结构受力变形的影响

隧道在开挖与支护相互交叉进行过程中，存在着合理施工间距的问题：施工间距过小，则后续开挖卸荷对已成型结构的扰动过大，不利于衬砌结构的受力和稳定；施工间距过大，则已开挖区域长期处于无有效支护状态，洞室稳定性得不到保证，对于连拱隧道而言，过大的施工间距还会使中隔墙受力条件恶化，不利于中隔墙的受力和稳定。因此，需要确定隧道开挖过程中围岩卸荷的影响范围及影响程度，进而得到合理的掌子面开挖与结构物施做的施工间距，确定施工安全距离。

连拱隧道施工中常采用“一洞在前，一洞在后”的施工方案，采用先开挖内侧深埋洞室，后开挖外侧浅埋洞室的方案。在实际施工中，连拱隧道在左右洞分步施工时还存在相互干扰问题，因为后行一侧洞室开挖将使先行开挖侧洞室的围岩受到扰动而发生再次卸荷，增大作用在支护结构上的围岩荷载[38]。通过三维模型的计算，可以进一步分析在隧道进深方向上左右洞开挖过程中对结构和围岩的影响，尤其是对关键结构肋梁及中隔墙的影响规律。

建立肋式连拱隧道三维计算模型，按照 5.4.1 小节的研究结论，开挖进尺取 6.0 m，因此模型中将 62 m 肋式衬砌段分成 11 个开挖循环段，除两端的开挖循环段为 4.0 m 开挖进尺外，其余开挖循环段为 6.0 m 开挖进尺。为节省计算成本并完成分析所需开挖工序，采用如下的开挖推进方式：①初始自重平衡后，首先进行中导洞的开挖施工及其临时支护和中隔墙施做；②开挖内侧洞室第 1～2 个开挖循环段，之后开挖外侧第 1～2 个开挖循环段，并生成外侧 1～2 个开挖循环段的肋梁、衬砌等结构；③进行内洞第 3～9 个开挖循环段的开挖施工；④进行外侧第 3～7 个开挖循环段的开挖施工。开挖工序示意图如图 5.66 所示。

1．围岩变形分析

分别取距隧道模型洞口 10.0 m、28.0 m 和 40.0 m 处目标断面的特征点 a、b，c、d 和 e、f，其中 a、c、e 分别位于外洞目标断面坡顶，b、d、f 分别位于内洞目标断面洞顶（图 5.66），通过各特征点位移变形值随开挖掌子面推进的变化规律，分析开挖卸荷的影响范围。

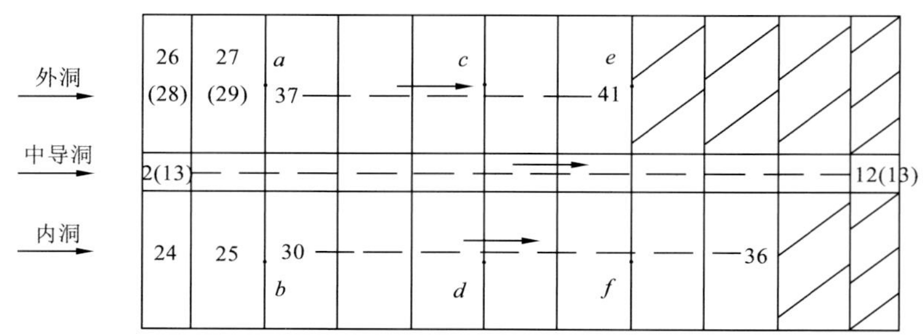

图 5.66 开挖工序示意图

数字—围岩开挖工序号；在括号内数字—结构物施做工序号；字母—特征点；▨—未开挖区域

根据设定开挖工序，可以得到各个特征点距开挖掌子面的距离（用隧道单洞跨度 B 表示，模型中 B 为 12.0 m）与施工步的对应关系，其中，开挖掌子面指当前施工步的初始掌子面，其对应关系见表 5.9，表中距离为负时表示特征点所在断面的围岩还未开挖。

表 5.9 各特征点距开挖掌子面距离与施工步对应关系 单位：B

特征点	施工步											
	30	31	32	33	34	35	36	37	38	39	40	41
a b	0.0	0.5	1.0	1.5	2.0	2.5	3.0	0.0	0.5	1.0	1.5	2.0
c d	−1.5	−1.0	−0.5	0.0	0.5	1.0	1.5	−1.5	−1.0	−0.5	0.0	0.5
e f	−2.5	−2.0	−1.5	−1.0	−0.5	0.0	0.5	−2.5	−2.0	−1.5	−1.0	−0.5

通透肋式连拱隧道采用首先开挖内侧深埋洞室，后开挖外侧洞室的开挖施工方案，为了探讨隧道在开挖施工和结构施做中洞室开挖对本侧围岩与结构的影响，以及后行洞开挖对先行洞围岩和结构的影响等，以下主要对 30～41 施工步过程进行结果的统计和规律分析。

图 5.67 为各特征点位移变形值随开挖掌子面推进的变化规律，其中 a、c 和 e 点位于外洞目标断面坡顶，主要分析其水平位移发展规律，其值为负表示向山坡外侧的水平位移；b、d 和 f 位于内洞目标断面洞顶，主要分析其沉降发展规律。

从图 5.67 可以看出，各特征点在内洞开挖前已存在一定的先期位移值，因与开挖面距离的不同，各点开始发生位移变化的施工步、变形位移达到稳定的施工步等存在先后顺序，但各特征点位移变化具有相似的规律，下面以距洞口 28 m 的特征点 c 和 d 分别分析水平位移和沉降随开挖面推进的变化规律。24～29 施工步为内外洞前两个开挖循环段的开挖和前两榀肋梁等结构的施做，该过程中 c、d 点基本保持稳定，变形位移值没有增加；第 30 施工步进行内洞第三开挖循环段开挖，c、d 点仍没有产生明显的位移增量；第 31 施工步进行内洞第四个开挖循环段的开挖，c、d 点开始产生明显的位移增量，随着掌子面与特征点距离的缩小（31～33 施工步），c、d 点位移值发生急剧增长；当掌子面经过 c、d 点所在断面后，掌子面逐渐远离特

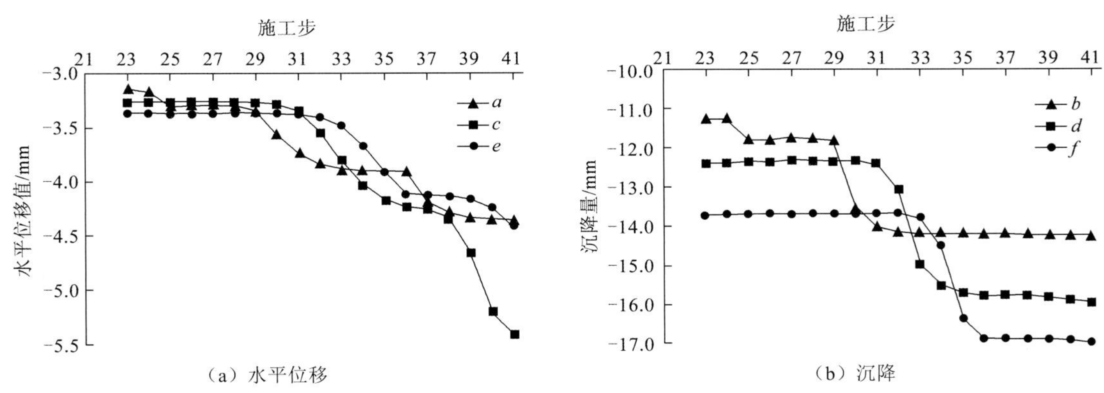

（a）水平位移　　（b）沉降

图 5.67　特征点位移变形值随开挖掌子面推进变化曲线

征点（34～36 施工步），c、d 点位移值继续增长并逐渐趋于稳定；37～41 施工步为外侧洞室开挖，这个过程中 d 点沉降一直存在微小的增量，总体是趋于稳定的，而处于外侧边坡地表的特征点 c 在这个过程中水平位移持续增加，是因为特征点 c 一直处于外洞开挖卸荷的影响范围之内。

2．肋梁变形与受力分析

1）位移变形分析

按照 5.4.1 小节的分析结论，肋梁在隧道开挖施工过程中会发生不协调的扭曲变形，其中，肋梁上部靠近拱顶地梁、肋梁弧线段中部分别发生了较大的水平向山坡外侧和纵向的位移变形，因此，分别取 1#与 2#肋梁上的特征点 g、h 与 j、k，其中 g、j 分别为 1#、2#肋梁下缘弧线段中心点，h、k 分别位于 1#、2#肋梁与拱顶地梁连接处截面的中心，通过各特征点位移值随开挖掌子面推进的变化，分析隧道开挖推进对两榀肋梁位移变形的影响规律。

图 5.68 为隧道开挖过程中肋梁特征点位移变形值随施工步的变化关系。

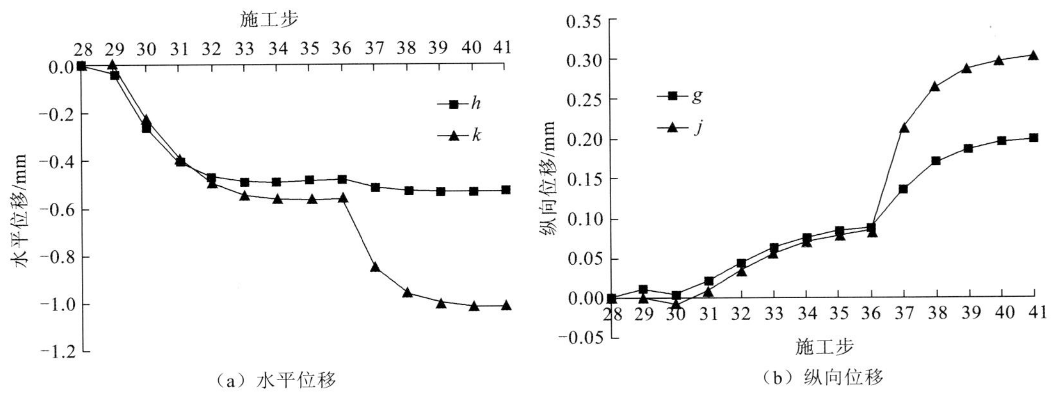

（a）水平位移　　（b）纵向位移

图 5.68　肋梁特征点位移变形值随施工步变化曲线

由图 5.68（a）可见，在内洞开挖（30～36 施工步）过程中，特征点水平位移先增加后逐渐趋于稳定，h、k 两个特征点的水平位移曲线发展基本一致，相对位移很小；在外侧围岩开挖

（37～41 施工步）过程中，特征点水平位移先增加后逐渐趋于稳定，但两点位移曲线发展出现很大差异，外侧围岩开挖对 h 点（在 1#肋梁上）水平位移影响很小，水平位移基本没有进一步发展，但外侧围岩开挖对 k 点（在 2#肋梁上）水平位移影响很大，这也使靠近掌子面的 2#肋梁在水平方向上与远离掌子面的 1#肋梁产生一定的相对位移，虽然最终两点的水平位移均趋于稳定，但两榀肋梁的不协调位移对肋梁结构的稳定十分不利。

由图 5.68（b）可见，在内洞开挖（30～36 施工步）过程中，掌子面与特征点相距越来越远，特征点纵向位移先增加后逐渐趋于稳定，且 g 点（在 1#肋梁上）比 j 点（在 2#肋梁上）在纵向上的位移稍大，两点位移曲线发展基本一致，相对位移很小，说明在这个过程中，两榀肋梁在纵向上位移变形保持一致，没有出现不协调变形现象；在外侧围岩开挖（37～41 施工步）过程中，特征点纵向位移先增加后逐渐趋于稳定，但两点位移曲线发展出现很大差异，g 点比 j 点在纵向上的位移要小，仅外侧第三个开挖循环段（对应第 37 施工步）就使靠近开挖掌子面的 j 点纵向位移变形超过 g 点，虽然随着与掌子面距离的增加，两点的位移均趋于稳定，但两点纵向上已经存在位移差，出现变形不协调现象，说明外侧开挖时掌子面与肋梁距离过小对肋梁是极为不利的。

为了更加清晰地表现开挖对肋梁位移变形的影响，确定开挖卸荷对肋梁的扰动程度，下面分析肋梁特征点受开挖卸荷影响发生的位移增量与特征点距初始掌子面距离（用 B 表示）的关系，分别讨论内外洞开挖过程中施工间距对肋梁位移变形的影响。

图 5.69～图 5.72 为肋梁特征点受开挖卸荷影响发生的位移增量随特征点距初始掌子面距离（用 B 表示）变化图。可以看到，无论是内洞开挖还是外洞开挖，当掌子面与肋梁结构相距较近时，均对肋梁有较大影响，尤其是影响肋梁水平方向的位移，同种工况下靠近开挖面的肋梁总是比远离开挖面的肋梁受到的影响大，会使外侧肋梁结构产生不协调变形，影响整体稳定性。为了避免对肋梁的干扰，降低不协调变形，外侧肋梁施做时，应与内洞掌子面相距 2.0B 以上，与外侧掌子面相距 1.0B 以上。

2）*肋梁应力分析*

分析肋梁受力情况，图 5.73 为肋梁最大主应力值随开挖面推进的变化曲线。可以看到，在隧道开挖推进过程中，肋梁主应力大小变化趋势是先增加后趋于稳定，其中，相较第一主应

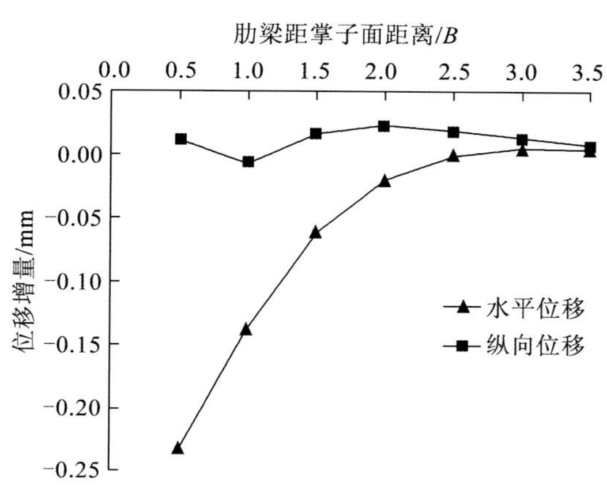

图 5.69　内洞开挖对 1#肋梁位移的影响

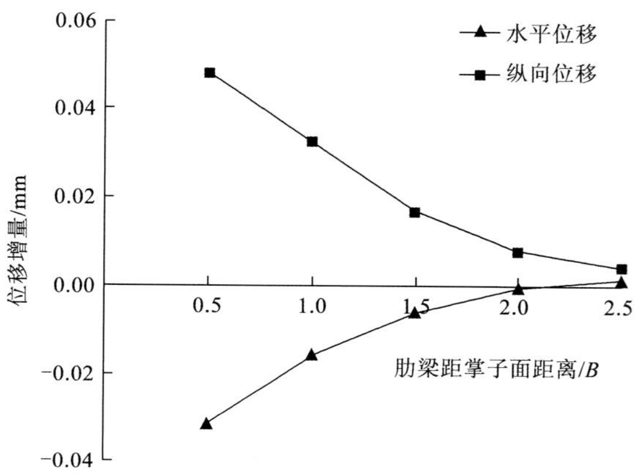

图 5.70　外洞开挖对 1#肋梁位移的影响

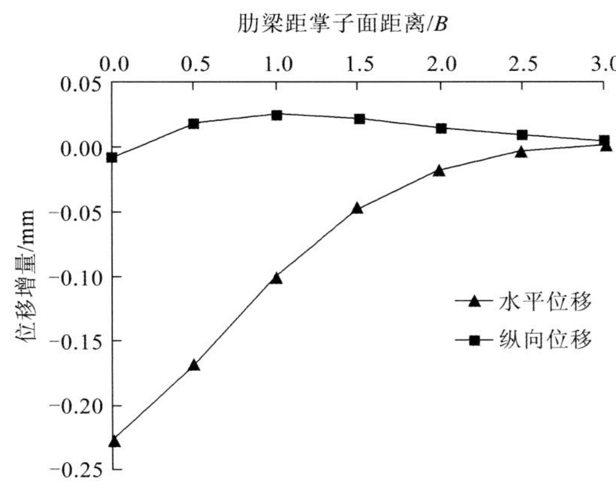

图 5.71　内洞开挖对 2#肋梁位移的影响

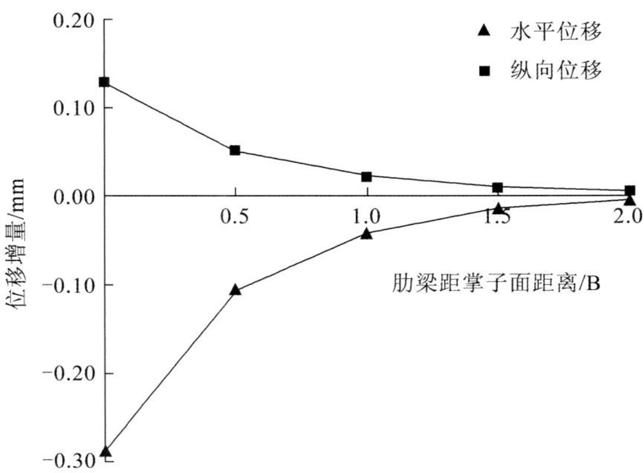

图 5.72　外洞开挖对 2#肋梁位移的影响

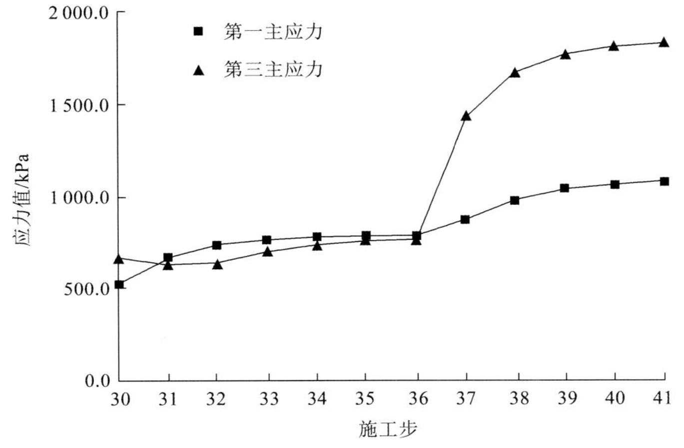

图 5.73　肋梁最大主应力值随开挖面推进变化

力，第三主应力增幅更加明显，并且增长主要集中在外侧围岩的第一次开挖（第 37 施工步）过程中，该施工步肋梁第三主应力增幅达 86%，此时肋梁距掌子面距离为 0，可见该工况洞室开挖对肋梁受力十分不利。因此，为了减轻对肋梁的干扰，降低肋梁应力水平，外侧肋梁施做时，应与内洞掌子面相距 1.0*B* 以上，与外侧掌子面相距 1.5*B* 以上。

进一步分析肋梁主应力随掌子面推进过程的分布规律，图 5.74 给出了部分施工步肋梁的主应力分布图。

可见，隧道开挖推进过程中，1#肋梁与防撞墙连接部位出现最大的第一主应力，该部位在施工过程中一直处于受拉状态；而 2#肋梁与防撞墙连接部位出现较大的压应力，且在外侧围岩第一次开挖（第 37 施工步）时出现应力突增。

3．中隔墙变形与稳定性分析

彭定超等在对金竹林连拱隧道的三维弹性计算分析中，曾将中隔墙顶部和底部的位移差作为参数，研究了中隔墙在不同施工方式工况下的空间受力变形和稳定性[42]；而王文正将中隔墙基部左右趾两点的位移差作为参数，考察了中隔墙在施工过程中的变形规律[43]。下面借

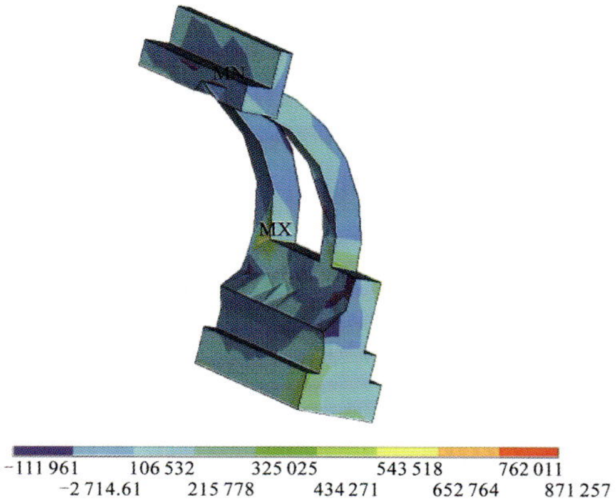

MN
MX
-111 961　106 532　325 025　543 518　762 011
-2 714.61　215 778　434 271　652 764　871 257

（a）第 37 施工步，外洞开挖，与掌子面距离为 0（第一主应力）

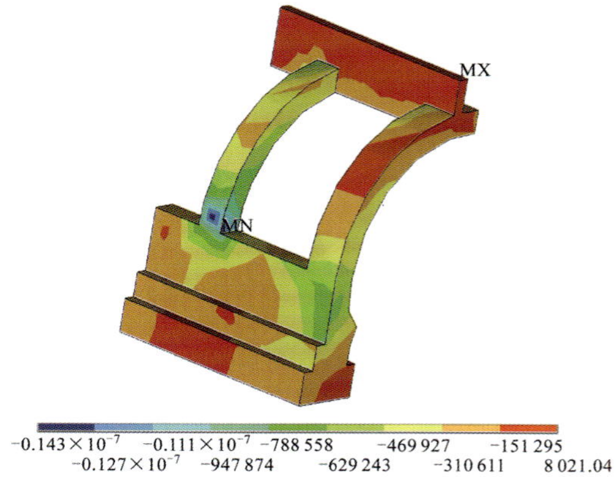

MX
MN
-0.143×10⁻⁷　-0.111×10⁻⁷　-788 558　-469 927　-151 295
-0.127×10⁻⁷　-947 874　-629 243　-310 611　8 021.04

（b）第 37 施工步，外洞开挖，与掌子面距离为 0（第三主应力）

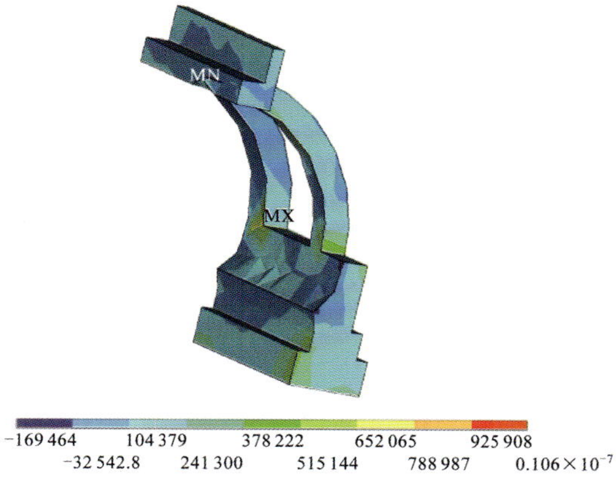

MN
MX
-169 464　104 379　378 222　652 065　925 908
-32 542.8　241 300　515 144　788 987　0.106×10⁻⁷

（c）第 40 施工步，外洞开挖，与掌子面距离为 1.5B
（第一主应力）

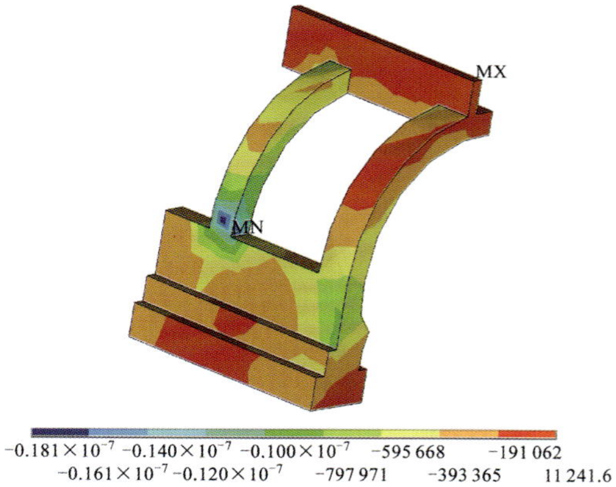

MX
MN
-0.181×10⁻⁷　-0.140×10⁻⁷　-0.100×10⁻⁷　-595 668　-191 062
-0.161×10⁻⁷　-0.120×10⁻⁷　-797 971　-393 365　11 241.6

（d）第 40 施工步，外洞开挖，与掌子面距离为 1.5B
（第三主应力）

图 5.74　开挖推进过程中肋梁主应力分布图（单位：Pa）

鉴并采用上述思路，分析中隔墙目标断面各特征点随掌子面开挖推进过程的位移差变化，重点讨论特征点 a、c 的水平位移差和纵向位移差，以及 c、f 的竖向位移差。

图 5.75 为中隔墙各断面水平方向位移变形随隧道施工掌子面推进的变化曲线。

距洞口10.0 m
距洞口16.0 m
距洞口22.0 m
距洞口28.0 m
距洞口34.0 m
距洞口40.0 m
位移差/mm
2.0
1.6
1.2
0.8
0.4
0.0
30 31 32 34 34 35 36 37 38 39 40 41
施工步

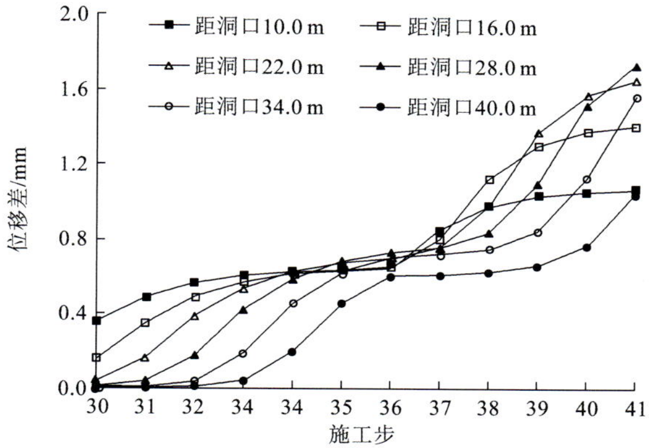

图 5.75　中隔墙各断面水平方向位移变形随隧道施工掌子面推进的变化曲线

从图 5.75 中可以看出，设定工况下右洞开挖前，靠近洞口的部分中隔墙断面已经存在水平位移差，中隔墙各断面随开挖面的推进具有相似的变形规律，下面以距洞口 28.0 m 的断面为例分析其变形规律。内洞开挖前，该断面先期位移差约为 0.01 mm，内洞开挖过程（30～36 施工步）中，随着掌子面的推进，中隔墙变形逐渐增大并趋于稳定值，外洞开挖过程（37～41 施工步）中，中隔墙断面特征点位移差继续增大，设定开挖工序内中隔墙变形持续增加，是因为该断面一直处于外侧开挖卸荷的影响范围之内，后面还会进行具体分析。

1）内洞施工对中隔墙的影响

分别取距隧道模型洞口 10.0 m、28.0 m 和 40.0 m 处中隔墙断面为目标断面，中隔墙随内侧洞室掌子面推进的位移变形曲线如图 5.76 所示。其中，目标断面与掌子面间的距离用跨度 B 表示，为负时表示中隔墙目标断面的围岩尚未开挖；水平位移差指 c、a 点的水平位移差，为正时表示中隔墙向山坡外侧倾斜，沉降差指 f、c 点的竖向位移差，为正时表示内侧墙趾上扬，纵向位移差指 a、c 点的纵向位移差。

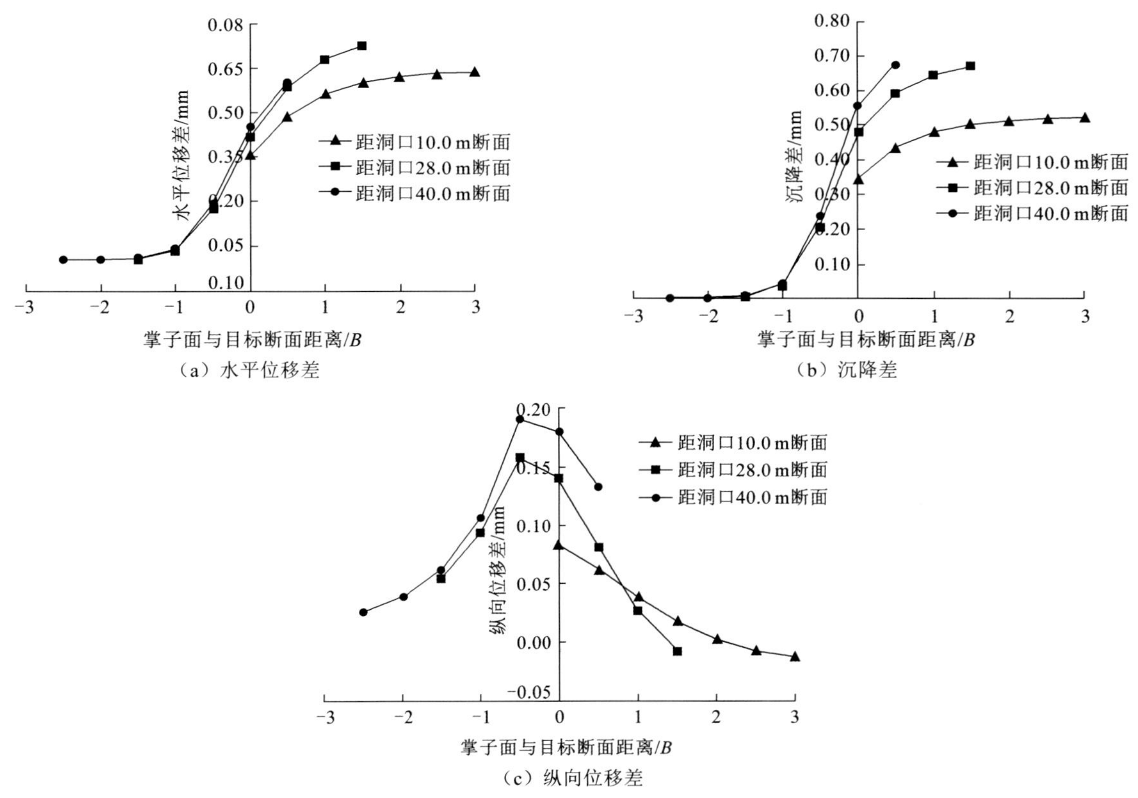

（a）水平位移差

（b）沉降差

（c）纵向位移差

图 5.76　内洞开挖推进对中隔墙变形的影响

图 5.76（a）～（c）分别为内洞开挖推进过程中中隔墙各目标断面特征点的位移差随断面与掌子面距离的变化关系。

从图 5.76（a）、（b）可以看出，内洞开挖过程中，特征点水平方向的位移差与沉降差的变化规律是一致的，当掌子面越来越靠近中隔墙目标断面时，目标断面特征点位移差越大，中隔墙变形越大，当掌子面经过目标断面并远离时，目标断面特征点位移差继续增大并趋于稳定，中隔墙变形逐渐达到最大值，该过程中，当中隔墙顶部与底板发生较大水平位移差时，底板内外侧在竖向上也存在较大位移差，说明中隔墙在这个过程中的变形是接近刚性的，且在隧道断面所在平面内变形达到最大值后维持最大变形。对于纵向位移差[图 5.76（c）]，当掌子面越来越靠近中隔墙目标断面时，中隔墙顶部与底板纵向位移差越大，中隔墙变形越大，当掌子面经过目标断面并远离时，顶部与底板纵向位移差逐渐减小并趋于 0，中隔墙纵向变形接近消失。总体来说，当掌子面与中隔墙目标断面相距 1.5*B* 以上时，中隔墙变形趋于稳定，说明内洞开挖对中隔墙的影响范围约在距掌子面前后 1.5*B* 内。

2）外洞施工时中隔墙的变形

外侧开挖过程中，目标断面特征点水平方向的位移差与竖向位移差的变化规律是一致的，因此，仅分析外侧开挖时中隔墙目标断面特征点的水平位移差和纵向位移差，见图 5.77。

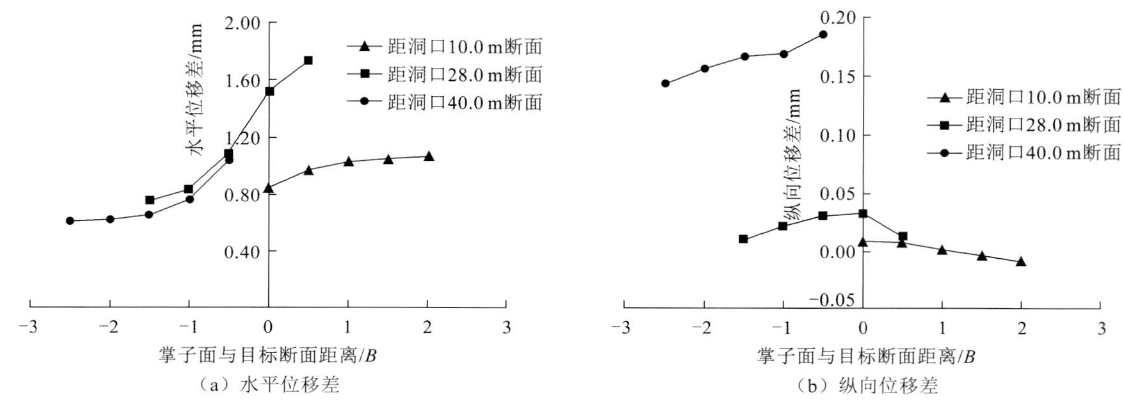

（a）水平位移差　　（b）纵向位移差

图 5.77　外侧开挖时中隔墙的位移变形

可见，外侧开挖对中隔墙的影响在距掌子面−1.0*B*～1.0*B* 处，当掌子面与中隔墙目标断面的距离不在这个范围内时，外侧开挖对中隔墙的影响很小，特征点的位移差基本稳定。值得注意的是，在外侧掌子面逐渐靠近中隔墙目标断面之前，中隔墙已有先期水平位移变形，这是内洞开挖造成的，随着外侧掌子面的靠近，这种位移变形持续增加，直到掌子面经过目标断面，且距离超过 1.0*B* 时，累计变形达到并保持最大。

王文正针对某公路双连拱隧道进行施工过程的空间分析时，首先开挖右洞并施做衬砌，然后再开挖左洞并施做衬砌，该连拱隧道为普通连拱隧道，不存在偏压[43]。在分析左洞施工过程中中隔墙的变形规律时，考察了中隔墙各断面位移随左洞开挖掌子面推进的变化曲线，结论是当左洞掌子面与右洞掌子面间距大于 3.0*B* 时，内外洞掌子面间总有部分中隔墙变形达到最大值，因此，从控制中隔墙变形的角度讲，内外洞掌子面的间距应小于 2.5*B*。此外，王昌盛曾以某浅埋偏压连拱隧道为依托，探讨浅埋偏压连拱隧道的施工过程力学特征，计算过程为首先开挖左洞（深埋侧），其次进行左洞衬砌施做，再次开挖右洞，最后进行右洞衬砌施做[44]。进行结果分析时，考察了中隔墙某断面竖向应力随施工过程的变化规律，发现左洞施工过程中，中隔墙左侧受压较大，右侧受压较小，存在明显偏压，随着右洞开挖的进行，右侧受压迅速增大，大偏心逐渐向小偏心转化，受偏压影响，中隔墙左侧竖向应力仍大于右侧，中隔墙仍处于偏心受压状态。

上述实例说明了普通连拱隧道左右洞的施工对中隔墙变形或应力造成的影响：①对于普通无偏压连拱隧道，先行洞开挖时，受开挖卸荷影响，中隔墙发生了向另一侧的变形位移，而后行洞开挖时，也会使中隔墙发生向另一侧（即先行洞侧）的变形位移，当左右洞掌子面靠近时两种影响开始叠加，在叠加区中隔墙变形开始低于最大值，当两洞掌子面间距为零时，中隔墙变形达到最小值，即后行洞开挖改善了中隔墙的变形；②对于普通浅埋偏压连拱隧道，先行洞开挖后，由于围岩卸荷，靠近先行洞侧中隔墙竖向压力较大，存在明显偏压，随着后行洞的开挖卸荷，后行洞侧中隔墙压应力迅速增加，虽然最终先行洞侧中隔墙压应力仍然比后行洞侧大（因为山体偏压，中隔墙内外侧偏压仍然存在，后行洞开挖后因围岩继续卸荷，中墙受力大小继续增加），但却改善了中隔墙的受力状态，从大偏心变为了小偏心。

肋式连拱隧道中隔墙随内外侧洞室开挖过程的变形和受力变化规律则不同，下面分别用图 5.78、图 5.79 分析说明。

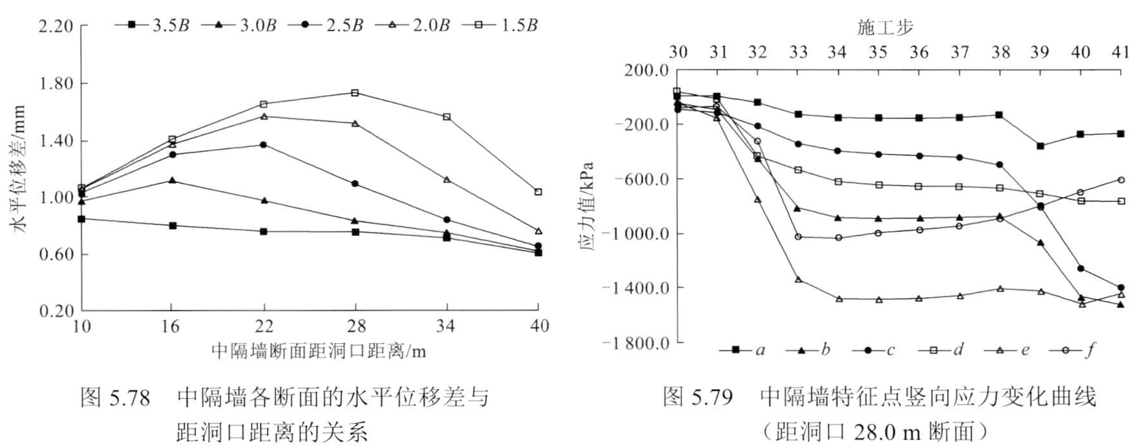

图 5.78　中隔墙各断面的水平位移差与距洞口距离的关系

图 5.79　中隔墙特征点竖向应力变化曲线（距洞口 28.0 m 断面）

图 5.78 为外侧开挖时中隔墙各断面的变形与内外侧掌子面间距的关系，图中每条曲线表示内外侧掌子面间距为某值时中隔墙各断面的变形值，多条曲线则表示两掌子面间距为不同值（即外侧掌子面开挖推进过程）时中隔墙各断面的变形情况。可以看出，随着外侧的开挖，两掌子面的间距越来越小，两掌子面间中隔墙变形较大的范围越来越大。例如，当掌子面相距 $3.5B$ 时，中隔墙各断面位移差均小于 1.00 mm；当相距 $2.5B$ 时，仅距洞口 22.0 m 的断面位移差最大，接近 1.40 mm；当相距 $1.5B$ 时，中隔墙上大约有长度为 $1.5B$（距洞口 16.0～34.0 m）的部分位移差超过 1.40 mm 且最大达到 1.73 mm，说明随着外侧开挖卸荷，中隔墙的变形越来越大，并不存在使两开挖面间距小于某值，利用内外侧围岩开挖对中隔墙影响的交叠作用，能减小中隔墙变形较大区域的范围，有利于控制中隔墙的变形的结果。

图 5.79 为中隔墙断面（以距洞口 28.0 m 断面为例）特征点竖向应力随隧道开挖推进的变化曲线。根据断面各特征点竖向应力的变化可以分析中隔墙在这个过程中的受力历程：右洞开挖前，a、d 点为拉应力，其余特征点为压应力，各特征点应力水平较低且大致对称分布，中隔墙基本处于轴心受压状态；内侧开挖结束后，各特征点竖向应力均为压应力，各点应力值

有不同程度的提高，其中 e 点压应力最大，为 1.48 MPa，a 点压应力最小，为 0.15 MPa，c、d、b 和 f 点的压应力依次增大，分别为 0.43 MPa、0.65 MPa、0.89 MPa 和 0.98 MPa；外侧开挖后，a、d 和 e 点压应力有小幅变化，b 点压应力增加到 1.53 MPa，为压应力最大点，c 点压应力增加到 1.41 MPa，而 f 点压应力减小到 0.61 MPa。外侧开挖引起中隔墙各特征点应力的变化体现了肋式连拱隧道与普通浅埋偏压连拱隧道的差异，外侧开挖后中隔墙内外侧中部受压均很大，但墙身内侧趾部（f 点）压应力减小，存在上扬现象，继续开挖外侧后很可能发展成拉应力，外侧开挖加剧了墙身应力不均匀，恶化了中隔墙的受力状态。

进一步展现中隔墙随掌子面推进过程的竖向应力分布规律变化，图 5.80 给出了第 39 施工步中隔墙各断面竖向应力的分布图，图 5.81 为各施工步中隔墙距洞口 28.0 m 断面的竖向应力分布图。

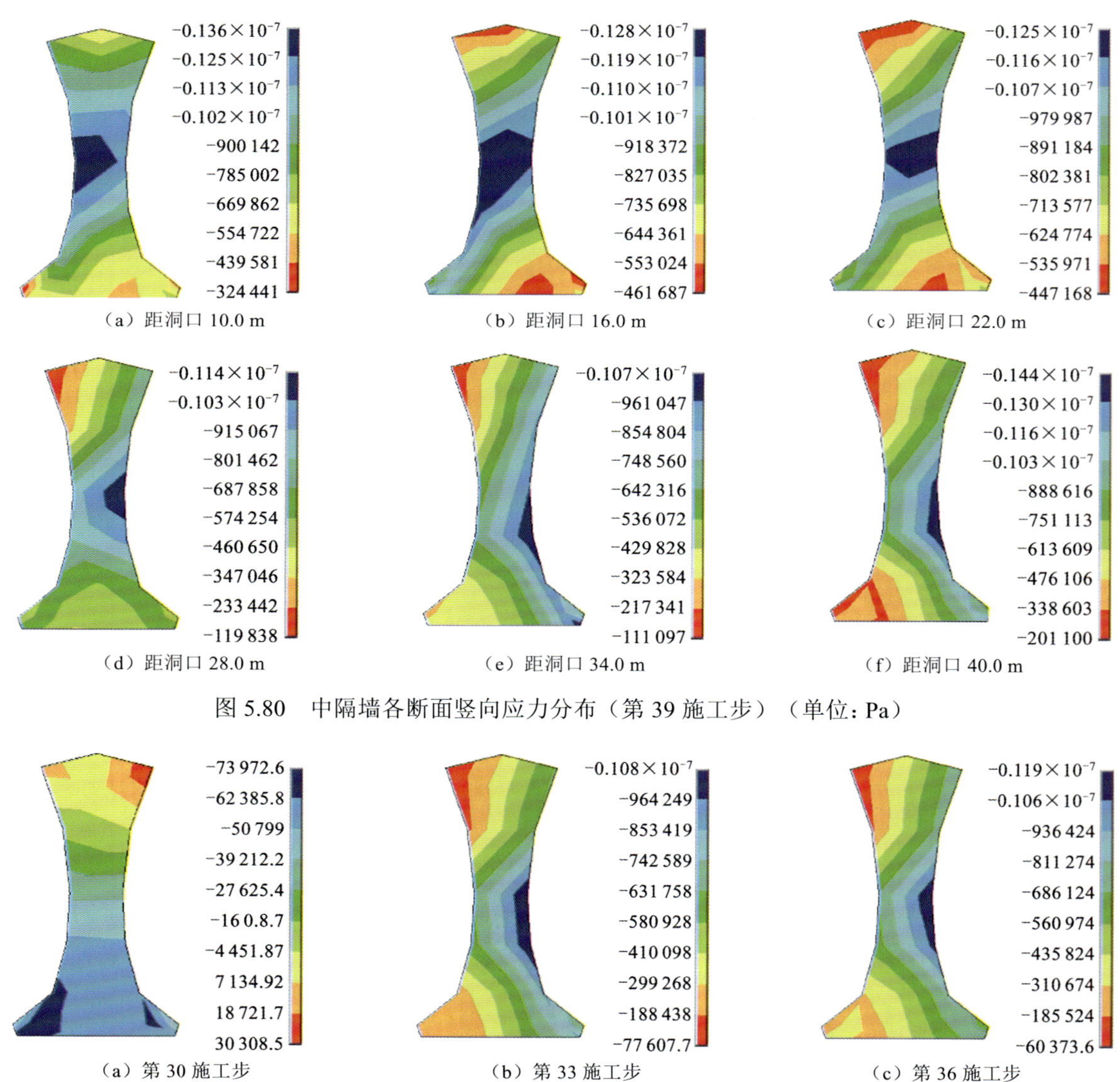

（a）距洞口 10.0 m　（b）距洞口 16.0 m　（c）距洞口 22.0 m

（d）距洞口 28.0 m　（e）距洞口 34.0 m　（f）距洞口 40.0 m

图 5.80　中隔墙各断面竖向应力分布（第 39 施工步）（单位：Pa）

（a）第 30 施工步　（b）第 33 施工步　（c）第 36 施工步

图 5.81　中隔墙断面竖向应力分布（距洞口 28.0 m 断面）（单位：Pa）

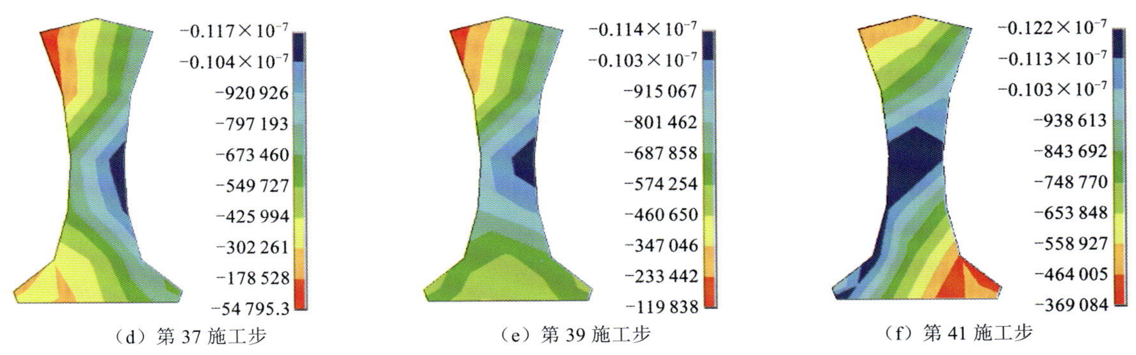

图 5.81　中隔墙断面竖向应力分布（距洞口 28.0 m 断面）（单位：Pa）（续）

4. 施工安全距离的控制

肋式连拱隧道在掌子面推进过程中，通过分析设定工序开挖过程中围岩卸荷的影响范围，可以得到以下规律：

（1）隧道在开挖推进过程中的内洞开挖过程中，内洞围岩受开挖卸荷影响的区域为掌子面前方 1.0*B* 和后方 1.5*B* 之间，外洞围岩受影响的区域为掌子面前方 1.5*B* 和后方 2.0*B* 之间；外洞开挖过程中，内洞围岩受开挖卸荷影响较小，外洞围岩受影响较大的区域为开挖掌子面前方 1.5*B* 和后方 1.5*B* 之间。

因此，在内洞开挖与支护过程中，内洞二次衬砌结构施做时距离掌子面的距离应不小于 1.5*B*，肋梁施做时距离内洞掌子面的距离应不小于 2.0*B*；外洞的施工间距应不小于 1.5*B*。

（2）应力分布规律与位移变化规律相吻合，在整个设定的施工过程中两榀肋梁与防撞墙的连接部位出现应力集中，位移变形较大部位为肋梁上部与拱顶地梁相连接处；若开挖掌子面与肋梁结构距离过小，肋梁易受开挖卸荷影响，发生不协调变形，出现应力激增，不利于肋梁的受力和稳定。

根据计算结果，为了避免围岩开挖对肋梁产生较大干扰，降低肋梁应力水平，减小肋梁的不协调变形，在外侧肋梁施做时，应与内洞掌子面相距 2.0*B* 以上，与外侧掌子面相距 1.5*B* 以上，以保证肋梁的安全。此时，若内侧掌子面领先外侧掌子面 1.0*B* 以上，则肋梁施做与内洞掌子面相距 2.0*B* 以上的条件能自然满足。

同时，由于隧道外侧为不连续的支撑体系，肋拱式钢筋混凝土梁上下端分别与拱顶地梁和防撞墙相连接，在连接部位由于截面几何性质的变化，在隧道开挖推进过程中易出现应力集中现象，是结构的薄弱部位，施工中应注意将肋梁与拱顶地梁和防撞墙一次性浇筑成型，以增加结构的整体性。

（3）肋式连拱隧道的中隔墙是重要的组成和承力结构，其位移及稳定性关系整体隧道的稳定，计算结果表明，隧道内外侧开挖对中隔墙的影响区域分别为距掌子面−1.5*B*～1.5*B*、−1.0*B*～1.0*B*，而外侧开挖并不如普通连拱隧道一样能改善中隔墙的位移或受力状态，而是加大了变形，恶化了受力状态，内侧趾部存在上扬现象，需要特殊处理。因此，在内侧洞室开挖过程中，要密切关注并采取措施加强掌子面前后 1.5*B* 范围内中隔墙的安全稳定；外侧开挖过程中要密切关注并采取措施加强掌子面前后 1.0*B* 范围内中隔墙的安全稳定，注意中隔墙顶部水平位移的监控量测。

外侧开挖支护过程中，施工间距越大，开挖对肋梁结构的影响越弱，但过大的施工间距又会带来显著的围岩变形，中隔墙的变形和受力状态趋于恶化，因此，一味增大施工间距是不可取的。考虑到肋梁在开挖过程中应力水平较低，变形位移较小，而生成肋梁、二次衬砌等结构对控制围岩变形起到了积极作用，且及时施做肋梁能使其与中隔墙共同承力，对于改善中隔墙的变形受力是有利的，因此可以适当减小肋梁与掌子面的施工间距。

综合考虑肋式连拱隧道开挖与支护过程中围岩、肋梁和中隔墙的受力变形特征，外洞施工间距宜控制在 1.0*B*（12 m）左右，考虑实际施工可能会出现围岩较差的情况，需及时施做肋梁以尽早形成封闭的承载结构，保护拱顶山坡稳定，因此实际施工间距宜控制在 8.0～10.0 m。在内侧洞室开挖过程中，要密切关注并采取措施加强掌子面前后 1.5*B* 范围内中隔墙的安全稳定；外侧开挖过程中要密切关注并采取措施加强掌子面前后 1.0*B* 范围内中隔墙的安全稳定，注意中隔墙顶部水平位移的监控量测。

5.4.3　衬砌时机对结构受力变形的影响

1．支护时机的概念和物理意义

对于采用新奥法施工的地下工程，为了充分发挥围岩的自承作用，隧道开挖后应允许围岩产生一定程度的变形，以释放一定的围岩压力，减少作用在支护结构上的荷载；同时需要采取有效的衬砌措施，控制围岩，避免产生过大的变形以保证工程的稳定，而衬砌结构的施做时机对隧道安全稳定性起到至关重要的作用。若能确定隧道衬砌结构的最佳施做时机，不仅能满足结构安全稳定性要求，还能达到经济性要求。一般来说，若二次衬砌支护过早，围岩变形小，但衬砌承担的荷载大，可能导致二次衬砌结构因受力过大而开裂，降低结构持久性，若强化支护结构则会增加建设成本；二次衬砌支护过晚，围岩变形加大，可能导致变形无法控制而发生坍塌等事故，影响工程安全。

对于具有一定自承能力的围岩来说，其隧道开挖后最佳支护时机是指能够最大限度地发挥围岩的自承能力，使其能充分调动支护系统的作用，支护系统受力降到最低，同时能确保有使支护系统利用率最大的支护时间。

隧道衬砌支护理论为

$$P_{\mathrm{T}} = P_{\mathrm{DR}} + P_{\mathrm{S}} = P_{\mathrm{D}} + P_{\mathrm{R}} + P_{\mathrm{S}} \tag{5.1}$$

式中：P_{T} 为开挖后围岩向开挖面运动的等效合力，包括地质构造应力、工程应力、自重应力、地下水作用力等；P_{S} 为支护抗力；P_{DR} 为围岩提供的作用力；P_{D} 为围岩变形释放的作用力；P_{R} 为围岩自承作用力。

隧道开挖后，围岩向开挖面运动的等效合力是由围岩自承作用和支护结构共同承担的。为确保支护设计得到充分利用，即达到最佳的支护时机，应同时满足以下三个条件：P_{D} 达到最大值；P_{R} 达到最大值；P_{S} 达到最小值。而实际上，P_{D} 和 P_{R} 两者是相互对立的，不可能同时达到最大值，于是应使 P_{D} 与 P_{R} 之和即 P_{DR} 达到最大值。所以最佳支护时机的意义，就是在保证隧道安全稳定的前提下，使 P_{DR} 达到最大值的支护时间，选取合适的变形能释放时间和支护时间[图 5.82（a）]。

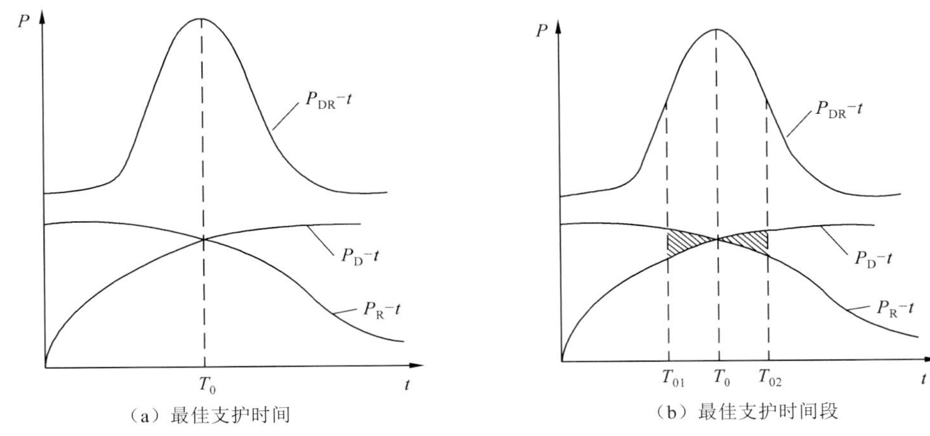

（a）最佳支护时间　（b）最佳支护时间段

图 5.82　最佳支护时间与最佳支护时间段

然而在工程中对最佳支护时间点的确定是有困难的，因为支护时间曲线难以找到并确定，于是引出了最佳支护时间段的概念。最佳支护时间段为如图 5.82（b）所示时间段[T_{01}，T_{02}]，在实际施工中只要在时间 T_0 附近的时间段[T_{01}，T_{02}]内进行支护，基本上可以使 P_D 与 P_R 达到优化意义上的最大，此时 P_{DR} 趋于最大值，P_S 趋于最小值也就得到了满足，衬砌支护得到一定的优化。

由于隧道工程的复杂性，最佳支护时间与多项因素有关，确定衬砌支护时机很重要的因素就是对围岩应力释放率的确定，而埋深、围岩级别、偏压隧道、施工方法等因素均对释放率有不同程度的影响；除此以外，在数值分析中，一方面不同施工步时的应力释放率会影响隧道的计算结果，另一方面，数值计算对实际施工过程的模拟也是比较困难的，因此对应力释放率的确定要依情况而定。对于开挖边界的释放率，在进行具体施工时，可根据实测资料加以确定，近似地将释放率定义为隧道控制测点在本阶段的变形值与施工完成、变形稳定之后的变形值之比；在有关公路隧道施工数值模拟研究计算中，通常会根据围岩类别和开挖方法的不同假定不同的开挖释放率。

2．计算模拟方案

按照肋式连拱隧道的设计施工方案，在完成外侧坡面围岩开挖和仰拱施工后，应整体模筑外侧肋梁、拱顶地梁及二次衬砌。为了减少施工对肋梁的干扰，避免肋梁出现过大的应力调整，影响肋梁结构安全，实际施工采用如下调整方案：①在完成外侧坡面围岩开挖和仰拱施工后，采用 I20b、纵向间距为 0.6 m 的工字钢拱架进行临时支护；②对中隔墙进行临时斜支撑支护，以加强对偏压荷载的支撑作用，避免围岩和结构产生过大水平向变形位移；③加强对拱顶山坡地表、中隔墙、临时钢拱架等的变形监测，及时反馈；④达到合适的衬砌支护时机后，进行外侧肋梁、拱顶地梁及二次衬砌的整体模筑，割除应开窗部位的钢拱架。

该方案是根据实际施工情况进行的调整，临时钢拱架用来代替肋梁承受初期围岩卸荷，减少施工对肋梁的干扰，避免肋梁出现过大的应力调整。实践表明，为了保证工程安全而施做的临时钢拱架虽构不成肋式连拱隧道的主体结构，却是施工过程中不可缺少的环节。于是，何时转换受力体系，进行外侧肋梁、拱顶地梁及二次衬砌的整体模筑，成为肋式连拱隧道安全施工必须面对的问题。

在本章前面分析和研究的基础上，进行以下问题的分析研究：

（1）假定内侧洞室开挖后几种释放率（20%、30%、40%、50%、60%、70%、80%），进行不同释放率工况下围岩、中隔墙、二次衬砌的受力与变形特征分析，探讨内洞应力释放率的影响规律；

（2）在确定合适的围岩应力释放率基础上，进行外侧 20%、30%、40%、50%、60%、70%、80%等几种释放率工况下拱顶山坡围岩与临时钢拱架的变形特征分析，探讨外侧模筑肋梁时机；

（3）进行肋式连拱隧道支护时机的分析。

建立肋式连拱隧道三维计算模型，根据第 4 章和第 5 章的研究成果，施工间距与开挖进尺分别取 1.0B 和 0.5B，采用如下开挖推进和衬砌支护方式：①初始自重平衡后，首先进行中导洞的开挖施工及其临时支护和中隔墙施做；②内侧洞室开挖及支护；③外侧开挖及钢拱架临时支护。其中，中导洞采用一次贯通并生成临时衬砌，然后一次生成中隔墙；内侧共开挖七个开挖循环段，然后进行外侧开挖及临时支护，外侧共开挖七个开挖循环段。开挖工序示意图见图 5.83。

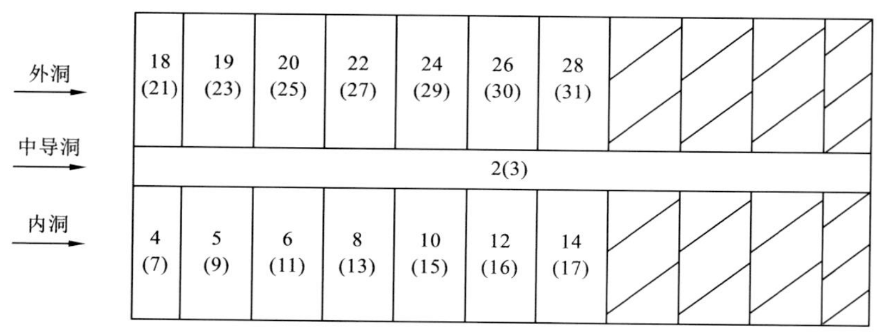

图 5.83　开挖工序示意图

数字—围岩开挖工序号；在括号内数字—结构物施做工序号；▨—未开挖区域

3．内洞应力释放率的影响规律

1）围岩位移分析

分别取距隧道模型洞口 10.0 m、16.0 m、22.0 m、28.0 m 和 34.0 m 处目标断面的特征点，其中点 I_z（z 为目标断面与洞口距离）分别位于目标断面外洞坡顶地表，点 II_z 分别位于目标断面内洞拱顶上方山坡地表，通过各特征点位移变形值随应力释放率的变化规律，分析释放率对围岩变形的影响。

图 5.84 反映了围岩各特征点位移变形值随释放率的变化曲线。由图 5.84 可知，随释放率的增加，各特征点位移变形值增大：释放率为 20%时，各特征点水平向山坡外最大位移为 3.929 mm，沉降最大值为 13.114 mm；释放率为 80%时，各特征点水平向山坡外最大位移为 6.292 mm，沉降最大值为 20.510 mm，且最大位移均发生在距洞口 28.0 m 断面上，水平向和竖向位移增幅分别为 60%和 56%，增幅较为明显。整体来看，释放率每增加 10%，特征点的位移增加幅度为 7.3%～8.7%，围岩变形对释放率较为敏感。

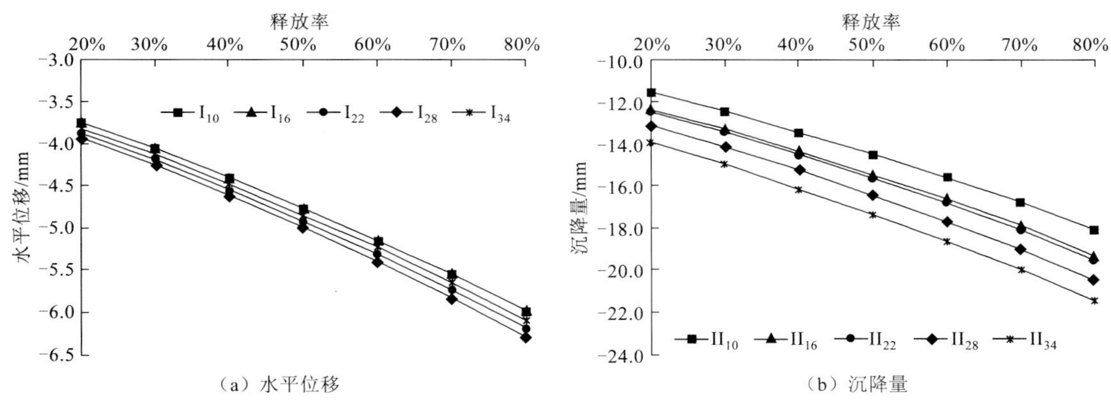

图 5.84　不同释放率工况围岩特征点位移变形值

2）衬砌受力分析

计算结果显示，不同释放率工况下，二次衬砌应力分布规律未见明显变化，最大拉应力出现在内洞仰拱衬砌，而最大压应力出现在内洞衬砌内侧墙脚。表 5.10 为不同释放率工况下衬砌结构应力比较，相应变化曲线见图 5.85。

表 5.10　各释放率工况衬砌结构应力比较　单位：Mpa

衬砌应力		释放率						
		20%	30%	40%	50%	60%	70%	80%
第二个开挖循环段	拉应力	2.43	2.34	2.23	2.11	1.96	1.78	1.56
	压应力	4.70	4.44	4.15	3.84	3.48	3.05	2.50
第三个开挖循环段	拉应力	2.67	2.58	2.47	2.33	2.17	1.95	1.78
	压应力	5.21	4.92	4.59	4.24	3.83	3.36	2.74
第四个开挖循环段	拉应力	3.31	3.16	2.99	2.79	2.55	2.25	1.86
	压应力	5.79	5.46	5.10	4.70	4.24	3.70	3.02
第五个开挖循环段	拉应力	3.87	3.68	3.47	3.22	2.92	2.55	2.09
	压应力	6.35	5.98	5.57	5.13	4.62	4.01	3.24
第六个开挖循环段	拉应力	4.88	4.68	4.45	4.18	3.86	3.45	2.91
	压应力	6.68	6.28	5.85	5.37	4.82	4.17	3.35

由图 5.85 可知，随释放率的增加，衬砌结构应力水平呈降低趋势：释放率为 20%时，衬砌结构最大拉应力为 4.88 MPa，释放率为 80%时，最大拉应力为 2.91 MPa，降低了 40%，各工况衬砌结构的最大拉应力值均超过了混凝土的极限抗拉强度，应特别引起注意；至于压应力，释放率为 20%时，衬砌最大压应力为 6.68 MPa，释放率为 80%时，最大压应力为 3.35 MPa，降低了 50%；随释放率的增加，衬砌应力降幅较为明显。

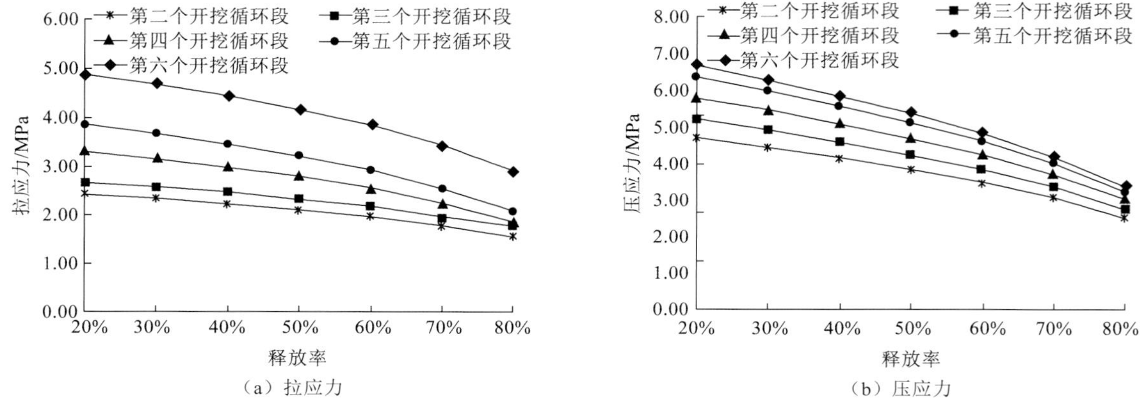

（a）拉应力　　（b）压应力

图 5.85　不同释放率工况衬砌结构应力变化

3）中隔墙变形与受力分析

首先，进行位移变形分析。仍采用对比中隔墙目标断面各特征点在不同工况位移差的方法，重点讨论不同释放率时特征点 a、c 的水平位移差和纵向位移差，以及 c、f 的沉降差。

分别取距隧道模型洞口 10.0 m、16.0 m、22.0 m、28.0 m 和 34.0 m 处中隔墙断面为目标断面，中隔墙各断面特征点的位移差随释放率的变化如表 5.11 和图 5.86 所示。

表 5.11　各释放率工况中隔墙断面特征点位移差计算结果比较　　单位：mm

位移差		释放率						
		20%	30%	40%	50%	60%	70%	80%
距洞口 10.0 m	水平	0.432	0.458	0.488	0.521	0.559	0.604	0.663
	沉降	0.270	0.276	0.284	0.292	0.301	0.312	0.327
	纵向	0.006	0.007	0.009	0.010	0.011	0.012	0.014
距洞口 16.0 m	水平	0.491	0.519	0.550	0.585	0.625	0.674	0.738
	沉降	0.298	0.305	0.313	0.323	0.333	0.346	0.364
	纵向	0.000	0.002	0.003	0.005	0.007	0.010	0.013
距洞口 22.0 m	水平	0.551	0.579	0.611	0.647	0.689	0.741	0.809
	沉降	0.323	0.331	0.340	0.350	0.362	0.377	0.396
	纵向	−0.013	−0.011	−0.010	−0.008	−0.005	−0.003	0.000
距洞口 28.0 m	水平	0.575	0.601	0.630	0.664	0.704	0.753	0.818
	沉降	0.329	0.337	0.345	0.355	0.366	0.380	0.399
	纵向	−0.033	−0.032	−0.030	−0.029	−0.028	−0.027	−0.027
距洞口 34.0 m	水平	0.514	0.531	0.552	0.575	0.603	0.638	0.682
	沉降	0.303	0.308	0.314	0.321	0.329	0.340	0.353
	纵向	−0.058	−0.058	−0.057	−0.057	−0.057	−0.059	−0.062

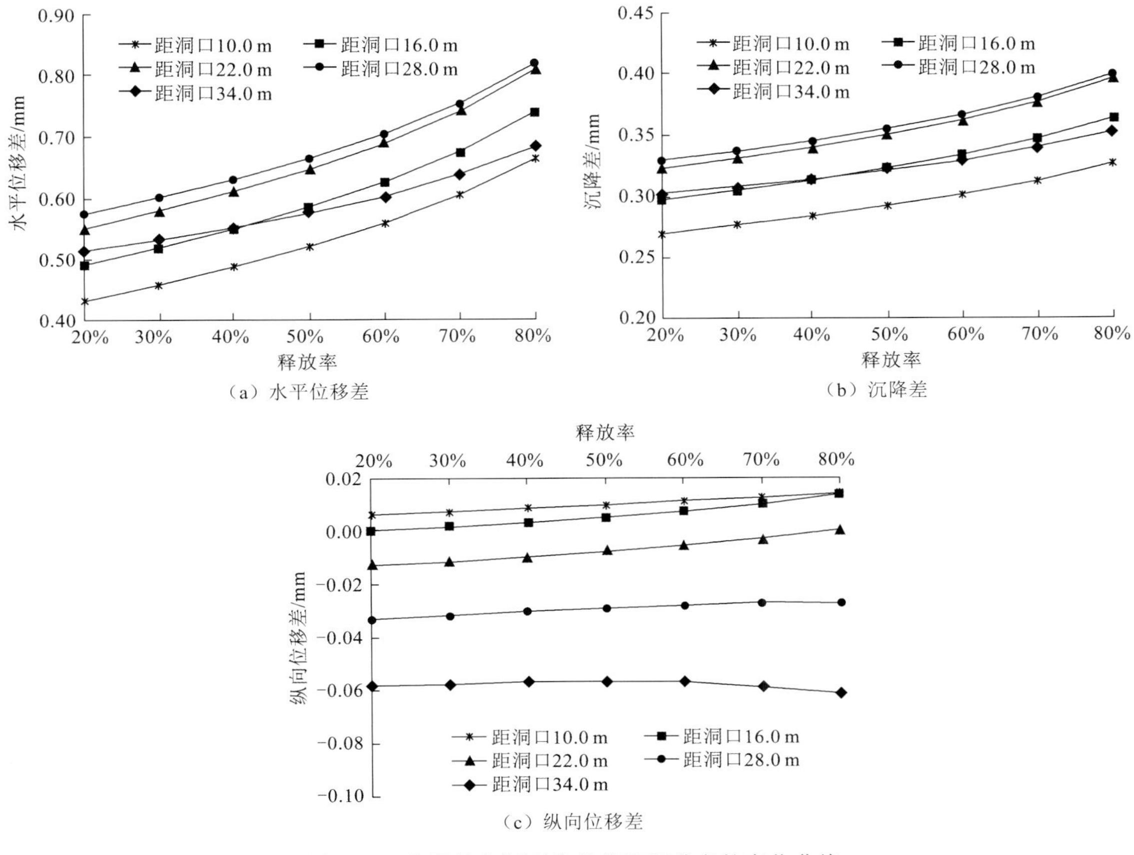

（a）水平位移差

（b）沉降差

（c）纵向位移差

图 5.86　中隔墙各断面位移差随释放率的变化曲线

图 5.86 反映了中隔墙各断面特征点的位移差随释放率的变化趋势。其中，水平方向位移差指 c、a 点的水平位移差，为正时表示中隔墙向山坡外侧倾斜，沉降差指 f、c 点的竖向位移差，为正时表示内侧墙趾上扬，纵向位移差指 a、c 点的纵向位移差，为正时表示中隔墙上部纵向发生向洞口方向的挤压变形。

由图 5.86 可以看出，三个方向的位移差及其随释放率的变化中，水平位移差最大，且释放率对水平位移差的影响也最大。中隔墙各断面变形随释放率变化具有相似的规律，下面以中隔墙距洞口 28.0 m 断面为例，分析其水平方向变形随释放率变化的规律。当释放率为 20%时，位移差为 0.575 mm，随着释放率的增大，位移差逐渐增大，当释放率为 80%时，位移差为 0.818 mm，增幅为 42%；整体来看，释放率每增加 10%，位移差增加幅度为 5%～9%，且释放率越大，位移差增幅越大。

当中隔墙顶部与底板发生较大水平位移差时，底板内外侧在竖向上也存在较大位移差，两个方向的变形具有协调性，且不同断面在同一释放率工况具有类似的变形规律，同一断面在不同释放率工况也具有类似的变形规律。从图 5.86 中还可以看出，中隔墙纵向变形较小，且在不同释放率工况下没有明显的改变，释放率改变对中隔墙纵向挤压变形影响不大。中隔墙三个方向的变形中，以向山坡外的变形最为显著，说明中隔墙变形以向山坡外侧倾斜为主，中隔墙在各释放率工况发生向山坡外侧的倾斜，随释放率增加，倾斜变形增大。

然后，进行受力分析。分别取隧道模型洞口 10.0 m、22.0 m 和 34.0 m 处为目标断面，分别记为断面 I、II 和 III，通过分析目标断面中隔墙特征点在不同释放率下的应力变化来探讨释放率对中隔墙受力的影响规律。图 5.87 反映了各目标断面中隔墙特征点竖向应力随释放率的变化曲线，其中，负值表示受压，正值表示受拉。

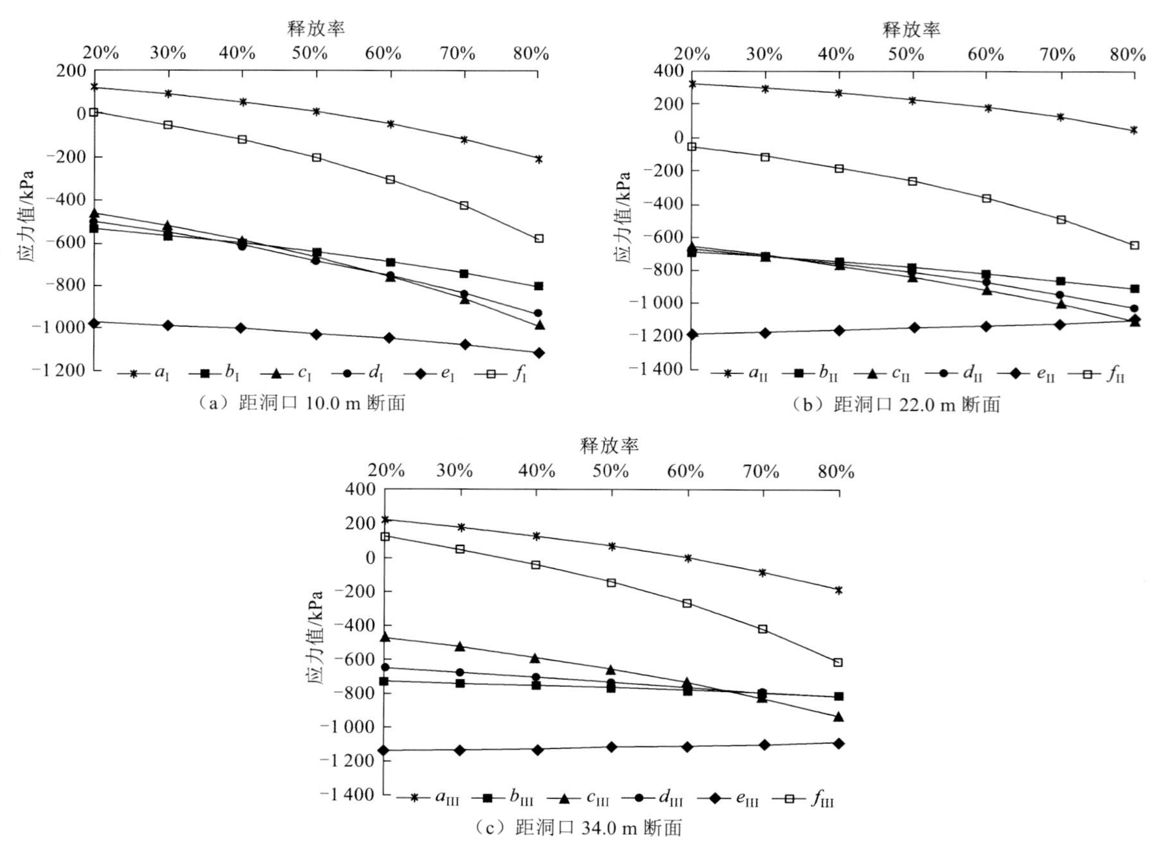

（a）距洞口 10.0 m 断面

（b）距洞口 22.0 m 断面

（c）距洞口 34.0 m 断面

图 5.87 不同释放率工况中隔墙特征点竖向应力变化

由图 5.87 可见各断面特征点竖向应力随释放率具有相似的变化规律，下面以距洞口 34.0 m 断面[图 5.87（c）]为例，通过不同释放率中隔墙断面特征点竖向应力的变化，分析释放率对中隔墙受力的影响。当释放率为 0.2 时，a、f 点为拉应力，拉应力值分别为 0.219 MPa 和 0.122 MPa，其余特征点均为压应力，e 点压应力最大，为 1.143 MPa，断面内中隔墙内侧中上部压应力要大于中隔墙外侧中下部压应力；随着释放率的增大，各点应力值有不同程度的变化，a、f 点的拉应力逐渐减小，变成压应力，e 点压应力略有降低，b、c 和 d 点的压应力水平有增大的趋势；当释放率为 0.8 时，断面特征点均受压，a、f 点的压应力分别为 0.184 MPa 和 0.611 MPa，e 点压应力降低到 1.086 MPa，但仍为断面最大压应力特征点，b、c 和 d 点的压应力分别增大到 0.812 MPa、0.931 MPa 和 0.814 MPa。释放率改变引起中隔墙各特征点应力分布规律的变化，反映了肋式连拱隧道中隔墙受力与释放率的关系，当释放率较小时，墙身外侧顶部（a 点所在区域）存在拉应力区，中隔墙内侧中部受压很大，墙身内侧趾部（f 点所在区域）也存在拉应力区，内侧趾部存在上扬现象；随着释放率的增加，当释放率达到 60%时，墙身外侧顶部（a 点所在区域）拉应力区转化成压应力区，中隔墙内侧中部压应力稍有减小，墙身内侧趾部（f 点所在区域）拉应力区也逐渐转化成压应力区，内侧趾部上扬减小，中隔墙受力状态得到改善，中隔墙稳定性增强。

进行不同应力释放率工况下围岩、内洞二次衬砌和中隔墙的受力与变形特征分析，探讨内洞应力释放率的影响规律。计算结果表明，随应力释放率的增加，围岩位移变形有所增加，衬砌应力分布规律未见明显变化，但应力水平呈降低趋势，中隔墙受力状态得到改善，总体来说比较有利的内洞衬砌结构施做时机是释放率达到 60%～70%。

4. 肋梁模筑时机

通透肋式连拱隧道具有浅埋偏压及结构空间不对称等特点，内洞衬砌结构施做的早晚不仅影响衬砌本身的变形和受力、外侧拱顶山坡的位移变形，也影响中隔墙对围岩卸荷的承担比例、中隔墙的安全稳定及通过中隔墙传递到外侧将要生成的关键构件肋梁上的荷载，进而影响肋梁的受力和变形等。内洞应力释放率的影响规律分析表明，对于肋式连拱隧道内洞开挖与支护，比较有利的内洞衬砌结构施做时机是释放率达到 60%～70%，本小节取小值进行后续的开挖与支护计算，即在内侧洞室开挖后应力释放率为 60%时进行二次衬砌的施做，然后进行外侧围岩的开挖与支护过程模拟，分析外侧 20%、30%、40%、50%、60%、70%、80%等几种释放率工况下拱顶山坡围岩与临时钢拱架的变形特征，探讨外侧模筑肋梁时机。

按照设定开挖工序，外侧洞室开挖了七个开挖循环段，并生成了相应开挖段内的临时钢拱架，以下仅将距模型洞口 10.0 m、16.0 m、22.0 m、28.0 m、34.0 m 的五个断面作为目标断面来考察，因为该目标断面为将来要模筑生成的第 2～6 榀肋梁的中心截面所在的位置。

图 5.88 反映了目标断面围岩各特征点水平向山坡外位移变形值随释放率的变化曲线。随释放率的增加，各特征点位移变形值增大：释放率为 20%时，各特征点水平向山坡外最大位移为 0.244 mm，释放率为 80%时，各特征点水平向山坡外最大位移为 0.829 mm，且最大位移均发生在距洞口 16.0m 断面上，位移增幅为 240%，增幅十分显著。

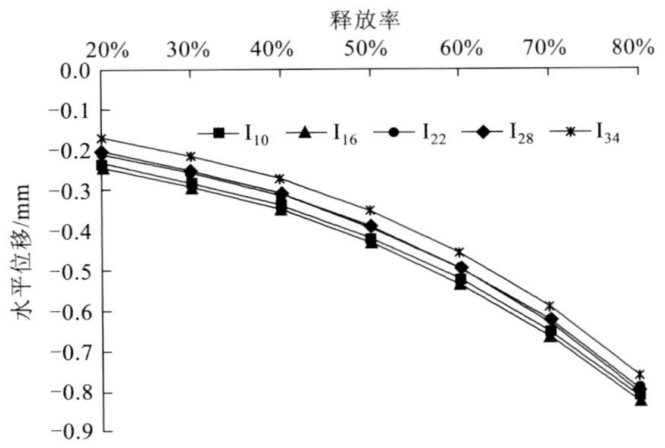

图 5.88　不同释放率工况围岩特征点位移变形值（内洞释放率为 60%）

整体来看，当释放率不大于 40%时，释放率每增加 10%，围岩各特征点位移值的增幅为 19%～22%；当释放率大于 40%时，释放率每增加 10%，围岩各特征点位移值的增幅为 24%～

30%；释放率越大，围岩特征点位移增幅越大，即释放率超过 40%时变形速率开始增大。

图 5.89 反映了目标断面上钢拱架位移变形情况随释放率的变化曲线，由图 5.89 可知，随释放率的增加，钢拱架的位移变形呈增大趋势：当释放率为 20%时，各榀钢拱架水平位移和纵向位移最大值分别为 0.118 mm、0.131 mm；当释放率为 80%时，水平位移和纵向位移最大值分别为 0.384 mm、0.279 mm，增幅分别为 225%、113%，增幅十分显著。整体来看，当释放率不大于 40%时，释放率每增加 10%，钢拱架各特征位移值的增幅为 9%～12%；当释放率大于 40%时，释放率每增加 10%，钢拱架各特征位移值的增幅为 17%～45%，且释放率越大，钢拱架位移增幅越大，即释放率超过 40%时变形速率开始增大。

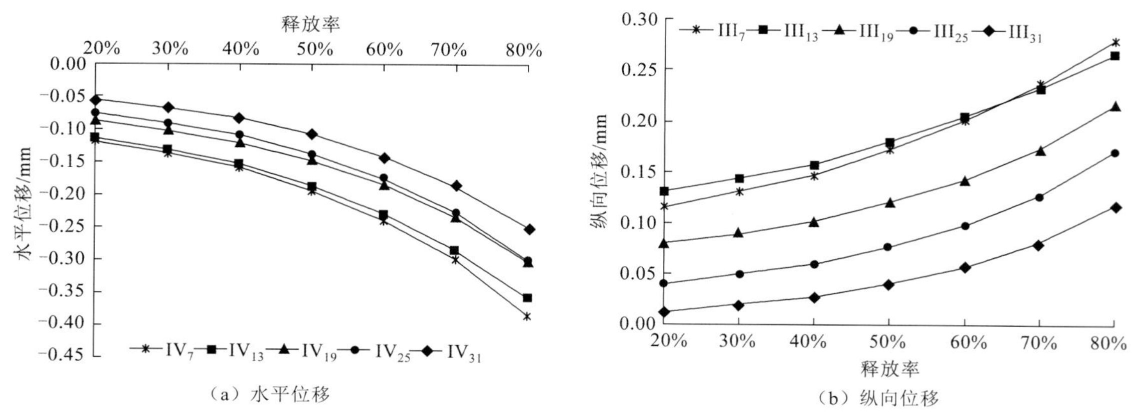

图 5.89　不同释放率工况钢拱架位移变形（内洞释放率为 60%）

在内侧洞室开挖后应力释放率为 60%时进行二次衬砌施做的基本条件下，进行外侧围岩的开挖与支护过程模拟，分析外侧不同释放率时拱顶山坡围岩与临时钢拱架的变形特征，计算结果及分析表明：当应力释放率为 20%～80%时，随释放率的增加，围岩及钢拱架位移均呈增加趋势，位移增幅达 113%～240%，增幅十分显著，相比钢拱架的位移，拱顶山坡围岩位移对释放率更为敏感；综合来说，释放率不大于 40%时，位移随释放率的增加而增加的速率小于释放率大于 40%时的速率，考虑对拱顶山坡围岩变形的控制，应在外侧开挖后释放率为 30%～40%时进行受力系统的转换，即在外侧开挖后释放率为 30%～40%时进行外侧肋梁、拱顶地梁及二次衬砌的整体模筑，以刚度较大的肋梁支护结构替代临时钢拱架承受围岩卸荷压力。

5. 衬砌施做控制

对于具有一定自承能力的围岩来说，其隧道开挖后最佳衬砌支护时机是指能够最大限度地发挥围岩的自承能力，使其充分调动衬砌结构的作用，衬砌结构受力降到最低，同时能确保衬砌结构的利用率最大的支护时间。

通过假定在内洞开挖支护过程中释放率为 20%～80%，进行不同释放率工况围岩、中隔墙、二次衬砌的受力与变形特征的分析，并在内洞释放率为 60% 前提下，分析不同外侧开挖应力释放率（20%～80%）工况下拱顶山坡围岩与临时钢拱架的变形特征，得到以下规律：①内洞开挖及支护过程中，随应力释放率的增加，围岩位移变形有所增加，衬砌应力分布规律未见明显变化，但应力水平呈降低趋势，中隔墙受力状态得到改善，总体来说比较有利的内洞衬砌结构施做时机是释放率达到 60%～70%；②在内侧洞室开挖后应力释放率为 60%时进行二次衬砌施做的基本条件下，当进行外侧围岩的开挖与支护时，若释放率不大于 40%，位移随释放率的增加而增加的速率小于释放率大于 40%时的速率，即释放率超过 40%时变形速率开始增大。考虑对拱顶山坡围岩变形的控制，应在外侧开挖后释放率为 30%～40%时进行受力系统的转换，即在外侧开挖后释放率为 30%～40%时进行外侧肋梁、拱顶地梁及二次衬砌的整体模筑。

有研究指出，V 级浅埋隧道距掌子面 44～54 m 为二次衬砌施做最佳时间段，根据以往研究成果关于埋深、围岩级别、隧道偏压、施工方法等因素对衬砌支护时机的影响规律研究，考虑肋式连拱隧道的浅埋、偏压、结构不对称等特点，结合肋式连拱隧道支护方式、开挖进尺、施工安全步距、应力释放率等的数值模拟计算结果和分析结论，参照浅埋傍山肋拱式隧道的相关研究成果，对通透肋式连拱隧道的衬砌施做提出以下控制措施：

（1）考虑将二次衬砌作为浅埋偏压通透肋式连拱隧道重要的承力构件，为防止围岩产生过大变形，应当尽早进行内洞的二次衬砌施做，数值计算结果表明，比较有利的内洞衬砌结构施做时段是释放率达到 60%～70%时，且在该范围内进行衬砌施做时间越早越有利于对拱顶山坡围岩变形的控制。实际施工宜在释放率为 60% 时开始衬砌施做，具体在下列两项中取较早的时间开始：距掌子面 3.5B；开挖后 40 天。

（2）为了减少外侧开挖施工对肋梁的干扰，避免肋梁出现过大的应力调整，外侧开挖后采用 I20b、纵向间距为 0.6 m 的工字钢拱架进行临时支护，代替肋梁承受初期围岩卸荷，在合适的时机进行肋梁、拱顶地梁及二次衬砌的整体模筑。计算结果表明，在内侧洞室开挖后应力释放率为 60%时进行二次衬砌施做的基本条件下，当进行外侧围岩的开挖与支护时，考虑对拱顶山坡围岩变形的控制，进行受力系统的转换，应在外侧开挖后释放率为 30%～40%时进行。实际施工宜在释放率为 30% 时开始进行肋梁施做，具体在下列两项中取较早的时间开始：距掌子面 1.5B；开挖后 25 天。

5.4.4　通透肋式连拱隧道掘进施工控制参数

依托望东高速南山隧道工程为建立通透肋式连拱隧道三维有限元分析模型，通过对隧道施工过程多工况的三维模拟计算，分析通透式连拱隧道掘进过程中的施工力学时空演化规律，研究开挖进尺、施工间距和衬砌时机等施工参数对施工力学行为的影响规律。研究结果表明：

（1）通透肋式连拱隧道的结构受力与变形具有的典型空间非对称分布特性。开挖引起的偏压效应显著，隧道结构呈现整体向山坡外侧移动的变形趋势，隧道内洞衬砌层的应力水平明显较外洞要高。

（2）开挖掌子面岩体于山坡外侧不受约束，开挖后存在两个临空面，具有沿纵向和水平向同时变形的特性，且掌子面底部岩体压应力、剪应力较大，存在压剪破坏的风险，实际施工中应提供有效的临时支撑或加固措施。

（3）开挖进尺（掌子面一次推进的距离）对隧道结构及围岩的变形与受力存在显著的影响。对于肋式衬砌段，当开挖进尺从 0.5 m 变化到 12.0 m 时，内洞拱顶沉降最大值为 5.987 mm，肋梁最大压应力为 2.05 MPa；当开挖进尺达到并超过 6.0 m 后，拱顶山坡围岩松动受拉区明显增大，变形量值显著增加，中隔墙高应力区向山坡外侧偏转，呈现向外倾覆的趋势。因此，考虑实际施工的安全，施工最优开挖进尺宜控制在 6.0～8.0 m。

（4）近距离的后续开挖施工对已成型隧道结构物的变形和应力影响显著。按开挖进尺 6.0 m 进行外洞开挖，当施工间距（掌子面与二衬结构的间距）小于 1.5B 时，开挖卸荷对已衬砌肋梁结构影响显著，随着施工间距的进一步增大，开挖对肋梁结构的影响逐渐减弱，但过大的施工间距又会带来显著的围岩变形。因此，考虑到实际施工环境的复杂性，为了保证施工安全，肋式衬砌段的施工间距宜控制在 8.0～10.0 m。

（5）探讨了应力释放率对围岩、中隔墙和肋梁的受力与变形的影响，计算表明：内洞施工过程中，当释放率从 20%变化到 80%时，围岩水平位移、竖向位移增幅分别为 60%、56%，二次衬砌最大拉应力、压应力分别降低 40%、50%，中隔墙位移增加 42%。随应力释放率的增加，围岩位移变形增大，衬砌应力水平呈降低趋势，中隔墙受力分布更为均匀。内洞衬砌时机的应力释放率按 60%～70%控制，考虑实际施工环境条件的复杂性，按 60%进行控制，宜在下列两项中取较早的时间开始：距掌子面 3.5B；开挖后 40 天。

（6）外洞释放率从 20%变化到 80%过程中，释放率超过 40%时变形速率开始增大。考虑对拱顶山坡围岩变形的控制，模筑肋梁宜在外侧开挖后释放率为 30%～40%时进行，实际施工中当释放率为 30%时开始肋梁施做，具体在下列两项中取较早的时间开始：距掌子面 1.5B；开挖后 25 天。

（7）在开挖进尺较小的情况下，近距离开挖卸载对隧道结构物的影响较大，开挖进尺较大时，开挖段拱顶岩体和掌子面出现塑性破坏区。综合考虑以上分析成果，在实际施工中，开挖进尺控制在 6.0～8.0 m，施工间距保证在 8.0 m 以上，即保证一定的施工操作空间，减小开挖卸荷对已成型结构物的影响，同时避免过大的开挖进尺造成围岩塑性破坏的风险。

第 6 章　通透肋式隧道结构设计与施工工法

6.1　通透肋式单洞隧道结构设计

6.1.1　隧道平面线形设计

1．隧道平面

龙瀑隧道位于分离式路基段左线，隧道位于直线上，路线左右线设计线相距 18～38 m。

隧道平纵方案主要由路线方案控制，具体隧道位置根据隧址区地形、地质工程条件、环境、造价、功能等因素综合确定，在综合考虑线形指标及工程造价的前提下，通过实地勘查，充分研究了隧道所处地域的地形、地质情况，主要考虑隧道进出口及洞身地形条件、隧址区工程地质条件、营运管理设施场地等因素拟定隧道方案。

2．隧道洞外联系道

隧道出口路基设置了洞外联系道，以便关闭隧道时在隧道洞外可交换车道。

6.1.2　隧道纵断面设计

龙瀑隧道为短隧道，其纵断面设计综合考虑了隧道长度、主要施工方向、通风、排水、洞口位置及隧道进出口接线等因素。隧道平、纵面指标详见表 6.1。

表 6.1　隧道平、纵面指标概况一览表

隧道名称	起讫桩号	纵坡/%	坡长/m	平曲线
龙瀑隧道	ZSK23+300～ZSK23+380	+3.790	660.00	直线

6.1.3　隧道横断面设计

1．横断面设计

限界净宽为 10.25 m，从左至右包括：0.75 m 检修道，0.5 m 左侧向宽度，两个 3.75 m 行车道，0.75 m 右侧向宽度，0.75 m 检修道。

限界净高：行车道净高 5.0 m，检修道净高 2.5 m。

2．衬砌内轮廓

隧道内轮廓应符合《公路隧道设计规范》（JTG D70/2—2014）、《公路工程技术标准》（JTG

B01—2014）规定的建筑限界的要求，考虑照明、通信、排水、装饰等其他设施需要的空间，各种设备均不得侵入建筑限界；衬砌内轮廓的形状和尺寸应考虑围岩级别、结构受力的特点及便于施工，设计轮廓采用单心圆内轮廓。在设计中也考虑了模板支架内挤量、内饰预留量、施工误差等。设计中的内轮廓具体设计参数见表 6.2。

表 6.2　内轮廓设计参数表

隧道名称	内轮廓形式	内轮廓半径/m	净高/m	净宽/m	设计时速/（km/h）
龙瀑隧道	单心圆	5.45	7.14	10.61	80

注：净高为设计高程点至拱顶的最高点

6.1.4　隧道洞门设计

1．洞门设计原则

根据隧道进出口地形和工程地质条件，结合开挖边仰坡的稳定性及洞口防排水需要，选用经济、美观并有利于视线诱导的洞门形式；考虑尽量少刷坡和隧道“早进洞、晚出洞”的原则确定洞门位置。为了确保洞口边仰坡的稳定性，让其不受可能出现的自然灾害、气象灾害的影响，同时对车辆行驶的影响较小，原则上隧道均修建洞门。

2．洞门设计

隧道洞口地面横坡较陡，纵向坡度较缓，结合隧道结构形式设置了 C25 钢筋混凝土端墙式洞门。

洞门基础应落在稳定的基岩上，开挖后地基承载力不能满足洞门要求，应采用如注浆或设置基底锚杆加固地层措施，以提高地基承载力。开挖后如果地质条件与设计不相符，应根据隧道具体地质条件针对每座隧道洞门进行不同的处理。

隧道临时边仰坡根据具体地质条件采用锚、网、喷混凝土措施进行防护。

隧道洞门建筑材料采用 C25 钢筋混凝土，以达到施工方便、安全和快速的目的，洞门墙采用饰面材料装饰。

3．洞口边坡设计

隧道进出口段坡面残坡积碎石土堆积层较薄，基岩局部裸露，为全风化、强风化花岗岩，节理裂隙发育。对地形地质条件等综合考虑，提前进洞，洞口路堑边坡高度小于 15 m。设计坡率为 1:0.50～1:1，坡面采用挂 TECCO 网+厚层基材喷播绿化防护。开挖后若坡面风化破碎严重，适当增设随机锚杆，锚杆体采用 ϕ22 mm 螺纹钢筋砂浆锚杆，锚杆长 6～8 m，布设间距为 3～4.5 m。要求边坡开挖后及时防护，否则，坡面临时防护应根据具体地质条件采用锚、网、喷混凝土措施进行防护，一级坡坡脚采用麻袋堆砌或干砌片石防护，堆砌高度不小于 3 m，顶宽不小于 0.8 m。

6.1.5　隧道结构设计

1．隧道衬砌结构设计原则

隧道洞身段结合地形、地质条件，预先加固拱顶边坡地层，在确保地层稳定、安全的基础上再进行隧道开挖。洞身结构为通透肋式傍山形式，暗做部分采用柔性支护体系结构的复合式衬砌，即以超前钢管注浆加固地层、系统锚杆、喷射混凝土、挂钢筋网、工字钢型钢钢架等为初期支护，模筑钢筋混凝土为二次支护，并在两次衬砌之间敷设 PVC 防水板及无纺土工布防水层。明做部分为通透肋式傍山结构，下部边坡较陡，为减少开挖，承台梁下设桩基。隧道衬砌类型、衬砌断面形式、衬砌结构尺寸方案设计，结合构造要求及经济技术比较，根据围岩类别和洞室埋深条件拟定支护类型，并对隧道结构进行详细的理论分析研究及校核，确定支护衬砌模式。

断面形式为：曲墙带仰拱钢筋混凝土衬砌。

2．洞身段支护参数

隧道各级围岩复合式衬砌断面支护主要设计参数见表 6.3。

表 6.3　隧道各级围岩复合式衬砌断面支护主要设计参数

项　目			单位	衬砌支护系统参数	
				V 级半暗	半明
超前支护	类型		mm	$\phi50\times5$	—
	间距		cm	35	—
	长度		m	5.0	—
喷射混凝土	C25 早强混凝土		cm	25	—
锚杆	直径		mm	25	—
	长度		cm	600	—
	锚杆布置		cm	60×100	—
钢筋网	直径		mm	8	—
	钢筋网格		cm	20×20	—
钢架	截面尺寸		mm	I20a 工字钢	—
	间距		cm	60	—
衬砌结构	C30 防水混凝土	拱墙	cm	60 钢	105 钢
		仰拱	cm	60 钢	—
		肋梁	cm	—	105×120（200）钢

注：V 级围岩中锚杆为系统锚杆，采用中空注浆锚杆，开挖后可视具体地质情况调整设计参数。

3．特殊洞身结构设计

龙瀑隧道全隧道埋深较浅，地面横坡较陡，为 V 级围岩，设计采用 V 级围岩半明半暗通透式肋梁结构衬砌，结构全部设置了钢筋混凝土衬砌，洞身暗挖段超前支护采用小导管支护，初期支护采用锚网喷支护，同时辅以工字钢钢拱架支撑。明做段采用桩基接承台，然后浇筑肋梁，形成闭合结构。施工时应在进洞之前首先做好边仰坡的防护和加固，尽量减少对围岩的扰动，并及时施做护拱，做到“管超前、强支撑”，以确保施工安全。

6.1.6 隧道防排水工程设计

隧道防排水设计遵循“防、排、截、堵相结合，因地制宜，综合治理”的原则，采用完整的防排水体系，使隧道内防水可靠，排水通畅，保证运营期间隧道内不渗不漏，基本干燥。隧道防水等级为二级，二次衬砌抗渗等级达到S6。

1. 隧道洞内防排水

隧道防排水设计以复合式结构衬砌原则进行设计，隧道二次衬砌以自防水为主，衬砌采用防水混凝土。根据隧道围岩裂隙水的大小采取不同的防排水措施，主要防排水措施为：在初期支护与二次衬砌之间设置PVC防水板（1.2 mm PVC防水板+350 g/m^{2}无纺土工布）防水，并实现无钉铺设；并采用半圆排水管、PVC排水管等形成完善的防排水系统。

隧道衬砌排水是在初期支护与防水层之间设置环向半圆排水管，环向半圆排水管设置间距为5～10 m。纵向排水管采用PVC波纹管，设置在洞内初期支护边墙脚，沿隧道左侧，全隧道贯通，环向半圆排水管沿隧道拱背环向布设，将水排入纵向PVC管，然后通过横向PVC波纹排水管将水导入隧道左侧ϕ200 mm排水管，引水至洞外排水沟。在遇有地下水较大地段、集中渗水地段及在喷层中如遇较大渗水地段时，应加设半圆排水管将水导入纵向排水管。

隧道路面采用单面坡，外侧设缝隙管，路面水通过开口流入缝隙管，洞内缝隙管主要排放消防及清洗水、雨水，使衬砌背后围岩水与污染水分离排放。

2. 施工缝、变形缝防水

龙瀑隧道变形缝设置PVC背贴式止水带和中埋式橡胶止水带两道防水，且嵌缝材料要求防水。环向施工缝具体可根据施工情况进行调整，环向施工缝设置PVC背贴式止水带和橡胶止水条两道防水。

仰拱与边墙施工缝应设置在电缆沟盖板以下。

施工时应注意防水板搭接、排水管预埋、止水条安装、止水带安装等，如遇安装位置不合适，应做适当调整。

3. 隧道洞口防排水

隧道开挖前应做好防排水处理工作，如山顶、坡面低洼或沟槽应整平并做好排水设施。结合洞身的地形情况，洞顶上方边坡应设置截水沟，防止雨水对洞身、洞口的危害，引地表水至路基边沟或洞门外端自然沟谷，以此形成完善的洞外排水系统。

4. 大气降水的影响

龙瀑隧道为半敞开式异型结构，雪雨水会落入隧道内，但隧道为短隧道，不设各类机电设备，雨水可通过路面缝隙管顺利排出隧道，不会造成隧道积水。为使行车融入自然，可不设防雨棚，也可根据情况外设透明式遮雨棚。

6.1.7 隧道监控量测

隧道现场监控量测是新奥法复合式衬砌设计、施工的核心技术之一，更是龙瀑隧道采用信息化设计的重要组成内容之一。隧道断面预设了围岩变形量，并且通过施工现场监测可以掌握围岩和支护在施工过程中的力学动态及稳定程度，保障施工安全，为评价和修改初期支护参数、力学分析及二次衬砌施做时间提供信息依据，并且积累资料为以后的设计提供类比依据，确保隧道的安全，达到隧道施工安全、节约工程投资的目的。根据本隧道设计的具体情况，参照有关规范和新奥法设计指南建议施工中进行以下量测项目。

1. 必测项目

1）地质和支护状况观察

通过对隧道开挖后岩性、结构面产状及支护裂缝的观察或描述来评价隧道围岩工程地质特性、支护措施的合理性及洞室稳定状态。

2）隧道围岩变形量测

通过洞内变形收敛量测来监控洞室稳定状态，评价隧道变形特征。该项是主要量测项目，包括净空收敛量测、拱顶下沉量测和围岩内部位移量测。

3）隧道地表下沉变形量测

通过对整座隧道浅埋段地表（拱顶边坡及下部边坡）变形量测来监控洞室稳定状态，评价隧道变形特征及边坡变形特征。

4）采用锚杆抗拔计进行锚杆抗拔试验

采用锚杆抗拔计进行锚杆抗拔试验，评价隧道支护锚杆的锚固效果。

5）应力应变量测

采用应变计、应力盒、测力计等监测钢拱架、锚杆、肋梁、桩基和衬砌的受力变形情况，进而检验和评价支护效果。

2. 围岩稳定性和支护效果分析

通过对量测数据的整理与回归分析，找出其内在规律，对围岩稳定性和支护效果进行评价，然后采用位移反分析法，反求围岩初始应力场及围岩综合物理力学参数，并与实际结果对比、验证。

6.1.8 爆破方案预设计

1）开挖方案的选择

由于隧道处于 V 级软弱围岩段，为了保证开挖时围岩稳定，洞身可采用正台阶法开挖。

2）周边眼的爆破

由于围岩严重风化、破碎，为了尽可能减轻对围岩的扰动，维护围岩自身的稳定性，拱部宜采用光面爆破或机械开挖，下半断面宜采用预裂爆破。

3）掏槽形式的确定

采用楔形掏槽，中间留一个不装药的空眼，起爆顺序对称进行。

4）爆破器材的选择

无水的情况下可使用二号岩石硝铵炸药，有水时可采用乳化炸药或其他防水炸药。

5）合理段时间差的选择

为了避免振动强度的叠加作用，雷管最好跳段使用，特别是第 1～5 段的低段雷管，同时为尽量避免振动波形的叠加，段间隔时差控制在 100 ms 左右。

6）循环进尺的选择

根据隧道的地质情况，按照“短进尺、弱爆破”的施工原则，开挖爆破每循环进尺控制在 0.5～1.0 m。

7）起爆顺序

拱部光面爆破从掏槽眼开始，一层一层地往外进行，最后是周边眼；下半断面预裂爆破从周边眼开始，再由掏槽一层一层地往外进行。雷管段数采用跳段数，严禁同顺序号使用雷管段数。

8）爆破参数的选择

根据 V 级围岩每爆破进尺 0.5～1.0 m 原则下，爆破设计参数见表 6.4，并根据地质条件、试爆情况进行调整。

表 6.4　爆破设计参数表

围岩级别	周边眼间距/cm	周边眼抵抗线/cm	相对距离（周边眼间距/周边眼抵抗线）	周边眼线装药集中度	其他边眼线装药集中度	单位岩石爆破炸药消耗量/（kg/m^3）
V 级	30	40	0.75	0.1	0.16～0.21	1.1

9）装药结构

周边眼装药采用竹片、导爆索、小直径药卷间隔绑扎装药结构，并用炮泥堵塞，其他眼装药均采用连续装药结构，炮眼装药后的堵塞要求将炮泥堵在与装药相接的部分。

6.2　通透肋式连拱隧道结构设计

6.2.1　隧道平面及纵断面方案设计

南山隧道左右洞分别位于 R=4 202.1 m 和 R=4 200 m 的圆曲线上；隧道纵断面设计综合考

虑了隧道长度、主要施工方向、洞口位置及隧道进出口接线等因素。隧道采用单向坡，洞口内外 3*S* 以上设计速度行程长度范围的纵面线形一致。

6.2.2　隧道横断面设计

1．横断面方案设计

南山隧道采用连拱隧道结构形式，横断面组成为：限界净宽为：10.75 m，从左至右包括 0.75 m 检修道、0.50 m 左侧向宽度、两个 3.75 m 行车道、1.00 m 右侧向宽度、1.0 m 检修道。

2．衬砌内轮廓

隧道内轮廓应符合《公路隧道设计规范》（JTG D70/2—2014）、《公路工程技术标准》（JTG B01—2014）规定的建筑限界的要求，并应考虑通风、照明、通信、排水等其他设施的需要而确定，各种设备均不得侵入建筑限界。衬砌内轮廓的形状和尺寸也需考虑围岩级别和结构受力的特点。隧道内轮廓考虑对结构受力有利及便于施工，采用三心圆内轮廓，在本次设计中考虑了模板支架内挤量、内饰预留量、施工误差等的影响，具体设计参数见表 6.5。

表 6.5　内轮廓设计参数表

适用范围	内轮廓形式	内轮廓半径/m	净高/m	净宽/m	设计时速/（km/h）
连拱隧道	三心圆	5.73/8.20	7.46	25.22	100

注：净高为路面边缘最低点至拱顶的最高点。

6.2.3　隧道洞门设计

根据隧道进出口地形和工程地质条件，并结合开挖边仰坡的稳定性及洞口防排水需要，本着“早进洞、晚出洞”的原则确定洞门位置，中心挖深控制在 5～10 m。隧道通过接长明洞的方式采用正交洞门。

施工过程中必须对地基承载力进行实测，若不能满足洞门要求，应采用地表注浆或设置中空注浆锚杆来加固地层，以提高地基承载力。洞门应结合地形、地貌及所处位置，并本着经济实用的原则进行设计，设计时结合洞口电缆引入和管理设施的布置对洞口美化。

南山隧道望江、东至端均采用端墙式洞门，洞口边仰坡均绿化恢复。

6.2.4　隧道衬砌结构设计

1．隧道衬砌结构设计原则

隧道除洞口段结合地形、地质条件设置明洞外，其余均按新奥法原理设计，采用柔性支护体系结构的复合式衬砌，即以系统锚杆、喷射混凝土、型钢钢架等为初期支护，模筑钢筋混凝土为二次支护，并在两次衬砌之间敷设 PVC 防水板+无纺土工布。隧道衬砌类型、衬砌断面形式、衬砌结构尺寸方案设计，主要采用工程类比法，结合构造要求，根据围岩级别和洞室埋深条件拟定相应的支护类型，分别运用有限元法及荷载结构法进行理论分析计算及校核，确定支护衬砌模式。

隧道两端洞口段均设置了超前管棚，然后开挖掘进；隧道洞身将小导管、中空注浆锚杆作为超前支护。

南山隧道采用曲中隔墙结构，中隔墙最薄处厚度为 2.3 m，中隔墙采用三层施工以利于防排水，达到技术先进、节约工程造价、施工安全的目的。

2．复合式衬砌支护参数

隧道各级围岩复合式衬砌支护参数见表 6.6。

表 6.6　连拱隧道复合式衬砌支护参数表

项目			单位	衬砌支护系统参数	
				$V_{浅}$型	肋式衬砌
超前支护	类型		mm	ϕ50×5	ϕ50×5
	间距		cm	40	40
	长度		m	4.5	4.5
喷射混凝土	C25 早强混凝土		cm	26	26
锚杆	直径		mm	25	25
	长度		cm	350	350
	锚杆布置		cm	60×100	60×100
钢筋网	直径		mm	8	8
	钢筋网格		cm	20×20	20×20
钢架	截面尺寸		mm	I20b 工字钢	I20b 工字钢
	间距		cm	60	60
预留变形量			cm	15	15
二次衬砌	C30 防水混凝土	拱墙	cm	50～80 钢	60 钢
		仰拱	cm	50 钢	60 钢
		肋梁	cm	—	120×105 钢

注：在 V、IV 级围岩中锚杆为系统锚杆。隧道 V、IV 级衬砌初期支护均设置工字钢钢架

3．特殊洞身结构设计

1）明洞工程

为了减少路基开挖形成的高边坡等病害对隧道洞口的威胁，隧道洞口设置了 C30 钢筋混凝土明洞结构，明洞基底承载力要求不小于 300 kPa。

2）V 级围岩浅埋偏压段

南山隧道由于路线与地形等高线成小角度相交，同时隧址区全风化层较厚，节理裂隙发育，隧道埋深浅，存在浅埋偏压；隧道 K27+532～K27+626 段设置了 94 m$V_{浅}$型衬砌，为保证安

全，施工中洞口采用ϕ 108 mm 大管棚作为超前支护，并辅以钢拱架等联合支护，二次衬砌为钢筋混凝土结构。

3）洞口 V 级围岩肋式衬砌

南山隧道所穿越的山体，植被茂密，路线傍山而行。若采用传统的路堑方案，将形成 50～70 m 的高边坡，对原始山体及地表植被破坏很大，若采用普通隧道方案或棚洞方案，将不可避免地大开挖，破坏自然生态环境，并产生高边坡治理问题，存在其产生的安全隐患；为了减少洞口边坡开挖，最大限度地保护自然环境，实现“早进洞、晚出洞”，设计创新采用连拱肋式衬砌结构，并制定了该型隧道的施工方案。该结构轻盈美观，可代替传统单压明洞衬砌、棚洞结构，真正实现连拱傍山隧道的“零开挖”进洞。

4）塌方处理预案

南山隧道穿越 V 级围岩段，岩体节理裂隙发育，整体性差，针对施工过程中可能出现的小型塌方，设计给出了处理预案。若塌方高度超过 5 m，施工方应及时通知各方，共同确定处理方案。

6.2.5　隧道防排水工程设计

隧道防排水设计遵循“防、排、截、堵相结合，因地制宜，综合治理”的原则，采用完整的防排水体系，使隧道内防水可靠，排水通畅，保证运营期间隧道内不渗不漏，基本干燥。二次衬砌抗渗等级不低于 P6。

1．隧道明洞防排水

明洞衬砌外层采用双层土工布（350 g/m^2 无纺土工布）加 PVC 防水板（1.2 mm）及黏土隔水保护层防水；明洞衬砌基础两侧纵向排水管与横向引水管相连，将明洞衬砌背后水引入隧道侧式水沟排走；明洞顶回填土体表层设一层黏土隔水层以防地面径流下渗，并在回填地表坡度的作用下流入洞顶排水沟排走；在结构构造防水方面，采用橡胶止水带和止水条于明洞施工缝、变形缝处布设，同时结构采用防水混凝土以形成完善的明洞防排水体系。

2．隧道普通衬砌防排水

隧道防排水设计以复合式结构衬砌原则进行设计，隧道二次衬砌以自防水为主，衬砌采用防水混凝土。根据隧道围岩裂隙水的大小采取不同的防排水措施，主要防排水措施为：在初期支护与二次衬砌之间设置 PVC 防水板（1.2 mmPVC 防水板+350 g/m^2 无纺土工布）防水，并实现无钉铺设；采用半圆排水管、PVC 排水管等形成完善的防排水系统。

隧道衬砌排水是在初期支护与防水层之间设置环向半圆排水管，环向半圆排水管设置间距为 5～10 m。在洞内初期支护边墙脚设置纵向排水管，采用ϕ 160 mmPVC 波纹管，沿隧道两侧全隧道贯通。环向半圆排水管沿隧道拱背环向布设，将水排入纵向 PVC 波纹管，然后通过 PVC 塑料排水管将水导入路面两侧底部ϕ 250 mmHDPE 双壁波纹管侧式水沟中，通过侧式水沟引水至洞外排水沟。

3．隧道肋式衬砌防排水

隧道肋梁衬砌段右洞防排水措施同普通暗洞；左洞暗埋部分在初期支护与防水层之间设置环向半圆排水管，环向半圆排水管设置间距为 5～10 m。在洞内中隔墙墙脚设置纵向排水管，采用 ϕ 160 mmPVC 波纹管。环向半圆排水管沿隧道拱背环向布设，将水排入纵向 PVC 波纹管，然后通过 PVC 塑料排水管将水导入路面中隔墙侧底部 ϕ 250 mmHDPE 双壁波纹管侧式水沟中，通过侧式水沟引水至洞外排水沟。肋梁衬砌回填土设置黏土隔水层，并在挡土块一侧设置纵向排水沟，截排坡面水，防止地表水通过衬砌露空部分进入隧道内；本隧道为半敞开式异型结构，雪雨水会落入隧道内，但隧道为短隧道，露空部分不设各类机电设备，雨水可通过路面缝隙管顺利排出隧道，不会造成隧道积水，为使行车融入自然，近期可不设防雨棚，远期可根据情况外设透明式遮雨棚。

该地区降水频繁，植被良好。隧道开挖，改变了地下水渗、径流条件，使地下水向隧道内富集，隧道为潮湿环境，为改善隧道内的路面使用环境，并考虑隧道内路面维修较为困难，隧道路面基层设计了横向排水盲沟以减弱水对路面的毁坏。在遇有地下水较大的地段或有集中渗水地段，应加设半圆排水管将水导入纵向透水管。

隧道路面采用单面坡，路面水通过开口流入缝隙管。洞内缝隙管主要排放消防及清洗水，使衬砌背后围岩水与污染水分离排放。

4．施工缝、变形缝防水

南山隧道变形缝设置可排水止水带和中埋式橡胶止水带两道防水，且嵌缝材料要求防水。环向施工缝具体可根据施工情况进行调整，宜少设施工缝，环向施工缝设置可排水止水带和橡胶止水条两道防水。

南山隧道防水设计采用了分区防水方式，将渗水封闭在一定范围内，防止渗水乱窜，使隧道防排水设施更合理，在隧道施工缝或变形缝处均设置了注浆嘴，二次模筑混凝土完成后，通过注浆嘴对施工缝或变形缝处可排水止水带周围的混凝土进行注浆，使其密实，以达到不渗不漏的目的。

仰拱与边墙施工缝应设置在电缆沟盖板以下，检修道道面设 0.5%的横坡，以利排水。

施工时应注意防水板搭接、排水管预埋、止水条安装、止水带安装、注浆嘴预埋等。

5．隧道洞口防排水

隧道开挖前应做好防排水处理工作，如山顶、坡面低洼或沟槽应整平并做好排水设施。结合洞口的地形情况，在洞口及肋梁衬砌段上方设置截水沟，防止雨水对坡面、洞口的危害，引地表水至路基边沟或洞门外端自然沟谷，以此形成完善的洞外排水系统。洞顶截水沟施工可先采用临时沟槽排水，也可根据实际需要考虑设置永久截水沟。

6.2.6 隧道路面及洞内装饰

为了提高隧道中行车的舒适度，减少洞内外路面的变化次数，同时减少雨天路面行驶时产生的水雾，进而提高隧道进出口路段路面的安全性能与抗滑性能，本隧道洞内设置复合式路面，上面层采用 4 cm AC-13C（SBS 改性沥青），下面层采用 6 cm AC-20C（SBS 改性沥青），下设 24 cm 厚水泥混凝土刚性路面，其设计弯拉强度不小于 5 MPa，路面下设 15 cm 厚 C20 素混凝土基层。

隧道装修设计在满足结构防火、安全逃生等功能要求的前提下，力求美观、经济、可靠、安全、便于养护。隧道内装饰之前，必须对混凝土墙面进行处理，满足内装工艺要求。隧道边墙 2.5 m 高范围内采用乳白色耐火瓷砖镶贴，其余部分喷涂隧道专用厚型防火涂料，瓷砖以上至 4.5 m 高为米黄色，拱顶为铁蓝色。依据《建筑设计防火规范》（GB 50016—2014）中的相关规定，本隧道承重结构耐火极限不低于 1.0 h，其厚度根据材料具体性能指标确定，并不宜大于 15 mm。耐火极限采用 HC 标准升温曲线判定，防火涂料性能要求在耐火极限时间内受火，混凝土表面温度不超过 380℃，并且距混凝土表面 25 mm 处钢筋的温度不超过 250℃。

6.2.7　隧道检修道设计

为便于对隧道内设施的维修养护，隧道内设置双侧检修道。为防止汽车冲上检修道，避免隧道养护人员在检修道上行走时因其与路面高差过大产生不安全感，以及考虑到洞内发生事故便于人员疏散，同时结合电缆槽设置的要求，设计检修道步道高度为 50 cm，宽度为 75～100 cm，检修道道面设向内 0.5%的横坡，以有利于道面水排入缝隙管。

6.2.8　抗震措施设计

南山隧道抗震采取以下措施：隧道位置选择在山体稳定、地质条件较好、对抗震有利的地段，隧道洞口避开滑坡、岩堆等不良地质；隧道明洞及洞口段衬砌结构均采用带仰拱的钢筋混凝土曲墙式衬砌；隧道洞门尽量减少高大的圬工结构；隧道洞口设计控制路堑边坡和仰坡的高度，加强绿化加固等措施，防止落石的危害。

6.3　通透肋式单洞隧道施工工法

6.3.1　通透肋式单洞隧道施工工序与操作要点

通透肋式单洞隧道作为一种全新的隧道结构形式，适用于地表倾斜的傍山地段，覆盖层较薄，围岩类别较低，偏压效应明显，开挖施工过程中很容易出现冒顶、塌方等安全事故。开挖顺序和加固措施对围岩变形的影响较大，而衬砌时机和支护方案决定着隧道结构物内力的大小，以及肋梁结构的长期稳定性。因此，根据通透肋式傍山隧道的结构特征和受力规律，确定合理的开挖顺序、支护方式、衬砌时机等施工工艺参数是保证该新型隧道成功实现的关键环节。

根据通透肋式傍山隧道围岩与结构的变形和受力规律，形成了通透肋式傍山隧道的设计施工方案。

通透肋式傍山隧道开挖与支护施工顺序为：拱顶山坡横向管棚加固→临时边坡开挖与防护→抗滑桩开挖与浇筑→桩基承台浇筑→架设钢拱架→超前小导管支护→侧导洞开挖→初期

衬砌→注浆锚杆支护→架设临时钢支撑→拱形岩柱体开挖→仰拱开挖与浇筑→整体模筑（内侧拱圈二次衬砌、拱顶地梁、防落石挡块、肋梁、防撞墙）→下一个施工循环，如图 6.1 所示。

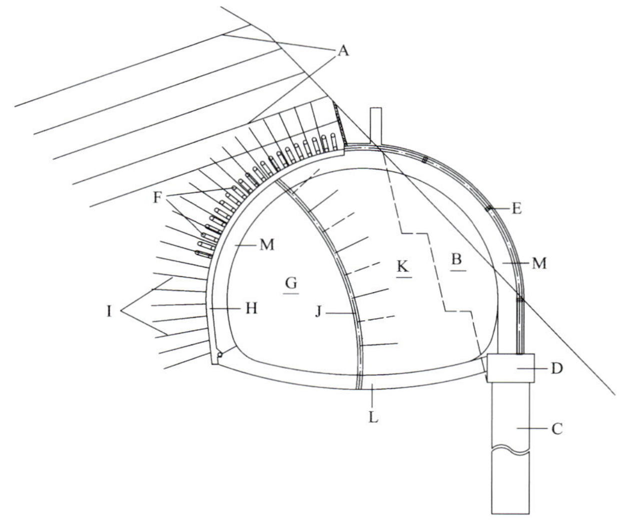

图 6.1　通透肋式傍山隧道施工流程示意图

A—拱顶山坡横向管棚加固；B—临时边坡开挖与防护；C—抗滑桩开挖与浇筑；D—桩基承台浇筑；E—架设钢拱架；F—超前小导管支护；G—侧导洞开挖；H—初期衬砌；I—注浆锚杆支护；J—架设临时钢支撑；K—拱形岩柱体开挖；L—仰拱开挖与浇筑；M—整体模筑（内侧拱圈二次衬砌、拱顶地梁、防落石挡块、肋梁、防撞墙）

具体施工工艺和步骤如下。

（1）拱顶山坡横向管棚加固，如图 6.2～图 6.5 所示。

隧道开挖前，沿线路走向的拱顶山坡面上布置 5～6 排横向管棚，间距为 2 m×2 m，呈梅花形布置，每根管棚以水平向下倾斜 0～25°的角度钻入，钻孔轴线与线路走向正交，管棚采用外径 108～138 mm、壁厚 6～8 mm 的热轧无缝钢管，长度为 15～20 m，管壁四周钻 2 排直径 20 mm 的压浆孔，钢管打入围岩后，插入钢筋笼再灌注水泥砂浆，钢筋笼由 4 根直径 20 mm 的钢筋组成，并焊接在外径 42 mm、壁厚 4 mm 的无缝钢管上，水泥砂浆通过注浆孔充填钢管与

图 6.2　50 型凿岩钻机（与线路走向正交设置）

图 6.3　钻进成孔施工

图 6.4　打入热轧无缝钢管

图 6.5　插入钢筋笼并灌注水泥砂浆

岩层之间的缝隙及围岩内部裂隙，共同起到加固拱顶边坡岩层的作用。

（2）临时边坡开挖与防护：开挖抗滑桩及承台边线周围的山坡面，形成操作平台，并采用 15 cm 厚喷射混凝土和 5 m 长的砂浆锚杆进行临时边坡防护。

（3）抗滑桩开挖与浇筑：抗滑桩采用人工开挖成孔，相邻桩孔以跳槽交叉开挖方式进行施工，桩顶部位设置 2 排直径 25 mm、长 7 m 的锚杆，提高桩基的水平承载力（图 6.6）。

（4）桩基承台浇筑，在抗滑桩顶浇筑承台将各抗滑桩顶端连为整体，如图 6.7 所示。

图 6.6　桩基开挖与浇筑

图 6.7　钢拱架与桩基承台施工

（5）架设钢拱架：钢拱架采用 I20a 工字钢，纵向间距为 0.6 m，并设置直径为 22 mm 的纵向连接钢筋，间距为 1.0 m，钢拱架底端通过预埋钢垫板与桩基承台相连，顶端焊接定位锚杆与岩层紧密连接（图 6.8）。

（6）超前小导管支护：超前小导管采用外径 50 mm、壁厚 5 mm 的无缝钢管，钢管沿隧道开挖轮廓线布置，外倾角为 5°，管长为 5.0 m，环向间距为 35 cm，前后两钢管纵向搭接长度不小于 1.35m。采用凿岩机钻孔将小导管打入岩层后，压注水泥浆以提高开挖界线周围岩层强度，小导管支护尾部焊接于钢拱架腹部以形成整体支护结构。

（7）侧导洞开挖：采用机械开挖和预裂爆破方式开挖隧道内侧导洞，预留隧道外侧 2.5～3.5 m 厚的拱形岩柱体，每个施工循环中，侧导洞开挖进尺为 10～12 m（图 6.9）。

图 6.8　钢拱架与超前管棚施工

图 6.9　侧导洞开挖

（8）初期衬砌：初期衬砌层采用 25～30 cm 厚的喷射混凝土，并布设直径为 8 mm、间距为 20 cm 的钢筋网（图 6.10）。

（9）注浆锚杆支护：沿隧道开挖轮廓线布置注浆锚杆，锚杆采用直径为 22～25 mm 的中空注浆锚杆，长度为 4～6 m，环向间距为 60 cm，纵向间距为 100 cm，压力注浆使未胶结的围岩具有一定厚度的承载圈以提高自身承载能力。

（10）架设临时钢支撑：预留岩拱内侧设置临时钢支撑，钢支撑采用 I20 工字钢，纵向间距为 0.6 m，并在岩拱中布设 2～3 m 长的注浆锚杆，防止爆破开挖过程中岩拱出现突然崩塌。

（11）拱形岩柱体开挖：临时钢支撑和支护锚杆施工完成后，分台阶逐步开挖预留岩拱，并对隧道轮廓开挖面进行初期衬砌和注浆锚杆支护。

（12）仰拱开挖与浇筑：开挖隧道底板岩体，并浇筑钢筋混凝土仰拱，将桩基承台与内侧拱脚岩体联系起来，如图 6.11 所示。

图 6.10　初期衬砌

图 6.11　仰拱开挖与浇筑

（13）整体模筑：整体模筑内侧拱圈二次衬砌、拱顶地梁、防落石挡块、肋梁、防撞墙，根据隧道施工监控量测结果，在初期支护围岩变形趋于稳定的条件下，采用整体式台车全断面模筑内侧拱圈二次衬砌、拱顶地梁、肋梁、防撞墙（图 6.12～图6.15）。

图 6.12　二衬钢筋网绑扎

图 6.13　二衬台车整体模筑

图 6.14　第一个施工循环完成

图 6.15　循环施工

每个施工循环的开挖进尺为 10～12 m，整体模筑按 6～8 m 的长度分段推进，预留 3～4 m 的操作空间，首段整体模筑保证两肋梁成型，其余段保证一根拱肋成型。

6.3.2　通透肋式单洞隧道施工工法主要特征与优点

通透肋式傍山隧道施工方法是一套全新的整体式施工方法，其主要特征和优点体现在以下 5 方面。

（1）采用横向管棚注浆技术对隧道拱顶山坡进行预加固，有效提高了隧道开挖松弛区域围岩的强度和稳定性，为洞身开挖施工安全和降低隧道结构物内力提供了前提保证；

（2）主洞开挖采用预留岩拱分步开挖方式，充分利用拱形岩柱的自身承载能力形成临时支撑结构，有效避免了浅埋隧道开挖过程中拱顶岩层容易出现的塌方、冒顶等工程安全问题；

（3）关键结构部件肋梁在主洞开挖后围岩变形趋于稳定的条件下，与内侧拱圈二次衬砌、拱顶地梁、防撞墙整体浇筑，即容许围岩在初期衬砌阶段发生一定的松弛变形，从而降低了隧道结构物的内力；

（4）隧道主要结构物采用整体式台车全断面模筑一次成型，很好地保证了该异型隧道的整体刚度；

（5）采用循环施工的方式分段推进，严格控制每一循环的开挖进尺和开挖速度，保证满足通透肋式傍山隧道结构的空间稳定性要求。

6.4 通透肋式连拱隧道施工工法

6.4.1 通透肋式连拱隧道施工工法原理与特点

关于连拱隧道的开挖方法，由于连拱隧道具有跨度较大、浅埋情况多等特点，施工中多采用三导洞法、台阶法等开挖方式。通透肋式连拱隧道由于其结构形式的特殊性，无论采用何种开挖方式，开挖前均需要对拱顶山坡进行强支护，以加固围岩，并通过主动变形控制措施来减小偏压应力水平。进行拱顶山坡强支护后，再进行洞室围岩的开挖和结构物施做。

从已建成的连拱隧道的情况看，连拱隧道 V 级围岩宜采用配合超前支护的三导洞施工方法。按照“弱爆破、短进尺、早封闭、强支护、勤量测”的开挖施工原则，通透肋式连拱隧道中导洞采用台阶法开挖，主洞采用预留核心土法分部开挖，侧导洞采用上下台阶法开挖。

通透肋式连拱隧道在实际开挖推进过程中，由于浅埋偏压、空间结构不对称、开挖扰动区域大、开挖步骤多等因素，围岩和结构的受力与变形具有显著的时空效应特征，随施工过程的变化规律异常复杂。研究结果表明，偏压隧道变形与其他原因造成的隧道变形有本质区别，通透肋式连拱隧道为新型结构形式偏压隧道，与传统的傍山隧道相比，结构物仅内侧拱圈及中隔墙承受岩体的荷载，因此偏压效果更加明显。

通透肋式连拱隧道存在内外侧两个洞室，施工中为了确保工程的安全，两侧洞室的开挖必须分开进行，存在先后顺序，施工产生的偏压显著。由于不同的施工顺序在施工中及施工结束后所产生的施工偏压不同，需要在地形偏压、结构不对称已经确定的情况下，尽可能采用合理的施工顺序，通过施工偏压来减小地形偏压与非对称结构在施工过程中及施工结束后对结构内力的影响，增强其稳定性。

对于一般偏压连拱隧道，“先外后里”较“先里后外”塑性区分布及初期支护内力等均更优，因此一般宜采用外侧隧道先行的施工顺序。而对于通透肋式连拱隧道而言，除了围岩和初期支护外，拱顶山坡的稳定性、肋梁与中隔墙等结构的受力和变形同样是进行施工方案设计及优化时需要重点考察的；而且，首先开挖深埋侧洞室的方案已被很多研究成果所证明为偏压连拱隧道的优选施工方案。刘伟纲通过建立某高速公路偏压双连拱隧道模型，对两种不同施工工序方案进行了数值模拟，讨论了施工过程中围岩应力场和位移场的变化特征、围岩塑性区的分布状态及安全系数的变化等，计算结果显示，应力变化幅度、主应力数值、位移数值、塑性区范围、最大塑形变形值等，首先开挖内洞（深埋侧）均比首先开挖外洞（浅埋侧）方案要小，而整体安全系数较大，表明了首先开挖内洞的施工方案要优于首先开挖外洞的施工方案[45]。李苗对同一偏压连拱隧道进行了六种不同施工顺序的数值模拟及结果分析，对比了围岩应力、塑性应变、位移及支护结构的受力状态等，得到了偏压连拱隧道的施工优选方案，即先开挖深埋侧洞室，后开挖浅埋洞室，并从地应力转移的角度说明了优先开挖深埋侧洞室有利于围岩的稳定[46]。王昌盛根据熊猫洞隧道实际采用的中导洞–上下台阶开挖施工方法对偏压连拱隧道先开挖深埋侧和先开挖浅埋侧两种施工方案进行对比分析，综合中隔墙、初期支护、二次衬砌和围岩应力及位移几个方面因素考虑，先开挖深埋侧方案在控制中隔墙、初期支护、二次衬砌和围岩变形及受力状态方面优于先开挖浅埋侧方案[44]。

除了上述开挖施工在平面上的顺序外，在设计通透肋式连拱隧道纵向推进方案时，按照《公路隧道施工技术规范》（JTG F60—2009）还应注意考虑下面几点：

（1）中导洞、正洞施工时，根据地质情况，及时施做锚喷临时支护，必要时采用小导管注浆超前支护，再进行开挖施工；

（2）每次循环的开挖进尺以两榀钢拱架间距以内为宜，并及时施做支护，以达到短进尺、强支护的目的；

（3）采用短台阶法开挖，以便快出渣、快循环；

（4）开挖施工时，两主洞宜保持 2 倍洞径以上的距离，以降低内外侧两主洞开挖爆破施工的相互影响；

（5）加强围岩监控量测，及时分析处理量测数据，进行下一阶段施工预测，以确保施工安全和隧道稳定。

6.4.2　通透肋式连拱隧道施工工艺流程及操作要点

通透肋式连拱隧道开挖与支护施工顺序为：拱顶山坡注浆加固→中导洞开挖→中导洞临时支护→中隔墙浇筑→横向钢支撑及中导洞回填→右洞侧导洞开挖→右洞侧导洞临时支护施工→右洞拱部围岩开挖→支护施工及钢拱架架设→右洞核心土开挖→右洞仰拱施工→右洞模筑混凝土→左洞临时坡面开挖→扩大基础浇筑→左洞侧导洞开挖→左洞侧导洞临时支护施工→左洞坡面围岩开挖→左洞仰拱施工→模筑左洞肋梁、纵梁及二次衬砌→下一个施工循环，见图 6.16。

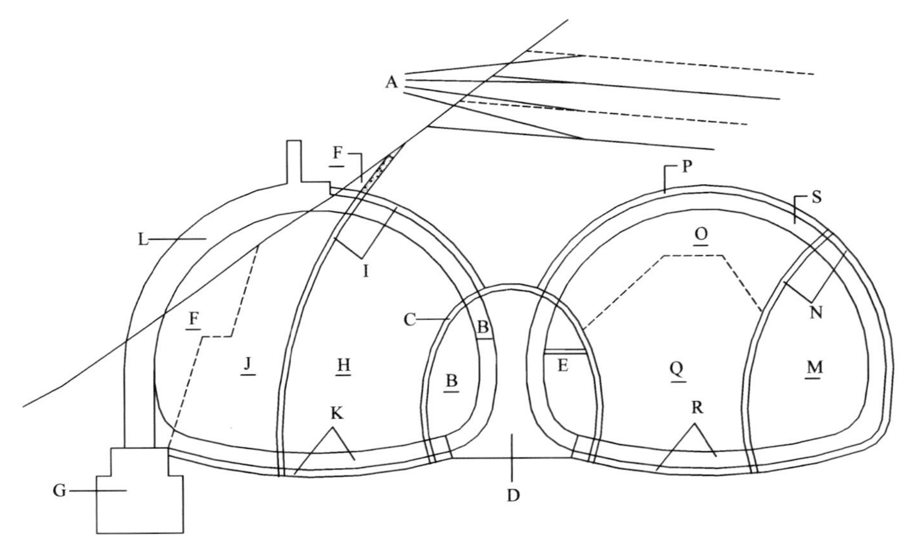

图 6.16　通透肋式连拱隧道施工流程示意图

具体施工工艺和步骤如下。

（1）拱顶山坡注浆加固如图 6.17～图 6.19 所示。

图 6.17　钻进成孔施工

图 6.18　注浆钢管及小导管

图 6.19　完成水泥砂浆灌注

隧道开挖前，沿线路走向的拱顶山坡面上布置 5～6 排注浆钢管及 5～10 排注浆小导管，注浆钢管采用外径 108 mm、壁厚 6 mm 的热轧无缝钢管，长度为 15 m，间距为 2 m×2 m，呈梅花形布置；注浆小导管外径为 50 mm，壁厚为 5 mm，长度为 6 m，间距为 2 m×2 m，呈梅花形布置。注浆管以水平向下倾斜 25°的角度钻入，钻孔轴线与线路走向正交，注浆管打入围岩后，水泥砂浆通过注浆孔充填注浆管与岩层之间的缝隙及围岩内部裂隙，共同起到加固拱顶边坡岩层的作用。

（2）中导洞开挖（图 6.20、图 6.21）：中导洞开挖采用台阶法。

（3）中导洞临时支护：中导洞临时支护采用 20 cm 厚的 C25 早强混凝土及纵向间距为 60 cm 的 I16 工字钢钢拱架，并布设 A8 mm@20 cm×20 cm 钢筋网。其开挖面布置支护锚杆，锚杆采用 B22 mm@60 cm×100 cm 的早强砂浆锚杆，锚杆长度为 3.0 m（图 6.22）。

图 6.20 中导洞开挖掌子面

图 6.21 中导洞贯通

图 6.22 中导洞临时衬砌

（4）中隔墙浇筑：中隔墙为 C30 钢筋混凝土结构，采用复合式曲中墙形式，心墙厚 1.1 m，底宽 3.3 m，顶宽 2.3 m，高 6.1 m，中隔墙顶部与中导洞顶紧密接触（图 6.23、图 6.24）。

图 6.23 中隔墙钢筋及模板施做

图 6.24 中隔墙浇筑成型

（5）横向钢支撑及中导洞回填：采用 M7.5 浆砌片石进行回填，回填高度为自中隔墙底以上 3.6 m，横向临时支撑采用 I16 钢支撑，设置在中隔墙靠右洞一侧（图 6.25）。

（6）右洞侧导洞开挖：采用台阶法施工，机械或弱爆破开挖。

（7）右洞侧导洞临时支护施工：临时支护采用 20 cm 厚的 C25 早强混凝土及纵向间距为 60 cm 的 I16 工字钢钢拱架，并布设 A8 mm@20 cm×20 cm 钢筋网，开挖面布置支护锚杆，锚杆采用 B22 mm@60 cm×100 cm 的早强砂浆锚杆，锚杆长度为 3.0 m。

（8）右洞拱部围岩开挖：应严格控制循环开挖进尺，及时支护，并注意量测洞内、地表变形（图 6.26）。

图 6.25　中导洞回填

图 6.26　预留核心土开挖

（9）支护施工及钢拱架架设：拱部围岩开挖后，及时进行支护和钢拱架架设。初期支护层采用 26 cm 厚的 C25 早强混凝土，并布设 A8 mm@20 cm×20 cm 钢筋网及纵向间距为 60 cm 的 I20 工字钢钢拱架。钢拱架与开挖轮廓之间、钢拱架之间均需喷射混凝土充填密实(图 6.27)。

图 6.27　初期衬砌施工

（10）右洞核心土开挖：初期衬砌完成后，分台阶逐步开挖预留核心土，并对隧道轮廓开挖面进行衬砌、钢拱架和注浆锚杆施工（图 6.28、图 6.29）。

图 6.28　分台阶开挖核心土

图 6.29　下台阶初期衬砌施工

（11）右洞仰拱施工：右洞开挖完毕后，初喷 26 cm 厚的 C25 早强混凝土，并采用 60 cm 厚的 C30 早强混凝土及纵向间距为 60 cm 的 I20 工字钢钢拱架进行支护（图 6.30）。

图 6.30　右洞仰拱施工

（12）右洞模筑混凝土：右洞二次衬砌为 60 cm 厚的 C30 钢筋混凝土结构，两端分别与仰拱两端相连，形成环形封闭承载结构（图 6.31～图 6.34）。

图 6.31　悬挂防水层

图 6.32　二次衬砌钢筋焊接

图 6.33 整体模筑二次衬砌

图 6.34 右洞二次衬砌完成

（13）左洞临时坡面开挖：开挖扩大基础边线周围的山坡面，形成操作平台，并采用 15 cm 厚喷射混凝土进行临时边坡防护。

（14）扩大基础浇筑：扩大基础采用机械开挖和爆破方式，至设计高程后做地基承载力试验。扩大基础宽 3.0m，高 2.5 m，为台阶形钢筋混凝土结构，沿线路纵向通长布置，其底部布有 5 m 长 A50 mm×5 mm 注浆小导管，采用梅花形布置，管心间距为 1 m，以增加基础的水平承载力（图 6.35～图 6.37）。

图 6.35 扩大基础开挖

图 6.36 基础底部小导管施工

图 6.37 扩大基础浇筑

（15）左洞侧导洞开挖：采用台阶法施工，机械或弱爆破开挖。

（16）左洞侧导洞临时支护施工：临时支护采用 20 cm 厚的 C25 早强混凝土及纵向间距为 60 cm 的 I16 工字钢钢拱架，并布设 A8 mm@20 cm×20 cm 钢筋网。

（17）左洞坡面围岩开挖：采用台阶法施工，机械或弱爆破开挖。应严格控制循环开挖进尺，及时支护，并注意量测洞内、地表变形。

（18）左洞仰拱施工：左洞开挖完毕后，初喷 26 cm 厚的 C25 早强混凝土，并采用 60 cm 厚的 C30 早强混凝土及纵向间距为 60 cm 的 I20 工字钢钢拱架支护（图 6.38）。

图 6.38　左洞钢拱架

（19）模筑左洞肋梁、纵梁及二次衬砌：采用整体式台车全断面整体模筑左洞内侧二次衬砌、拱顶纵梁、肋梁、防撞墙。二次衬砌为 60 cm 厚的 C30 钢筋混凝土壳体结构，肋梁为 1/4 圆弧形钢筋混凝土结构，梁体截面为宽 1.2 m、高 1.05 m 的长方形，防撞墙宽 1.05 m，高 2.5 m（图 6.39～图 6.41）。

每循环整体模筑按 6～9 m 的长度推进，预留 3～4 m 的操作空间，尽量增加使两根肋梁一次成型的循环数，以保证结构的整体性，增强稳定性（图 6.42）。

图 6.39　二次衬砌台车整体模筑

图 6.40　肋梁模板

图 6.41　左洞肋梁及防撞墙

图 6.42　主体结构完工后实景图

6.4.3　通透肋式连拱隧道施工工法主要特征与优点

通透肋式连拱隧道施工方法是一套全新的整体式施工方法，其主要特征和优点体现在以下 7 个方面。

（1）利用拱顶和拱脚地层锚固系统，加固开挖影响区域内的山坡坡体，减小高边坡的变形，从而降低隧道结构物的应力水平，保证隧道施工及运营期的安全。

（2）开挖过程分多步进行，先开挖中导洞，再施做中隔墙结构：首先，中导洞开挖既有利于施做中隔墙，又可以进一步探查隧道开挖区的水文及地质等情况，为确定隧道主洞的开挖方案提供依据；其次，中隔墙既连通了两侧洞室，增大了隧道的跨度，又分担了山体开挖引起的一部分荷载，降低了肋梁及二次衬砌结构承受的不平衡荷载。

（3）洞室开挖采用预留核心土分台阶开挖方式，充分利用核心岩土体的自身承载能力，形成临时支撑结构，有效避免了浅埋隧道开挖过程中拱顶岩层容易出现的塌方、冒顶等工程安全问题。

（4）在开挖外洞的过程中，仅开挖隧道轮廓内岩体，能顺应不同的地形特点，最大限度地避免山坡开挖及对围岩的扰动，保留山坡原生态植被。

（5）关键结构部件肋梁在开挖围岩变形趋于稳定的条件下，与内侧拱圈二次衬砌、拱顶纵梁、防撞墙整体浇筑，即容许围岩在初期衬砌阶段发生一定的松弛变形，从而降低了隧道结构物的内力。

（6）隧道主要结构物采用整体式台车全断面模筑一次成型，既很好地保证了该异型隧道结构的整体刚度，又能形成环形承力体系以平衡隧道围岩的偏压应力，保证隧道结构的长期稳定性。

（7）采用循环施工的方式分段推进，严格控制每一循环的开挖进尺和开挖速度，保证通透肋式连拱隧道结构的空间稳定性。

第 7 章　通透肋式隧道施工监控量测技术

7.1　通透肋式隧道施工监控量测意义、目标和总体原则

7.1.1　施工监控量测意义与目标

通透肋式隧道一般处于傍山地段，隧址区浅层风化较为严重，部分围岩破碎，节理裂隙发育，隧道切坡深度差异较大，地质条件较复杂，客观环境制约因素较多，不良地质情况的存在给隧道建设带来很多隐患，而且即使作了详细地质勘查也很难预测出施工过程中可能出现的各种突发事故，在隧道施工过程中，拱顶山坡存在稳定性问题；隧道全线处于浅埋偏压段，隧道的支护结构产生较大变形，严重时可能发生塌方甚至冒顶等地质灾害，致使地表出现塌陷，严重影响施工安全和隧道的长期稳定。

为保证工程的顺利进行与圆满完成，开展监控量测和信息化施工研究，将地质探查与工程监测集成起来综合考虑，利用先进的现场探查和监测技术、施工反馈技术、计算机可视化技术与信息处理技术，来研究隧道施工作业面附近的地层在施工前后的状态变化，对公路隧道围岩实现掘进面附近时空变形的预测和预报分析，在此基础上进一步对掘进面前方突变地层进行预测，对后方隧道衬砌状态进行评价，为隧道的设计、施工提供指导性依据和现场监控手段，以达到安全施工和优化设计的目的：

（1）通过掌握围岩变形规律，并对围岩地稳定性做出评价，对可能出现的坍方、大沉降和大的变形破坏事先预警，保证了施工的安全。

（2）通过在实际施工中验证支护结构形式和支护参数来合理调整支护参数，提高经济性。通过确定合理的二次支护时间，保证结构的最佳受力状态，有利于结构的安全使用。

（3）通过评价支护结构、施工方法的合理性和安全性，改进原有的施工方法，加快了施工进度，保证了施工过程中的安全。

（4）为变更设计提供科学依据，避免变更完全靠经验判断，主观随意性较大的缺点。

（5）在实际施工过程中验证原设计，为以后优化设计提供了依据，有利于通透肋式异型隧道设计理论的发展和完善。

7.1.2　监控量测工作原则

隧道监控量测是在隧道施工过程中，对围岩和支护、衬砌受力变形状态的量测，通过对量测结果的分析来判断围岩支护的稳定性和应力应变状态，并根据现场量测结果来校正和修改设计，指导施工。通过对隧道–围岩的受力、变形的监测，判断隧道和围岩是否稳定与安全，评定初支和二次衬砌设计的合理性，从而指导施工，反馈设计，对设计进行优化。过去，该工作常由施工单位自己承担，受多种因素影响，往往流于形式。

监测项目主要根据隧道工程的环境条件、地质条件、施工方法和支护类型等综合考虑确定。在地下工程中进行量测，绝不是单纯地为了获取资料，而是把它作为施工管理的一个积极有效的手段，因此量测信息应能满足以下几方面的要求：

（1）确切地预报隧道结构的破坏和变形等未来动态，对设计参数和施工流程加以监控，以便及时掌握围岩动态而采取适当的措施（如预估最终位移值，根据监控基准调整、修改开挖和支护的顺序与时机等）。

（2）提供作为设计变更的重要信息，满足各项要求，提供设计、施工所需的重要参数（初始位移速度、作用荷载等）。

7.2　通透肋式隧道施工监控量测方案

7.2.1　监控量测工作内容

通透肋式隧道为异型空间结构，隧道开挖施工工序多，隧道结构及围岩应力变化复杂，具有显著的空间、时间效应。为保证该新型隧道的顺利实施，对监测项目、测点布置、监测频率等提出具体要求。

监测项目主要根据通透肋式傍山隧道的结构特点和受力变形特征，综合考虑隧址区环境条件、地质条件、施工方法和支护类型进行确定，监测项目如下。

常规监测项目：地质与支护状况观察、拱顶下沉、周边位移、锚杆抗拔力。

异型结构必测项目：地表下沉，判断拱顶山坡的稳定性；山坡锚桩应力监测，掌握拱顶山坡锚固状态；围岩深层位移，判断围岩松动范围；围岩压力及基础压力，掌握肋梁、中隔墙的结构荷载；钢支撑内力，判断临时支撑结构的稳定性；喷射混凝土、二次衬砌混凝土应力及裂缝，掌握隧道结构内力。

在隧道施工过程中，对围岩和支护、衬砌受力变形状态进行量测，并进行反馈分析，判断隧道和围岩是否稳定与安全，评价初支和二次衬砌结构、衬砌时机、开挖进尺和开挖间距的合理性，从而指导施工。

7.2.2　通透肋式单洞隧道监测方案

通透肋式单洞隧道结构，下部边坡较陡，隧道为偏压结构，开挖施工工序多而复杂，会对地层造成多次扰动，为确保隧道施工安全，特制定监测方案如图 7.1 所示。

（1）地表沉降监测在全线拱顶山坡上埋设，沿隧道纵向在外侧肋梁支撑截面和两片肋梁中间截面布置观测截面，每断面布设三个地表测点，且每端口布设一定数量的监测横断面。

（2）隧道拱顶下沉量测断面的布置原则与地表沉降监测点布置原则相同，每断面三个测点，并根据现场实测情况，在变形较大区域还要加密测点。

（3）隧道净空收敛量测测点布设在有外侧肋梁的截面，断面布置三条测线，采用先进的数显式收敛计进行量测。隧道中段切坡深度较大的地段，在两片肋梁中间截面内侧布置测点，每断面布置两个测点，监测肋梁之间无支撑截面的水平位移。

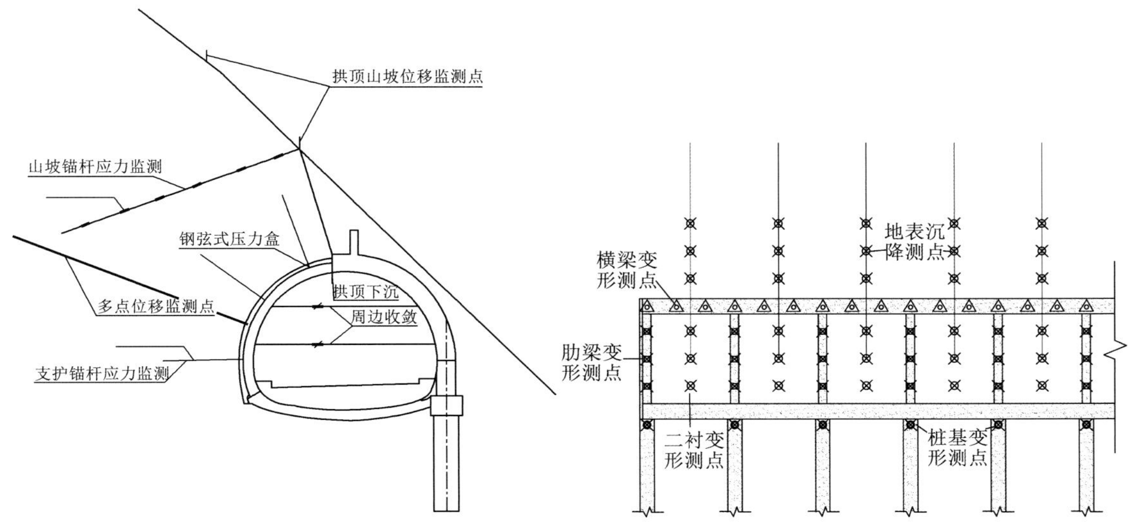

图 7.1　肋式单洞隧道施工监测点布置示意图

（4）外侧桩基位移监测根据桩间距于桩顶埋设监测点，每断面一个监测点。

（5）锚杆拉拔试验是在拱顶山坡及隧道中每隔 5 m 拉拔一组，拱顶山坡上三根，隧道支护锚杆三根。

（6）钢支撑内力与二次衬砌钢筋应力的量测是在隧道初支钢拱架上及二次衬砌钢筋焊接钢筋应力计进行量测，分别位于有肋梁和无肋梁处。

（7）肋梁与桩基主筋应力量测是在外侧肋梁和桩基主筋的关键部位焊接钢筋应力计进行测试，埋设断面对应于初支钢支撑内力量测断面。

（8）桩顶压力和围岩压力量测是在隧道围岩与喷射混凝土层之间、喷射混凝土层与二次衬砌之间及外侧肋梁与桩基连接部位埋设压力盒来进行测试的，测试断面应与初支钢支撑内力测试断面在同一位置。采用频率接收仪测试。

（9）内侧拱圈与外侧肋梁连接部位压力量测的测试断面与围岩压力量测的断面相同。

（10）工作面地质观察和素描，采用地质罗盘等对全线工作面岩性、裂隙、断层、节理和地下水状况进行描述，形成隧道地质展示图。

（11）锚杆应力监测每断面监测四根锚杆，采用光纤光缆测力锚杆进行量测。

（12）围岩深层位移每断面设一个监测孔，孔口位置与周边收敛测点相同，每孔布置五个测点。

7.2.3　通透肋式连拱隧道监测方案

隧道洞身段结合地形、地质条件，预先加固拱顶边坡地层，在确保地层稳定、安全的基础上再进行隧道开挖。由于该隧道为偏压地段的肋式隧道，开挖施工工序多而复杂，对地层造成多次扰动，为确保隧道施工安全，监测点布设如图 7.2 所示，周边位移及拱顶下沉量测线如图 7.3 所示。

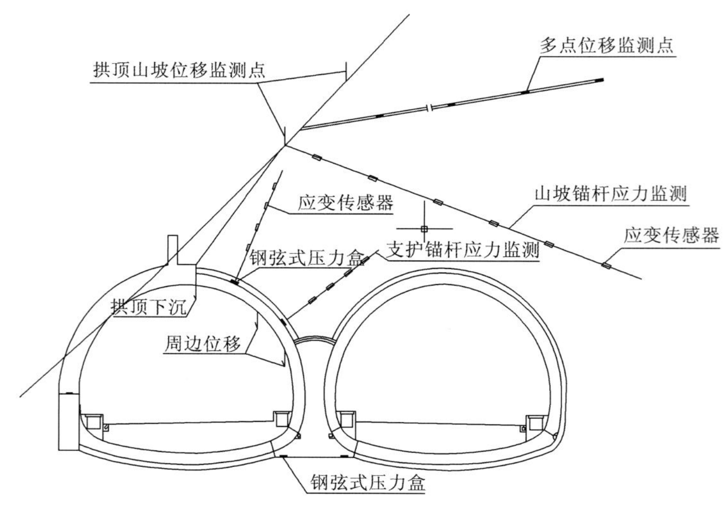

图 7.2　肋式连拱隧道施工监测点布置图

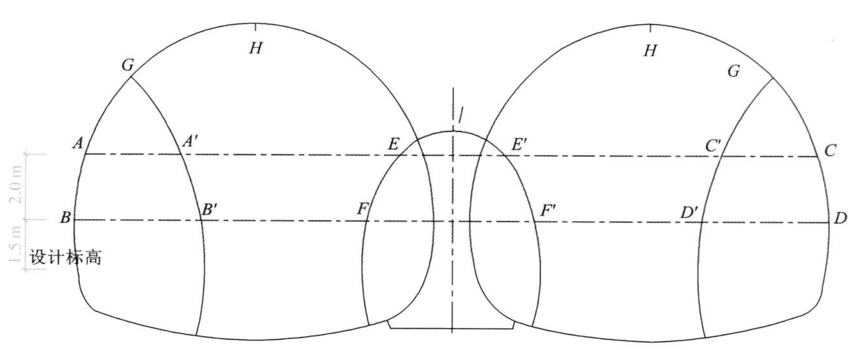

图 7.3　周边位移及拱顶下沉量测线示意图

地质与支护状况观察：采用地质罗盘等对全线掌子面岩性、裂隙、断层、节理和地下水状况进行描述，形成隧道地质展示图。

地表下沉：在全线拱顶山坡上埋设地表沉降观测桩，观测断面布置于两片肋梁中间及洞口段，每断面布设四个地表测点。

拱顶下沉：断面的布置原则与地表沉降监测点布置原则相同，每个洞室布置一个测点，在变形较大区域加密测点。

隧道净空收敛：测试断面布设在有外侧肋梁的截面，每洞室布置两条测线。

锚杆拉拔试验：每隔 10 m 拉拔一组，一组不少于三根。

钢支撑内力：每 10～30 榀钢拱架支撑设置一对应力计。

锚杆应力监测：每断面监测四根锚杆，拱顶山坡上一根，支护锚杆三根。

围岩深层位移：每断面设一个监测孔。

围岩压力及基础压力：采用压力盒进行测试。

喷射混凝土、二次衬砌混凝土应力及裂缝：采用应变计、应力计和测缝计量测。

7.2.4　监测频率

通透肋式单洞隧道各监测项目与监测频率见表 7.1.

表 7.1　监测项目与监测频率

<table>
<tr><th colspan="2" rowspan="2">项目名称</th><th rowspan="2">方法及工具</th><th rowspan="2">布置</th><th colspan="4">量测间隔时间</th></tr>
<tr><th>1～15 天</th><th>16 天～1 月</th><th>1～3 月</th><th>3 月以后</th></tr>
<tr><td rowspan="10">必测项目</td><td>地质和支护状况观察</td><td>岩性、结构面产状及支护裂缝观察或描述，地质罗盘及规尺等</td><td>开挖后及初期支护后进行</td><td colspan="4">每次开挖后或爆破后进行</td></tr>
<tr><td>周边位移、拱顶下沉</td><td rowspan="2">全站仪、水平尺及水平仪等</td><td>量测间距＜10 m</td><td>1～2 次/天</td><td>1 次/天</td><td>3 次/周</td><td>4 次/月</td></tr>
<tr><td>拱顶山坡地表下沉</td><td>量测纵向间距＜10 m</td><td colspan="4">开挖面距量测断面＜2<i>B</i> 时，1～2 次/天
开挖面距量测断面<5<i>B</i> 时，1 次/2 天
开挖面距量测断面＞5<i>B</i> 时，1 次/周</td></tr>
<tr><td>锚杆抗拔力</td><td>锚杆测力计及拉拔器</td><td>每 10 m 一个断面，每个断面至少三根锚杆</td><td colspan="4">—</td></tr>
<tr><td>锚杆应力监测</td><td>应变传感器</td><td>六个监测断面，每个断面监测一根山坡锚杆、三根支护锚杆</td><td>1 次/天</td><td>1 次/天</td><td>3 次/周</td><td>3 次/月</td></tr>
<tr><td>围岩压力、基础压力</td><td>压力盒</td><td>四个断面，每断面六个监测点</td><td>1 次/天</td><td>1 次/天</td><td>3 次/周</td><td>3 次/月</td></tr>
<tr><td>钢支撑内力</td><td>支柱压力计或其他测力计</td><td>每 10～30 m 榀钢拱架支撑一对测力计</td><td>1 次/天</td><td>1 次/天</td><td>3 次/周</td><td>3 次/月</td></tr>
<tr><td>围岩深层位移监测</td><td>多点位移计</td><td>六个监测断面，每个断面布置五个监测点</td><td>1 次/天</td><td>1 次/天</td><td>3 次/周</td><td>3 次/月</td></tr>
<tr><td>喷射混凝土、二次衬砌、肋梁混凝土应力及裂缝</td><td>应变计、应力计及测缝计</td><td>四个监测断面，每断面宜为三个测点</td><td>1 次/天</td><td>1 次/天</td><td>3 次/周</td><td>3 次/月</td></tr>
</table>

7.3　通透肋式单洞隧道施工监控量测与反馈分析

龙瀑隧道地表下沉变化受隧道开挖影响比较明显（图 7.4、图 7.5），在隧道开挖 15 天内，地表下沉日变化率较大，拱顶部位地表下沉最为显著，最大可达到 5 mm/d，沿山坡面向上地表下层逐渐减小，主要下沉区域为拱顶以上 10 m 范围的岩体。隧道开挖 15 天后，地表下沉日变化率明显减小，并逐步趋于稳定，二次衬砌施工完成两个月之后，地表下沉日变化率小于0.2 mm/d，累计下沉量为20～30 mm。

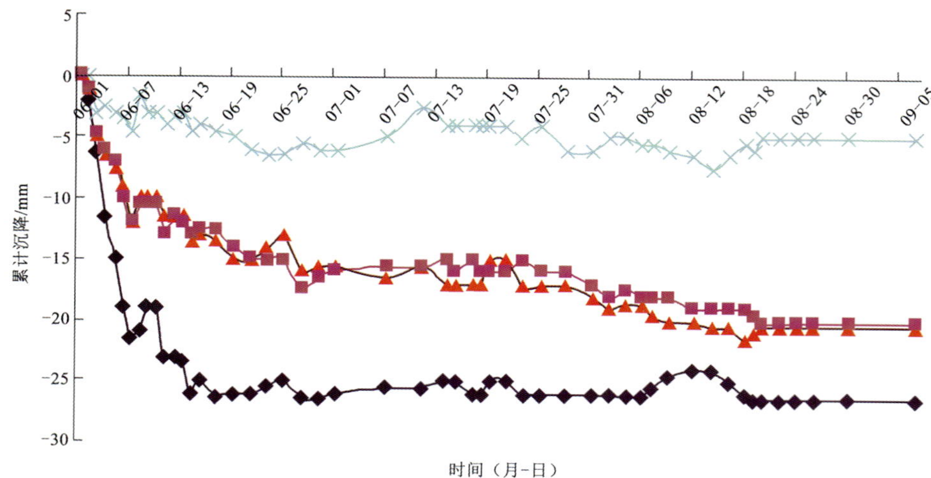

图 7.4　龙瀑隧道 ZSK23＋375 断面地表沉降曲线图

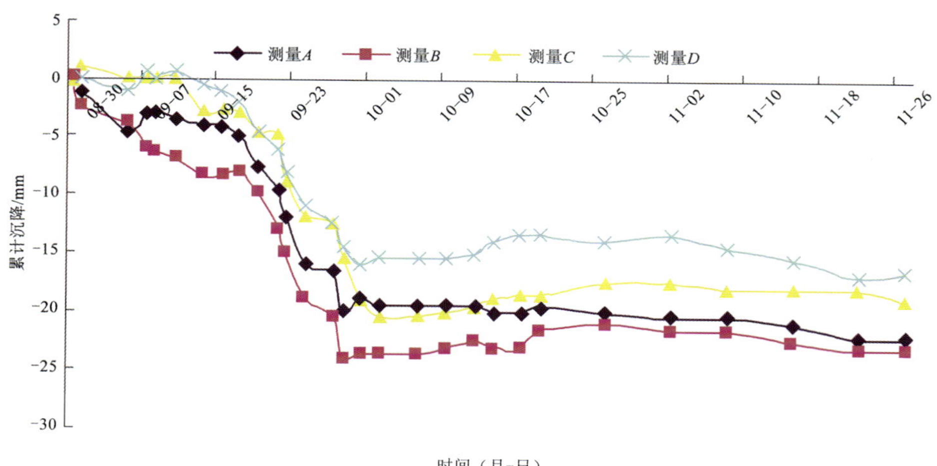

图 7.5　龙瀑隧道 ZSK23+335 断面地表沉降曲线图

隧道深层围岩变形很小（图 7.6、图 7.7），基本在 1 mm 左右，浅表层岩体变形受爆破冲击的影响较大，局部监测点的变形出现突变，实际施工过程中应严格控制爆破强度。总体而言，拱顶山坡深层围岩的变形微小，表明横向管棚注浆加固方案取得了较好的实际效果。

隧道结构整体模筑完成后，拱顶下沉和周边收敛累计变形量总体在 5 mm 范围内，临时钢拱架水平位移在 2 mm 左右，并在下一施工循环完成后趋于稳定。

钢支撑总体受力不是很大，钢支撑外侧钢筋计受到的拉力为 2～5 kN，根据截面换算，近似得到钢支撑外缘受到的拉力为 8～20 kN，钢支撑所受的弯矩为 1.6～4 kN·m，因为钢支撑长细比较大，所以其起到的临时支撑作用有限，仅对坡体上松散的坡积物有一定的支撑作用。

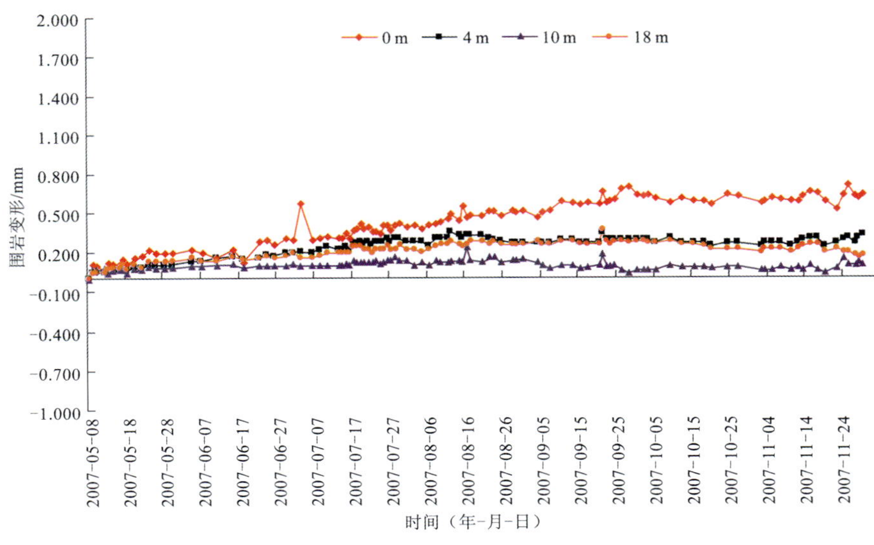

图 7.6　龙瀑隧道 ZSK23+362 断面深层围岩变形曲线

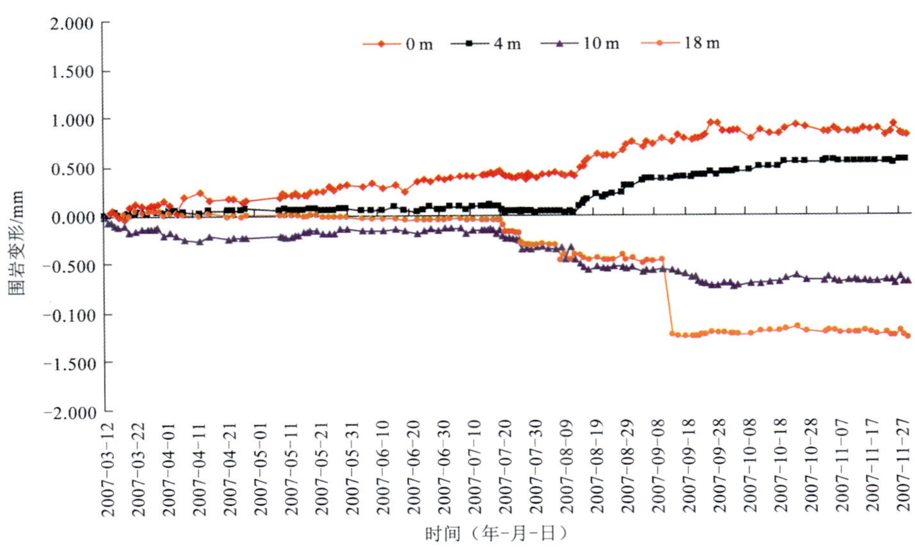

图 7.7　龙瀑隧道 ZSK23+311 断面深层围岩变形曲线

图 7.8 所示为 ZSK23+378 断面混凝土应变随施工过程变化的监测曲线。隧道内侧二次衬砌层混凝土应变为 300～600 με，支护锚杆抗拔力为 75～85 kN；肋梁混凝土应变为 300～500 με。在浇筑过程中，隧道结构的应力应变增长较快，然后趋于稳定，但在下一工程段落开挖过程中，肋梁结构内力出现了二次增长，增长幅度在 40%～50%，反映了开挖过程对已成型结构物内力的影响程度，佐证了三维数值模拟的结果。

实际施工过程中，根据实测结构变形与受力情况，及时调整施工工艺和参数，确定衬砌时机，有效保证了施工过程的安全稳定，验证了整体设计方案和施工方案的可行性与合理性。

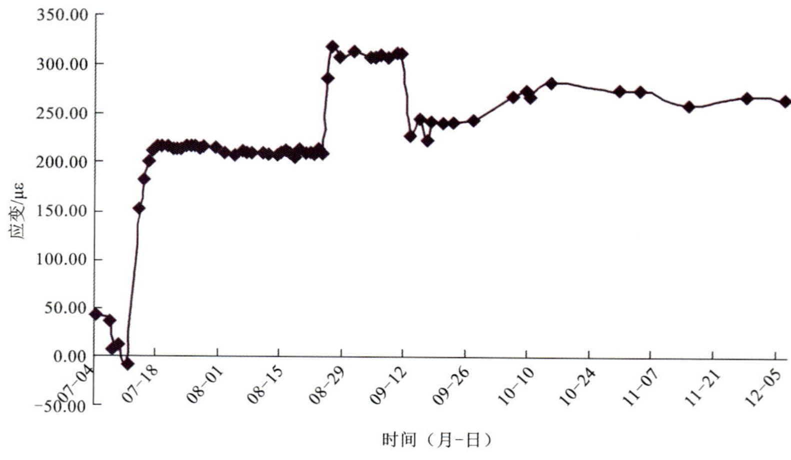

图 7.8　龙瀑隧道 ZSK23+378 断面混凝土应变监测曲线

7.4　肋式连拱隧道施工监控量测与反馈分析

根据通透肋式连拱隧道的结构特征和受力特点，制定了相应的“施工过程监控量测实施方案”，按照实施方案的要求对隧道深层围岩变形、拱顶下沉、地表位移、深部围岩变形、钢拱架内力、衬砌压力、肋梁主筋应力、锚杆抗拔力等进行了实时监控。

监测数据如图 7.9 所示，结果表明南山隧道地表沉降平均速率为 0～0.1 mm/d，肋式衬砌段拱顶沉降及中隔墙水平位移平均变化速率处于 0～0.2 mm/d，且累计变化值较小，无异常变化；钢支撑内力、肋梁基础应力、二次衬砌主筋应力变化量均处于正常变化范围内，累计荷载值均较小。

实际施工过程中，根据实测结构变形与受力情况，及时调整施工工艺和参数，确定衬砌时机，有效保证了施工过程的安全稳定，验证了整体设计方案和施工方案的可行性与合理性。

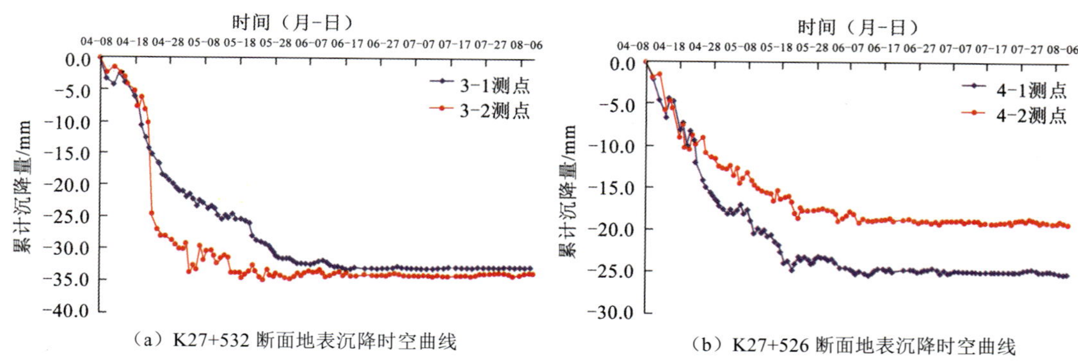

图 7.9　通透肋式连拱隧道施工监测量数据

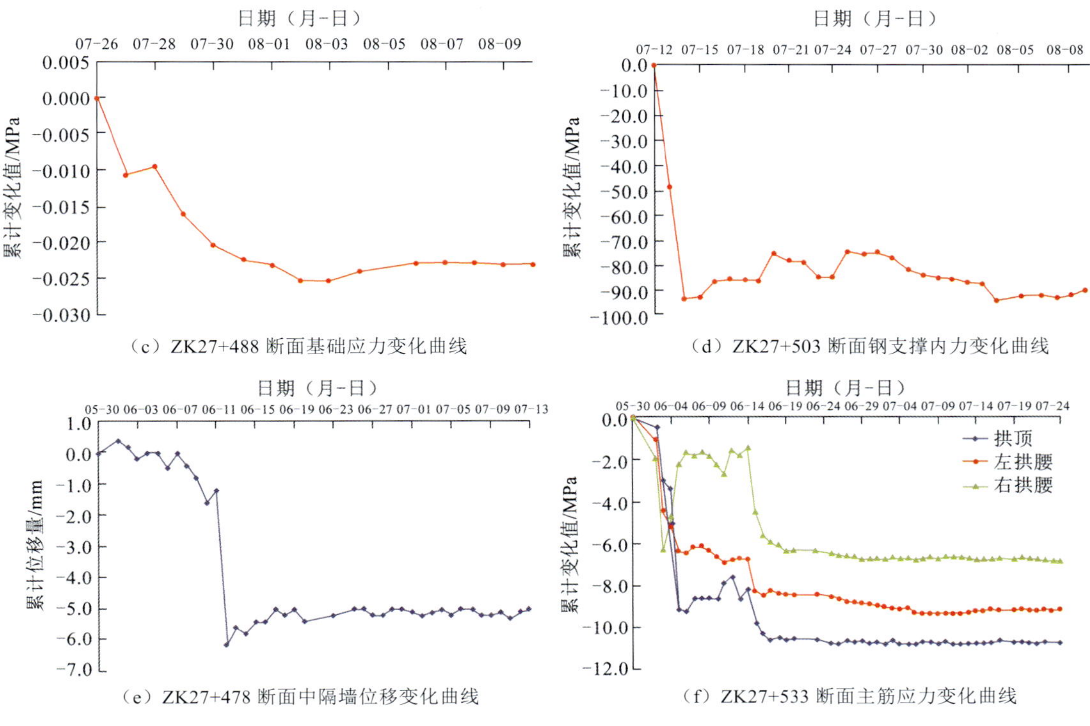

（c）ZK27+488 断面基础应力变化曲线

（d）ZK27+503 断面钢支撑内力变化曲线

（e）ZK27+478 断面中隔墙位移变化曲线

（f）ZK27+533 断面主筋应力变化曲线

图 7.9 通透肋式连拱隧道施工监测量数据（续）

参 考 文 献

[1] 王建设, 半明半暗公路隧道施工技术[J]. 铁道标准设计, 2007(6): 107-109.

[2] 徐辉杰, 廖方谓. 望牛岭隧道半明半暗段套拱施工[J]. 广东公路交通, 2002, 74(3): 47-49.

[3] 蒋树屏, 刘元雪.环保型傍山隧道结构研究[J]. 中国公路学报, 2006, 19(1): 80-83.

[4] 刘元雪, 蒋树屏. 环保型隧道结构优化与工程应用[J]. 后勤工程学院学报, 2007, 23(4): 11-15.

[5] 聂玉文, 赵金锐. 隧道洞口浅埋、偏压地段设计体会[J]. 广东公路勘察设计, 2001, 104(4): 15-18.

[6] 李新航. 灵西隧道明拱暗墙进洞施工[J]. 铁道建筑技术, 2003(4): 47-49.

[7] 蔡业青, 林锋泉. 粤赣高速公路龙祖山隧道洞口浅埋段施工[J]. 公路, 2005(12): 208-212.

[8] 程炜, 程新军. 复杂地质条件下高速公路双线隧道施工技术[J]. 铁道建筑, 2005(4): 45-47.

[9] 何思明, 李新坡. 高切坡半隧道超前支护结构研究[J]. 岩石力学与工程学报, 2008, 27(s2): 3827-3832.

[10] DASARI G R, RAWLINGS C G, Bolton M D. Numerical Modelling of a NATM Tunnel Construction in London Clay[C]// Balkema. Geotechnical Aspects of Underground Construction in Soft Ground London, UK, 1996: 491-496.

[11] ORESTE P P, PEILA D, POMA A. Numerical Studyof Low Depth Tunnel Behaviour[C]// Balkema. World Tunnel Congress on Challenges for the 21st Century. Oslo, Norway, 1999: 155-162.

[12] SWOBODA G, ABU-KRISHA A. Three–dimensional numerical modeling for TBM tunneling in consolidated clay[J]. Tunneling and underground space technology, 1999, 14(3): 327-333.

[13] MARCIO M D F, ALVARO H M J, ANDRE P D A. Displacement control in tunnels excavated by the NATM:3-D numerical simulations[J]. tunneling and under-ground space technology, 2004 (19): 283-293.

[14] 陆文超, 钟政, 王旭. 浅埋隧道围岩应力场的解析解[J]. 力学季刊, 2003, 24 (1): 50-54.

[15] 房营光, 孙钧. 地面荷载下浅埋隧道围岩的粘弹性应力和变形分析[J]. 岩石力学与工程学报, 1998, 17(3): 239-247.

[16] 傅鹤林, 韩汝才, 朱汉华. 破碎围岩中单拱隧道荷载计算的理论解[J]. 中南大学学报, 2004, 35(3): 478-483.

[17] 杨小礼, 王作伟. 非线性破坏准则下浅埋隧道围岩压力的极限分析[J]. 中南大学学报(自然科学版), 2010, 41(1): 299-302.

[18] 王汉鹏, 李术才, 郑学芬. 偏压分岔隧道施工过程损伤破坏分析与优化研究[J]. 岩土力学, 2009(6): 1705-1710.

[19] 杨峰, 阳军生. 浅埋隧道围岩压力确定的极限分析方法[J]. 工程力学, 2008, 25(7): 179-184.

[20] 蒋树屏, 胡学兵. 云南扁平状大断面公路隧道施工力学响应数值模拟[J]. 岩土工程学报, 2004, 26(2): 178-182.

[21] 蒋树屏, 李建军. 公路隧道前置式洞口工法的三维数值分析[J]. 岩土工程学报, 2007, 29(4): 484-489.

[22] 伍毅敏, 王飞, 邹正明, 等. 半明半暗隧道洞口段力学特征分析与现场监测[J]. 岩石力学与工程学报, 2008, 27(s1): 2873-2882.

[23] 毕继红, 钟建辉, 丛蓉. 浅埋洞室围岩压力有限元分析[J]. 铁道工程学报, 2004(4): 77-81.

[24] 王祥秋, 杨林德, 高文华. 高速公路偏压隧道施工动态监测与有限元仿真模拟[J]. 岩石力学与工程学报, 2005, 24(2): 284-289.

[25] 张敏, 黄润秋. 浅埋偏压隧道出口变形机理及稳定性分析[J]. 工程地质学报, 2008, 16(4): 482-488.

[26] 余飞, 陈善雄, 陈修和, 等. 通透肋式傍山隧道结构分析[J]. 岩石力学与工程学报, 2009, 28(10): 2039-2047.